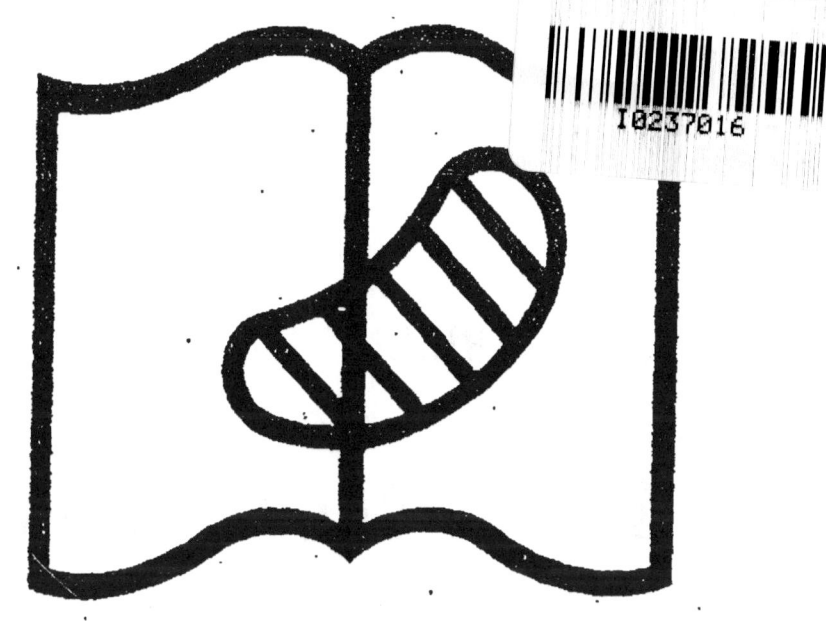

Original illisible
NF Z 43-120-10

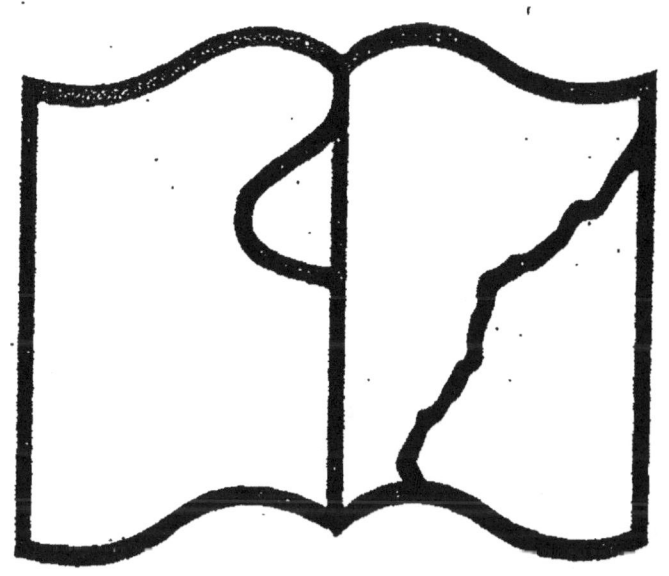

Texte détérioré — reliure défectueuse
NF Z 43-120-11

"VALABLE POUR TOUT OU PARTIE
DU DOCUMENT REPRODUIT".

BIBLIOTHÈQUE

DES

ÉCOLES CHRÉTIENNES

APPROUVÉE

PAR S. ÉM. MGR LE CARDINAL ARCHEVÊQUE DE TOURS

Propriété des Éditeurs,

Les Bretons mesurent la distance qui les sépare du rivage, et se lancent à la mer, espérant aborder à la nage.

SOIRÉES
ALGÉRIENNES

CORSAIRES, ESCLAVES ET MARTYRS

DE BARBARIE

PAR M. L'ABBÉ LÉON GODARD

ANCIEN CURÉ D'EL-AGHOUAT,
PROFESSEUR D'HISTOIRE AU GRAND SÉMINAIRE DE LANGRES

Dominare in medio inimicorum tuorum.
Ps. CIX.
Régnez, Seigneur, au milieu de vos ennemis.

TOURS

A^d MAME ET Cie, IMPRIMEURS-LIBRAIRES

—

M DCCC LVII

A M. L'ABBÉ SUCHET

VICAIRE-GÉNÉRAL D'ALGER, CHEVALIER DE LA LÉGION D'HONNEUR, ETC.

VÉNÉRABLE AMI,

Permettez-moi de vous dédier ces pages. Vous y retrouverez quelques-unes des pensées que nous échangions, durant les douces soirées d'Alger, au palais épiscopal, et encore au feu du bivouac, durant les nuits étoilées, dans les plaines sans bornes du Sahara.

Daignez agréer, vénérable ami, ce témoignage de mes sentiments profonds d'attachement et de respect.

LÉON GODARD, PRÊTRE.

PRÉFACE

Tous les faits recueillis dans ce livre et qui ont rapport aux corsaires, aux esclaves et aux martyrs, sont parfaitement authentiques. Outre un certain nombre de relations ou procès-verbaux officiels de rédemption publiés par les ordres religieux voués au rachat des captifs, j'ai consulté les archives des révérends pères capucins de Tunis, l'*Histoire de Barbarie et de ses corsaires* par le père Dan, *Topografia de Argel* par D. Haedo, *Alcune memorie d'Italia* par Mgr Luquet, évêque d'Hésébon, etc.

Comme je destine ces récits particulièrement aux jeunes gens, j'ai cru devoir leur en faciliter la lecture en présentant la narration sous forme de dialogue. Ce dialogue cache une action peu sensible et très-secondaire, qu'il est impossible de confondre avec la partie purement historique, dont elle est, pour ainsi dire, l'encadrement. Dom Gervasio Magnoso, que je fais parler dans cet ouvrage, est un vénérable religieux mort en 1851, après avoir vécu environ un demi-siècle en Algérie. J'espère que les paroles que je lui prête ne feront pas injure à sa mémoire.

Il est sans doute inutile d'ajouter que je n'ai point voulu écrire ici l'histoire complète de l'esclavage des chrétiens en Barbarie. Ce volume en est une page détachée, mais trop peu connue, si je ne me trompe, et dont la plus grande partie n'existait pas encore en français.

INTRODUCTION

C'était au mois de mai 1850. Le soleil disparaissait au couchant, et enflammait de ses derniers rayons la mer qui baigne le pied d'Alger. Les ombres des hautes collines de la Boujaréa commençaient à envahir la blanche ville des corsaires. La brise et les flots se taisaient. Dans le calme du soir, les cloches et les muezzins invitaient à la prière chrétiens et musulmans.

Non loin de la porte Bab-el-Oued, sur la terrasse d'une maison mauresque, plusieurs personnes, qui venaient respirer la fraîcheur de la nuit, s'agenouillèrent en ce moment et récitèrent pieusement l'*Angelus*. On distinguait d'abord parmi elles un moine vénérable, trinitaire, d'origine espagnole. Il habitait Alger depuis cinquante ans, et il en avait passé une partie au service des esclaves chrétiens dans les bagnes. Il était l'hôte et l'ami de cette maison.

Le propriétaire, M. Morelli, négociant français, avait acquis une jolie fortune sans ternir l'éclat d'une probité héréditaire; il consacrait maintenant ses loisirs à l'étude de l'histoire et aux œuvres de piété. Mme Morelli était une Italienne distinguée par l'élévation de son esprit et la noblesse de ses sentiments religieux.

Vous voyez auprès d'eux les trois enfants qui composent leur famille : Alfred, engagé dans la marine; Carlotta, jeune fille qui présente le fidèle reflet des vertus de sa mère; et Marie, cette petite enfant qui joue à l'angle de la terrasse avec Fatma la négresse.

Chaque soir les mêmes personnes se trouvaient ainsi réunies. Alfred passait à cette époque un congé de trois mois au sein de sa famille, et il n'était pas le moins attentif aux récits du vieux moine. Une blanche barbe couvrait la poitrine du père Gervais, ou dom Gervasio. Dans cette poitrine battait un cœur de feu; sous ce front chauve vivait une imagination que l'âge et les fatigues avaient calmée sans doute, mais qui éclatait encore au réveil des souvenirs.

Fatma n'était pas une esclave; et si elle remplissait ordinairement la charge de servante, on la traitait pourtant avec une bonté, une familiarité qui la plaçaient au-dessus de cette condition. C'est qu'elle avait un jour sauvé d'un péril imminent la vie de Carlotta.

« Quelle splendide soirée ! dit Mme Morelli. Comme l'air est frais et pur ! Le bleu du ciel va s'étoiler : je me croirais à Naples.

— Je ne contemple jamais le magnifique panorama d'Alger, cette rade dont la courbe est si belle, ces riches coteaux où les villas brillent au milieu des bocages, cette mer sillonnée de navires, enfin ce vaste horizon des montagnes kabyles, sans ressentir une intime joie de ce que la Providence nous donne un tel pays.

— Tu es jeune, Alfred, reprit M. Morelli; tu verras se développer ici un avenir fécond en grandes choses pour la France et l'Algérie. Dieu a ses desseins quand il livre à une nation comme la nôtre l'entrée d'un continent immense, une terre des plus fertiles, la lisière importante d'une mer où se joueront encore les destinées du monde. Ce n'est pas sans but qu'il installe les fils des croisés au milieu des empires musulmans.

— Vous tressaillez de bonheur aux perspectives de l'avenir, et je partage vos espérances, ô mes amis, dit le vieux moine. Mais n'oubliez pas le passé, lorsque vous mesurez l'immense bienfait de la conquête d'Afrique pour la France et pour la civilisation. Ah ! quand on a vu comme moi les souffrances horribles des chrétiens sur ces plages, les humiliations de l'Europe inclinée sous le cimeterre, les triomphes sauvages des sectaires musulmans, l'impiété, la dépravation des renégats, le sang des martyrs, les larmes et l'agonie des esclaves, on ne sait pas, mes amis, s'il faut bénir le Ciel pour les promesses de l'avenir autant que pour la délivrance du passé.

— Mon révérend père, répondit Carlotta, depuis que j'ai entendu vos premiers récits des douleurs des pauvres captifs, j'y pense bien souvent sans pouvoir retenir mes larmes.

— Et moi, ma sœur, je sens la colère me monter au front, le sang bouillonner dans mes veines, lorsque j'y pense en rencontrant ces vieux Maures, dont le regard fourbe n'ose s'arrêter sur le mien. Voilà, me dis-je, un ancien bourreau de mes frères ! Mes mains se crispent, je voudrais me venger. Tenez, on m'a fait connaître un homme qui s'est longtemps livré à la course : Mohammed-Ben-Abd-Allah, ce mendiant borgne et en guenilles dont la flûte criarde nous déchire le tympan à Bab-el-Oued ; sa vue me fait mal, je le hais...

— Alfred, dit alors sa mère, je conçois ce premier mouvement de la nature; mais il n'est pas chrétien : laisse à Dieu le soin de la vengeance; tu vois qu'elle s'accomplit. Une guerre légitime a mis fin à cette odieuse piraterie. Chacun de nous doit pardonner, et rendre le bien pour le mal. Je te conseille de faire une aumône à ce malheureux, lorsque tu passeras devant lui avec la tentation de le haïr. »

Alfred eut besoin d'un instant pour se pénétrer des paroles de sa mère. La conversation continua sur la question des corsaires, et l'on pria le père Gervais de raconter comment l'ordre de la Trinité pour la rédemption des captifs avait été fondé.

La conversation s'étendit ensuite sur les pères de la Merci et sur le zèle que l'Église catholique a déployé de tout temps pour le rachat des esclaves. On rappela les grands travaux des franciscains à la côte d'Afrique, le martyre de Bérard de Corbie et de ses compagnons, et celui des autres moines du même ordre envoyés au Maroc sous la conduite de Daniel de Belvederio. Le père Gervais rendit hommage au bienheureux Raymond Lulle, du tiers ordre de Saint-François, et confesseur héroïque de la foi à Tunis, à Bone, à Bougie; il exalta le dévouement des martyrs Antoine Neyrotti, de l'ordre de Saint-Dominique, Hermengaud et Sérapion, des pères de la Merci. C'était faire une rapide esquisse de l'histoire du christianisme sur les côtes de Barbarie avant les conquêtes des Turcs, au XVIe siècle. Mais comme la plupart de ces faits sont connus ou du moins faciles à trouver dans les auteurs ecclésiastiques, je ne juge pas à propos de les rapporter en détail. Dom Gervasio promit à ses hôtes de poursuivre le lendemain son sujet. Nous recueillerons attentivement ses paroles.

SOIRÉES ALGÉRIENNES

PREMIÈRE SOIRÉE

Période turque. — Les Maures expulsés d'Espagne. — Les Turcs. — Les corsaires.

A la chute du jour, on était, selon la coutume, réuni sur la terrasse, et, tout en savourant le thé que Fatma venait de servir, on admirait le spectacle toujours nouveau de la mer et du panorama d'Alger. Un gros navire était en vue, toutes voiles dehors, et il ressemblait de loin à une cathédrale du moyen âge balancée sur les flots. Des barques légères se hâtaient vers le port, et glissaient comme des goëlands aux longues ailes sur la mer endormie.

« Révérend père, dit Mme Morelli, comment donc les Turcs ont-ils fait d'Alger une puissance maritime redoutée de l'Europe?

— Madame, répondit le trinitaire, pour comprendre la fondation des régences turques à la côte d'Afrique et l'accroissement prodigieux de la piraterie qui en résulta dans la Méditerranée, il faut se rendre compte de la situation de la Barbarie à l'aurore du XVIe siècle.

Le royaume de Grenade était, depuis la fin du XIIIe siècle, le seul État musulman qui subsistât encore en Espagne, lorsque Ferdinand le Catholique et Isabelle unirent par leur mariage, en 1479, les couronnes de Castille et d'Aragon. Ferdinand résolut d'anéantir définitivement la puissance du Croissant dans la péninsule. Profitant des luttes intestines qui avaient réduit Abd-Allah, roi de Grenade, à une extrême faiblesse, il l'assiégea dans cette capitale; elle se rendit le 4 janvier 1492, et Abd-Allah se retira à Fez, tandis que des princes de sa famille restaient en Espagne, après avoir reçu le baptême.

Un grand nombre de Maures émigrèrent dès lors en Afrique. Cependant beaucoup d'entre eux seraient restés en Espagne, où les intérêts matériels les fixaient, si on leur eût accordé la liberté. Mais Ferdinand s'aperçut bientôt que leur présence était un danger pour l'État, du moins tant qu'ils n'abjureraient pas le mahométisme. Ils formaient une partie considérable de la population, dissimulaient mal des haines qui se transformaient en sourds complots, et qui eussent pu recevoir d'Afrique une assistance fort à craindre pour une conquête récente et mal affermie. Il n'y avait que deux moyens de conjurer le péril : convertir les Maures ou les expulser. La religion, l'humanité, la politique voulaient qu'on eût d'abord recours au premier. Le fameux Ximenès de Cisneros, archevêque de Tolède, et Fernando de Talavera, métropolitain de Grenade, amenèrent une foule de ces musulmans au christianisme. Leurs succès mêmes irritèrent les plus fanatiques, et des séditions éclatèrent. De faux convertis ne se servaient du crédit qu'ils obtenaient auprès des chrétiens que pour les trahir. Bref, la puissance et la nationalité de l'Espagne étaient en danger. Ferdinand dut se résigner à prononcer l'expulsion des Maures qui refuseraient d'embrasser l'Évangile, et les exilés cherchèrent un refuge en Afrique. L'Espagne sacrifiait des avantages temporels à d'autres d'un ordre plus élevé.

L'installation des Maures andalous en Afrique était un bienfait pour les Arabes et les Kabyles. L'agriculture et l'industrie en profitèrent.

— On assure, interrompit M. Morelli, qu'on doit à ces Maures la culture soignée des oliviers et des mûriers. Ils ont planté les délicieux jardins qui entourent plusieurs villes de la côte. Les Grenadins établis à Cherchel s'y livraient avec succès à l'éducation des vers à soie. Ils réparèrent un peu les plaies faites au pays par le règne des Arabes. Partout où l'Arabe a gouverné, du Maroc au golfe Persique, la terre a été déboisée et s'est changée en désert.

— Et pourtant, reprit dom Gervasio, les Arabes se montrèrent jaloux, défiants, tyranniques envers ces coreligionnaires étrangers. Ils ne leur ouvrirent qu'un certain nombre de villes, et leur fermèrent l'intérieur du pays. Cette circonstance, ajoutée à la haine qui animait les exilés contre l'Espagne, jeta naturellement ceux-ci dans la piraterie. Ils assaillirent sans relâche le territoire espagnol, et enlevèrent aux navires chrétiens toute sécurité dans ces parages.

L'Espagne se voyait donc forcée de poursuivre les Maures au delà même du détroit et jusque dans leur exil. Ce fut pour aider à la répression de leurs courses, que le duc de Médina Sidonia s'empara de Mélilla, sur la côte du Maroc, en 1497, et don Diégo de Cordoue de Mers-el-Kébir, en 1505. Ces mesures étaient insuffisantes, et le coup d'œil d'aigle du cardinal Ximenès embrassa de plus vastes projets.

Le célèbre moine, entré dans les conseils de la couronne, travaille à la réforme de son ordre, voyage en mendiant, et lorsqu'il découvre des rives de l'Espagne les côtes de l'Afrique, son zèle s'enflamme, et il a comme un pressentiment de la mission qu'il doit y remplir.

Pardonnez à un Espagnol de vous parler de Ximenès avec orgueil. Je passe sous silence, pour arriver à ce qui regarde l'Afrique, les immenses travaux du cordelier archevêque de Tolède, comme savant, comme ministre, comme diplomate et arbitre entre les rois, comme réformateur dans l'Église et dans l'État. Septuagénaire, il se fait général d'armée : il est à la tête d'une croisade qu'il arme à ses frais pour la conquête d'Oran. Ses vues élevées n'ont pas même été comprises de Ferdinand. Il veut, lui, ce que la France a voulu depuis pour elle-même et pour la civilisation, asseoir la puissance chrétienne en Afrique, et faire de la Méditerranée un lac espagnol. Il brise toutes les volontés qui s'opposent à la sienne; il méprise les sarcasmes lancés au religieux qui passe des revues à cheval, et il fait voile de Carthagène le 16 mai 1509. Il préside la nuit au débarquement, et son armée se montre en bon ordre, dès le point du jour, aux Maures étonnés. La croix archiépiscopale de Ximenès marche en avant; elle porte sur une banderole flottante les paroles qui annoncèrent autrefois à Constantin l'empire du monde : IN HOC SIGNO VINCES, *Tu vaincras par ce signe*. Cette devise se répète sur tous les drapeaux, et la croix brille dans tous les rangs. La bataille s'engage. Ximenès, comme un autre

Moïse, se prosterne en prière, et on lui apporte bientôt la nouvelle de la victoire. Les Maures sont battus, la ville est prise; le moine y entre en répétant les paroles du prophète : *Non nobis Domine, non nobis...* Ce n'est point à nous, Seigneur, non ce n'est point à nous, c'est à votre nom qu'en appartient la gloire. Mais il verse des larmes à la vue des cadavres ennemis, et quand Pierre de Navarre, son lieutenant, lui répond qu'après tout ce sont des infidèles :

— « Oui, dit le vieillard; mais on m'enlève moitié de la victoire; car je voulais les conquérir à Jésus-Christ. »

L'Espagne suivit quelque temps la politique de Ximenès. Elle s'empara immédiatement de Bougie et de Tripoli. Tunis, Alger, Mostaganem, Arzew, se reconnurent vassales, et promirent de renoncer à la piraterie. Mais, la première terreur passée, les courses recommencèrent, et Pierre de Navarre parut avec une escadre devant Alger, que Ferdinand voulait punir. Les Algériens s'humilièrent, rendirent au roi, comme gage de soumission, cinquante esclaves chrétiens, et s'engagèrent à payer un tribut pendant dix années. Mais, pour plus de garantie, les Espagnols bâtirent une forteresse sur le rocher où s'élève le phare d'Alger, qu'ils nommèrent *El Pegnon de Argel*. Il est maintenant compris dans le môle. La ville était ainsi tenue en respect, car l'artillerie espagnole pouvait battre ses remparts.

Eh bien ! Madame, tout ce préliminaire vous explique dans quelles circonstances les Arabes appelèrent les Turcs à leur secours. Les points de l'occupation espagnole se multipliaient. Ils étaient parfaitement choisis en vue d'une grande conquête, les officiers français le reconnaissent, et les dynasties musulmanes qui régnaient alors des Syrtes au détroit de Gibraltar, épuisées par les discordes intérieures, se sentaient menacées dans leur existence. C'est à ce moment que les fameux corsaires Baba-Aroudj et Kheïr-ed-Din, nommés en France les frères Barberousse, viennent lutter contre les Espagnols en se rendant aux vœux des Arabes. Ils se présentent comme auxiliaires, et ne tardent pas à s'imposer comme souverains. Tous les marins savent leur étonnante histoire. »

Alfred, cédant à cette invitation, n'hésita point à dire les aventures qui avaient tant de fois échauffé sa jeune imagination.

« Les frères Barberousse sont nés d'un renégat sicilien établi à Mitylène, l'ancienne Lesbos, et d'une Espagnole andalouse. Leur père, nommé Yacoub, quitta la profession de potier pour le métier de corsaire, et il éleva pour la mer ses quatre fils, Élias, Isaac, Aroudj et Kheïr-ed-Din. On dit que du nom d'Aroudj ou Baba-Aroudj, les Européens ont fait Barberousse ; d'autres veulent que l'on ait surnommé Barba-Rossa les deux derniers frères, à cause de la couleur de leur barbe.

— Quant au nom de Kheïr-ed-Din, interrompit le père Gervais, il signifie en arabe *le bien de la religion*. Les Européens prononcent Cheredin ou Hariadan.

— Dans mon enfance, le nom de Barberousse me faisait peur, dit Carlotta, et aujourd'hui encore il me fait frissonner.

— Quoi qu'il en soit, reprit Alfred, dans une rencontre avec les chevaliers de Rhodes, Élias fut tué et Aroudj fait prisonnier. Kheïr-ed-Din offrit en vain mille drachmes pour sa rançon. Alors le jeune captif s'attira la confiance de ses maîtres par son caractère et ses talents ; puis, un jour, il s'échappa et réussit à rejoindre Kheïr-ed-Din. Les deux frères, avec un seul brigantin, se rendirent bientôt redoutables, et, en 1504, le bey de Tunis s'estima heureux de leur ouvrir le port de la Goulette, à la condition qu'il prélèverait la dîme sur les captures. Ils s'emparèrent les années suivantes d'un très-grand nombre de navires espagnols et italiens. Leur flottille se composait de douze navires, dont huit leur appartenaient. Kheïr-ed-Din commandait en l'absence d'Aroudj.

Bougie, tombée aux mains de l'Espagne, invoqua leur assistance. Deux fois ils furent repoussés ; Aroudj perdit même un bras à la première attaque. Ils cherchèrent un point d'appui au voisinage de cette ville, et furent accueillis avec joie par les habitants de Djigelli, qu'ils enrichirent promptement, et qui par reconnaissance les proclamèrent souverains de la ville et du territoire.

La mort de Ferdinand le Catholique, en 1516, vint exciter encore l'ambition des deux frères, et elle détermina les Barbaresques à de nouveaux efforts contre les Espagnols. Alger s'était placée sous le commandement de Sélim-Eutemi, cheik d'une famille puissante de la Mitidja. Il n'osait pas attaquer la forteresse espagnole des îlots Beni-Mezegren, en face de la ville, et il sollicita le secours d'Aroudj. Celui-ci comprend aussitôt qu'un nouvel horizon se déploiera devant lui s'il se rend maître d'Alger. Il accorde son concours, et se débarrasse d'abord d'un puissant rival, le corsaire Car-Hassan, qui s'est installé à Cherchel. Il entre ensuite dans Alger, où la troupe de ses Turcs et de ses renégats force les habitants à subir leurs caprices. Aroudj fait étrangler le faible Eutemi, se déclare souverain, décapite ceux des Algériens qui désapprouvent son usurpation, et gouverne par la terreur. En septembre 1516, il bat une armée espagnole envoyée contre Alger sous la conduite de Francisco de Vero, et dont les débris furent presque anéantis par une horrible tempête; il défait et chasse les Arabes partisans du fils d'Eutemi. Son règne s'étend rapidement sur Blida, Médéah, Miliana, Tenès et Tlemcen. Mais il indisposa les habitants de cette dernière ville par sa cruauté : il fit pendre par la corde de leurs turbans, aux piliers du *méchouar* ou de la citadelle, le roi et ses sept fils, et il fit noyer les autres membres de la famille dans un étang, prenant plaisir lui-même, comme le dit Marmul, à leurs postures et à leurs grimaces. Les Arabes s'unissent aux Espagnols d'Oran pour délivrer Tlemcen. Aroudj, pressé dans le méchouar, traverse les lignes ennemies et fuit vers Alger. Mais on le poursuit, malgré les trésors qu'il sème sur la route pour ralentir ses adversaires; il est atteint sur les bords du Rio-Salado ou l'Oued-el-Meleh (la rivière de sel) et frappé au cœur d'un coup de pique; on envoie sa tête à Oran, et son caftan sert à confectionner une chape d'église.

Son frère Kheïr-ed-Din s'empressa de consolider son pouvoir en gagnant les marabouts les plus renommés, et en s'abritant sous la suzeraineté de Constantinople, qui lui reconnut le titre de bey. Il fortifia le gouvernement ou l'odjack organisé par son frère, comprima les Arabes, fut délivré par une tempête d'une expédition envoyée contre lui par Charles-Quint, rasa le pegnon d'Alger, et fonda définitivement la puissance maritime de la régence.

Trente mille esclaves chrétiens travaillèrent au port et aux fortifications de la ville. De nouvelles captures arrivaient, pour ainsi dire, sans interruption; c'étaient quelquefois des populations entières qui se trouvaient jetées en esclavage. Ainsi les habitants de Mahon laissent un soir la flotte de Kheïr-ed-Din, qu'ils ont prise pour celle de Charles-Quint, entrer dans leur port. Le lendemain, huit cents Mahonnais montaient à bord des galères algériennes, et venaient grossir la multitude des captifs qui gémissaient dans les fers ou s'épuisaient de fatigues sous le bâton.

Kheïr-ed-Din, appelé par Soliman, sultan de Constantinople, à commander en chef la marine turque, éprouvée par de grands échecs dans ses rencontres avec les forces de Charles-Quint et du fameux amiral vénitien André Doria, laissa le gouvernement d'Alger au renégat sarde Hassan-Agha, et partit à la tête de quarante galères. Après divers exploits sur les côtes d'Italie et dans l'archipel grec, il ravit Biserte, la Goulette, Tunis, aux princes hafsides, qui avaient essayé de nuire à ses projets ambitieux.

Mais Moulé-Hassan, dépossédé, appelle Charles-Quint. L'empereur dirige en personne une flotte de quatre cents navires, et débarque, comme autrefois Louis, sur les rives de Carthage. Les Turcs évacuent la Goulette. Kheïr-ed-Din veut mettre à mort vingt-deux mille esclaves chrétiens qui sont renfermés dans Tunis. Ses conseillers le détournèrent d'une si monstrueuse atrocité. Le lendemain, il était vaincu et s'enfuyait du côté de Bone, tandis que les esclaves révoltés dans la citadelle facilitaient aux Espagnols la prise de la ville. Charles-Quint livra Tunis au pillage. Il délivra les captifs, embrassa les plus vieux, leur fit donner à tous des vêtements et les moyens de regagner leur pays. On célébra solennellement dans le camp la fête de saint Jacques, patron de l'Espagne, et l'empereur se rembarqua sur le vaisseau amiral avec le nonce du pape et l'évêque de Grenade. C'était en 1535.

Par un traité les Espagnols gardaient la Goulette, et le prince hafside Moulé-Hassan rentrait dans Tunis, à la condition de délivrer sans rançon tous les esclaves chrétiens du royaume, de laisser libres le commerce et l'établissement des Européens à la côte, avec leurs églises et leurs monastères; enfin Tunis ne s'allierait point aux corsaires, et paierait une redevance annuelle à la couronne d'Espagne.

Barberousse parvint à Alger par terre : il y fut rejoint par sa flotte, se ravitailla, et fit encore du mal aux chrétiens avant d'aller mourir à Constantinople, en 1547, au milieu de honteuses débauches.

La puissance turque était complétement fondée à Alger; et nul ne pensa plus à l'ébranler depuis une dernière et malheureuse tentative faite par Charles-Quint, en 1541. Une flotte de plus de cinq cents navires, montée par douze mille matelots et vingt-deux mille hommes de troupes, vint alors attaquer Hassan-Pacha, successeur de Kheïr-ed-Din. Il avait convenablement fortifié la ville et se tenait prêt à une défense vigoureuse.

Le débarquement des Espagnols s'opéra sur la plage à gauche de l'Harach. L'armée investit la ville du côté de l'est, en gravissant les coteaux de manière à tourner la Casbah pour redescendre sur Bab-el-Oued. Ce mouvement avait lieu le 25 octobre. Dans la nuit une furieuse tempête se déchaîne, les vaisseaux chassent sur leurs ancres, ils s'entre-choquent, les câbles se rompent, la mer se couvre des débris d'un immense naufrage. L'armée de terre lutte avec peine dans les ténèbres contre la violence de l'ouragan. Au lever du jour les Algériens l'attaquent dans ses lignes; la défense est héroïque; elle refoule les assaillants dans la ville, de telle sorte que le chevalier français Ponce de Balagner, qui tenait déployé l'étendard de Malte, vint planter son poignard dans la porte Bab-Azoun. La brume qui couvrait la mer se dissipe; Charles-Quint et l'armée reconnaissent tout le désastre de la flotte, et sont forcés de rejoindre au cap Matifou les vaisseaux échappés à l'orage. L'Europe était vaincue dans Charles-Quint, non par les Turcs, mais par les éléments de la nature, ou plutôt par les mystérieux décrets de la Providence. La chrétienté perdait l'espoir de réussir où le géant venait d'échouer : elle se résignait en quelque sorte à s'humilier devant un repaire de brigands, et à leur acheter le droit de navigation et de commerce.

L'Espagne lutte encore quelque temps pour garder les points qu'elle occupait sur le littoral, pour soutenir ses alliés musulmans et même étendre ses conquêtes. En 1551, son allié Hassan perdit Tlemcen, que le pacha Salah-Raïx réunit à la régence d'Alger. La même année, cependant, le vice-roi espagnol de Sicile et André Doria enlevaient la ville tunisienne d'Africa au corsaire Dragut, qui avait hérité de la renommée des Barberousse. Dragut prétendit que l'Espagne violait la trève signée entre elle et la Porte. Le sultan prit parti pour le pirate, en s'emparant de Tripoli sur l'ordre de Malte. Dragut faillit être anéanti, peu auparavant, au détroit qui sépare du continent l'île de Djerba; mais il réussit à s'enfuir en faisant élargir en dix jours, par deux mille esclaves chrétiens, le canal trop étroit pour ses galères.

En 1553, les Espagnols abandonnent Africa, où la garnison ne peut vivre; Salah-Raïx leur prend Bougie deux ans plus tard, et Djerba retombe au pouvoir des Turcs en 1560. En 1570, Aluch-Ali, ou Ochali, pacha d'Alger, chasse de Tunis le roi Hamida, et les Espagnols ne reprennent cette capitale que pour y succomber, en 1574, sous les efforts du capitaine turc Sinan-Pacha. Ce renégat leur enlève en même temps la Goulette et Biserte. Outre la ville d'Oran, qu'ils gardèrent jusqu'en 1792, ils ne possèdent plus en Afrique, depuis Philippe II, que des présides ou petites places isolées, telles que Ceuta et Mélilla, sentinelles avancées qui veillent dans l'intérêt de l'Espagne, mais sans menacer le Maroc. La garnison y est emprisonnée, comme les Français le furent assez longtemps eux-mêmes en plusieurs places de la côte, au début de la conquête. Elle fait encore chaque jour le coup de feu contre les Kabyles, qui viennent l'inquiéter derrière ses remparts.

L'Espagne donc répudie, sous Philippe II, la politique de Ximenès; soit défaut d'intelligence, soit découragement, elle renonce à l'occupation, à la colonisation de l'Afrique, et se borne à protéger son littoral contre les corsaires. Tout au plus va-t-elle les surprendre quelquefois dans leurs ports. Mais les échecs partiels qu'ils éprouvent les laissent vraiment maîtres de la Méditerranée.

La bataille de Lépante, gagnée le 7 octobre 1571, par don Juan d'Autriche, et qui peut-être sauva l'Europe, servit la cause des corsaires africains en leur permettant de s'ériger en souverains et d'agir avec indépendance sans craindre la Porte, dont la suzeraineté n'était plus que nominale. Leurs succès en mer, les troubles religieux de l'Europe, attirent à eux une foule de renégats de toute nation. L'appât du gain, l'attrait d'une vie de hasards, portaient des aventuriers à faire la course avec les raïs sans même embrasser le Coran.

— Je suis surprise, dit Mme Morelli, qu'un tel état de choses ait pu se constituer. Que faisait donc la France alors ? N'avait-elle donc pas un roi chrétien, un roi chevalier ? François Ier, Henri IV, ont toléré ce brigandage ?

— Madame, répondit le père Gervais, la France, ordinairement si grande et si généreuse, la France parut oublier alors ses nobles traditions. François Ier, foulant aux pieds les intérêts de la civilisation et du christianisme, se préoccupe uniquement d'abaisser l'Espagne et de satisfaire ses rancunes contre Charles-Quint, auquel les électeurs allemands ont donné de préférence la couronne impériale. Il met l'Europe, on peut le dire, à deux doigts de sa perte, en faisant alliance contre la maison d'Autriche avec le sultan de Constantinople et avec Barberousse, le roi d'Alger. Je le sais, la France a lavé cette infamie ; c'est une raison de plus pour ne pas la dissimuler : oui, on a vu Kheïr-ed-Din reçu à Marseille comme un roi, en 1543 ; le pavillon de France s'est abaissé devant celui d'un chef de brigands ; ce pirate a eu sous ses ordres une flotte française, commandée par un Enghien, et François Ier paya huit cent mille écus la coopération de ce scélérat. Gorgé de l'or de la France, Kheïr-ed-Din ne se trouvait pas suffisamment repu. Il ramenait sur sa flotte, à Constantinople, plus de sept mille esclaves italiens. Mais la faim, la soif, le manque d'air les tuaient au fond des cales, où on les entassait dans les immondices, et à toute heure il fallait jeter des cadavres à la mer.

— Le jugement que vous portez sur la politique de François Ier me paraît sévère, dit M. Morelli ; mais pour tout autre qu'un Français, il n'est que juste. Je crois cependant que Henri IV mérite plus d'indulgence. Déjà Catherine de Médicis avait eu l'idée de fonder un royaume français qui eût embrassé l'Algérie et la Sardaigne. Elle fit adresser des propositions dans ce but au sultan. Mais on ne pouvait pas raisonnablement espérer que le mahométisme travaillerait de lui-même et sciemment à sa ruine. Henri IV, inspiré sans doute par Sully, avait des vues plus hautes et plus justes, quand il songeait à équilibrer les intérêts politiques de l'Europe, pour en tourner toutes les forces contre les royaumes musulmans. Il reprenait sous une autre forme, et en se plaçant à un point de vue plutôt politique que religieux, la grande pensée des papes dans les croisades et à Lépante. Aurait-il réussi à former un faisceau des membres de la famille chrétienne, divisée par le protestantisme? c'est douteux. Mais il faut lui tenir compte de l'intention. Si la mort l'empêcha de poursuivre la réalisation de ce rêve, il put conclure du moins avec la Turquie, en 1604, un traité qui, en sauvegardant les intérêts de la France, obligeait les Barbaresques à rendre les esclaves français et à respecter son pavillon.

— J'en conviens, répliqua le trinitaire, la politique de la France protégea ses intérêts particuliers; mais ce fut d'une manière très-imparfaite, et au prix de quelles humiliations!

D'abord la France renouvelle des traités avec les Barbaresques, et traite d'égal à égal avec de vils renégats, sans foi ni loi. Elle reconnaît officiellement les droits et la souveraineté d'écumeurs de mer campés en face d'elle.

Le traité signé aujourd'hui est violé demain. Les corsaires se jouent des serments et des signatures; la France voit ses vaisseaux capturés contre le droit des gens, et souvent sans obtenir satisfaction.

Et savez-vous quels usages régnaient en mer, malgré tous les traités? Eh bien! les corsaires visitaient vos navires marchands, et s'adjugeaient une partie de leurs approvisionnements de vivres. Si le capitaine laissait paraître son mécontentement, on déclarait le bâtiment de bonne prise.

L'ambassade de Henri IV, représenté par M. de Brèves, fut une des plus honorables. Et voyez, néanmoins, à quoi cela se réduisit. Je cite un contemporain :

« Le lendemain de son arrivée à la Goulette, le pacha de Tunis le fit régaler d'un présent de quatre bœufs, d'autant de moutons, et de deux douzaines de poules. Il lui envoya un chaouch avec trois beaux barbes, dont le principal, que l'ambassadeur devait monter, était richement caparaçonné, ayant un harnais garni de lames d'argent doré, avec une housse de velours cramoisi rouge, et à l'arçon de la selle une masse d'armes d'argent, qui est une marque d'honneur dont se signalent les grands de l'empire. En cet équipage, le sieur de Brèves entra dans Tunis, où à moitié de chemin furent au-devant de lui, en fort bon ordre, tous les chefs de la milice et du divan, bouloubaschis et autres, qui le saluèrent, criant par trois fois : *Hou ! hou ! hou !* et l'accompagnèrent jusqu'au logis qui lui avait été préparé à la ville. Il fut question de rendre les navires, les marchandises et les captifs français. Ce fut alors que les compliments se refroidirent. Le pacha eût cédé ; mais les janissaires s'y opposèrent, et, pour ne pas tout perdre, le sieur de Brèves se contenta des captifs et de ceux qui n'étaient renégats que par force, ou qui voulaient se déclarer chrétiens. Les Turcs dirent à ceux-ci que c'était pour les éprouver, et qu'on les brûlerait vifs s'ils abjuraient le Coran. Cependant beaucoup le firent, et devinrent libres...

« De Brèves alla ensuite à Alger ; mais il ne put obtenir aucun traité avec les corsaires, et rentra en France de crainte de quelque mauvais tour. »

Aussi voyons-nous à peu près constamment des Français dans les bagnes, bien qu'ils y soient en moindre nombre que les esclaves des autres nations.

En supposant qu'une nation chrétienne ait réussi à se faire respecter des corsaires, faudrait-il s'en glorifier ? Celle-là n'aurait-elle point à rougir de n'avoir consulté que son propre avantage, et d'avoir laissé par égoïsme et par jalousie, à la merci des forbans, une autre nation chrétienne et rivale ?

Je le dis hautement, la main sur la conscience, le sentiment de l'honneur a été bien affaibli dans l'âge moderne, et celui de l'intérêt l'étouffa quelquefois. Le moyen âge n'a jamais connu cette dégradation morale. Jamais il ne s'est courbé devant Mahomet; jamais il n'a exploité contre des frères l'insatiable rapacité des musulmans.

Je le répète, le sentiment de la peur a saisi les nations modernes. Elles ont eu peur des Turcs; elles se sont rachetées par des tributs. La peur est une faiblesse que les siècles des croisades n'ont pas connue; elle ne se trahit pas plus dans les actes diplomatiques que sur les champs de bataille. Ceux qui insultent les âges de foi devraient un peu mieux s'en souvenir.

Tant que la papauté gouverna dans les plus hautes questions politiques la grande famille catholique et latine, tant que l'hérésie en ravageant l'Europe ne détruisit pas l'unité de l'Occident, l'organisation de la piraterie, sa prépondérance sur mer n'étaient pas possibles; car à la voix des papes toutes les forces maritimes se seraient unies pour briser celles des musulmans. Pie V, à la bataille de Lépante, sauva la civilisation; mais s'il n'anéantit pas les corsaires qui la menacèrent encore et entravèrent sa marche, c'est que son appel ne fut entendu ni des peuples protestants, ni de leurs alliés. L'Espagne, les républiques italiennes et les chevaliers de Malte y répondirent. Heureusement ce suprême effort fut une victoire. Que serait-il avenu, grand Dieu! si le Turc l'eût emporté à Lépante!

Alfred, continua le père, vous êtes indigné du mépris dont les musulmans nous accablent là où ils sont les maîtres : croyez-vous que nous ne l'ayons pas mérité? Chiens, fils de chiens, nous disent-ils. Eh! ne sommes-nous pas les fils de ceux qu'ils ont tenus à la chaîne et bâtonnés durant trois siècles? Ne sont-ils pas en droit de s'enorgueillir de notre infériorité? Nous leur avons tout laissé croire sur notre compte; et nous commençons à peine à réformer leurs préjugés. Vous voulez qu'ils nous estiment au-dessus d'eux! Alors expliquez-leur pourquoi, jusqu'au XIXe siècle, et d'après les traités avec les puissances chrétiennes, en cas d'échange des prisonniers, ils rendaient deux chrétiens pour cinq musulmans; expliquez-leur pourquoi la compagnie française d'Afrique avait stipulé que si, hors du cas de guerre, un Maure tuait un chrétien, il paierait cinq cents piastres, et que si un chrétien tuait un Maure, ce chrétien en paierait huit cents ; l'Europe n'estimait-elle pas ainsi le sang maure plus que le sang chrétien? Du moins les musulmans le pouvaient-ils comprendre autrement?

— C'est une réflexion que je n'avais pas encore faite, repartit Alfred. Du reste, toutes celles que vous nous présentez en ce moment m'étonnent, et j'en reste confus.

— Mon cher ami, durant le demi-siècle que j'ai passé dans les bagnes, j'ai eu le temps et l'occasion de méditer sur cette plaie de la piraterie turque. Combien de fois, de notre terrasse, où pourtant je n'eusse pas osé monter à cette heure-ci, car les Maures prenaient alors le frais sur celles de leurs maisons, combien de fois n'ai-je pas contemplé avec douleur cette belle mer qui va baigner les plus beaux rivages du globe! Ah! me disais-je, on assure qu'un grand homme veut faire de la Méditerranée un lac français, et ce n'est pas même un lac chrétien! O peuples d'Europe, ne le comprenez-vous pas? ce lac doit être à vous. Progrès, commerce, liberté, civilisation, tout est suspendu jusqu'à l'heure où vous mettrez en lambeaux ce pavillon sinistre au pâle croissant, symbole de la nuit. Après les pertes de l'honneur, je calculais les autres : un million d'esclaves, d'innombrables navires, les riches cargaisons du Levant, de l'Inde et de l'Amérique; et je ne concevais pas que la politique moderne, basée sur l'intérêt, restât sourde à sa voix comme à celle de l'honneur et de la foi. On se contentait de prendre en mer les pirates, quand on le pouvait; mais leurs navires ne portaient rien.

— J'entre dans votre manière de voir, dit M. Morelli. Toutefois, la question des corsaires et des esclaves a encore à mes yeux quelque chose de louche. Les peuples chrétiens, de leur côté, ne faisaient-ils pas la même chose que les Turcs? En usant des mêmes moyens, en capturant des navires, en réduisant aussi à la servitude ceux qui les montaient, n'autorisaient-ils pas la conduite des corsaires? En un mot, n'a-t-on pas de part et d'autre les mêmes reproches à se faire?

— Sous prétexte de modération et de justice, certains écrivains prétendent qu'il en est ainsi. Mais approfondissez l'histoire, et vous verrez que c'est une grave erreur.

Le musulman croit, comme article de foi, qu'il est de son devoir de combattre les peuples chrétiens, de les convertir par la force ou de les soumettre à l'impôt, tant qu'il est assez puissant pour y réussir. En droit, la guerre est permanente entre lui et nous; la paix n'est qu'une trêve. Il se fait donc agresseur quand il peut, et ne connaît pas notre droit à l'indépendance. Jamais homme d'État ni théologien catholique n'est parti de là pour autoriser la guerre contre les infidèles. Il faut qu'il y ait des droits lésés à revendiquer. Aussi l'agression, l'initiative est venue des musulmans, et non des chrétiens.

Le musulman croit, comme article de foi, que le serment ne l'oblige pas envers les chrétiens, du moment qu'il est contraire aux intérêts de l'islamisme. Le chrétien se regarde obligé par le serment envers le musulman comme envers tout autre. Aussi, c'est par exception que les navires chrétiens violent le droit des gens; et il est sans cesse outragé par les corsaires qui ne s'y soumettent pas en principe.

Si telle est la conduite d'un musulman imbu d'une croyance religieuse quelconque, je le demande, quelle sera celle des renégats, des écumeurs de mer, qui ne sont pas même musulmans? Il n'y a donc sous ce rapport, ni en droit ni en fait, aucune comparaison à établir entre les deux partis.

Nous avons eu des corsaires et non des pirates dans la marine de l'État; mais les raïs ou capitaines barbaresques sont de vrais pirates : le corsaire attaque régulièrement, selon les lois de la guerre, une nation ennemie; le pirate court les mers pour piller, et jette indifféremment le harpon sur tous les navires qu'il rencontre.

Ce n'est pas là toute la différence entre les corsaires musulmans et les nôtres. Pour nous, les captifs sont de simples prisonniers de guerre; en Espagne même, on ne leur infligeait de châtiment particulier que s'ils étaient convaincus de crimes prévus par les lois et en dehors de faits de course; nulle part on ne les vendait comme esclaves; nul n'en abusait comme d'une propriété; nos codes et notre religion sauvaient l'honneur des femmes, et la vie à tous.

Mais il n'en était pas ainsi des chrétiens prisonniers des musulmans. Ils tombaient, par le fait, dans l'esclavage, et devenaient une chose qui se vend et s'achète, dont on use et dont on abuse ; à peine un reste d'humanité que le Coran n'avait pas éteint, avait-il fait passer en coutumes quelques formalités judiciaires pour le meurtre public et solennel de l'esclave chrétien.

— Pauvres esclaves ! dit Carlotta.

— Oui, ce Coran que tant de libres penseurs ont l'outrecuidance de vouloir aujourd'hui réhabiliter, consacre de nouveau l'esclavage pour tout prisonnier de guerre, six siècles après que le Christ a affranchi l'humanité ; et alors même que le prisonnier se fait musulman, il est encore esclave. Avant Jésus-Christ, je comprendrais peut-être l'esclavage adouci d'une race inférieure sous une race civilisée ; mais ici l'ordre est interverti contre le bon sens et contre toute justice. Nos chrétiens étaient traités comme les nègres.

— Oh ! révérend père, dit Carlotta, je ne conçois même pas que les musulmans aient réduit les nègres à un tel esclavage. Fatma me raconte quelquefois ce qu'elle a souffert, et j'en ai grand'pitié. »

Carlotta, en disant ces mots, regardait la négresse d'un air de compassion.

« Aïa, aïa, Lella, dit le moine à Fatma, qui se tenait assise, portant la petite Marie dans ses bras. Venez, venez, Mademoiselle. »

La négresse se leva.

« Entsa bent' El-Djezaïr : Vous êtes née à Alger ? demanda le père.

— Lala, sidi, ana oulad' es soudân : Non, non, Seigneur, je suis fille du soudan. »

Et le moine lui fit raconter son histoire. Fatma parlait cette langue franque, ce sabir demi-arabe, demi-européen, pauvre de mots ; car il essaie de rapprocher des idiomes d'un génie trop différent ; expressif cependant, et riche de figures, parce qu'il supprime les détails qui ne sont pas essentiels, et qu'il emprunte beaucoup à l'imagination : c'est une langue dans l'enfance ; mais il faut traduire au lecteur.

« Je suis fille du soudan, dit la négresse. Enfant, je fus enlevée par les Touaregs-Agbaïl, tandis qu'on célébrait les noces de ma sœur sous les palmiers de l'oasis. La lance de fer perce mon père à la poitrine, il est mort. Le combat s'engage. On nous jette, ma sœur et moi, sur le méhari à la course rapide. Je n'ai point connu le sort des miens et des combattants. Le chagrin a tué ma sœur. Moi, plus petite, j'ai souffert et oublié. Sidi Messaoud-ben-Kouider m'a achetée vingt douros. Il me répétait souvent :

« O Fatma, il n'y a pas d'autre Dieu que Dieu. Mahomet est le prophète de Dieu. »

Jour et nuit je tournais la meule du moulin sous la tente. Sa tente est au pied du Djebel-Azereg. Mon dos s'est courbé sous la peau de bouc gonflée d'eau. Les lanières en cuir d'antilope ont creusé des sillons dans ma chair. O Mabrouka, que la malédiction soit sur ta tête ! Elle me haïssait, la méchante femme, l'épouse de mon maître. Elle me refusait le sommeil et ma part de rouina, même au jour des copieux festins. J'ai senti les dents de l'hyène au pied du Djebel-Azereg, la montagne bleue.

Sidi-Messaoud a voulu la paix. Mabrouka ne me bat plus. On m'engraisse de kouskoussou pour le marché de Tétouan. Sidi-Requiq, le Maure de Bab-Azoun, m'a payée quarante douros : c'est que j'étais belle avec mon collier de talisman et le henné jaune qui teignait mes ongles. Mais, à Alger, ô Mabrouka ! tu étais la douce gazelle, et voici Hadjira la lionne furieuse. O Sidi-Messaoud, que la bénédiction de Dieu se repose sur toi ! tu étais mon père, et Sidi-Requiq est le vautour.

Alors je me suis rappelée mon oasis du soudan. J'allais mourir. Azraïl, l'ange de l'agonie, étendait sur mes yeux l'ombre noire. La fièvre était dans mes veines comme le poison de la lefa. La maraboute au voile blanc, l'amie de lella Carlotta, m'a emportée à l'hôpital de la Karatine. J'ai retrouvé mon âme, et lella Carlotta la sainte, l'amie du pauvre, la chérie de Dieu, m'a préservée d'Hadjira la maudite, et de Sidi-Requiq le fils du diable. »

Fatma se tut. Elle attachait sur Carlotta un regard aimant et respectueux.

« Si une négresse ressentait à ce point les souffrances de l'esclavage, dit Mme Morelli, quelles ne furent pas les douleurs des captifs arrachés à la civilisation chrétienne ! L'intelligence de leurs maux était bien plus grande ; le sentiment, la sensation même sont beaucoup plus vifs dans le civilisé que dans le barbare ou le sauvage. »

DEUXIÈME SOIRÉE

Les villes de bagnes. — La marine des corsaires. — La prise.

Le père Gervais achevait à l'écart la récitation de son bréviaire. Le clair de lune était si limpide, qu'il permettait aux yeux du vieillard de suivre encore sur les pages du respectable in-quarto les prières accoutumées. Cependant, ce demi-jour laissait briller des milliers de lumières aux fenêtres des maisons en amphithéâtre dont se compose Alger. Chaque soir la cité s'illumine ainsi, et l'on croirait qu'elle veut rivaliser avec le ciel profond qui la couronne, tout scintillant d'étoiles.

Mme Morelli indiquait de la main les murs de la Casbah, posée comme une aire d'aigle au sommet de la ville.

« C'est là, disait-elle, que le dernier dey d'Alger, Hussein, donna au consul de France, M. Duval, le fameux coup d'éventail qui détermina l'expédition de 1830.

— De cette hauteur, à quatre cents pieds au-dessus du niveau de la mer, dit M. Morelli, les rois corsaires, ces oiseaux de proie, découvraient au loin, sur les flots, leurs navires triomphants et traînant à la remorque de riches captures.

— Oui, dit le trinitaire, qui intervint alors dans la conversation ; les deux derniers deys ont fixé leur résidence à la Casbah. J'étais ici, en 1816, lorsque Megheur-Ali, souverain d'Alger, abandonna l'ancienne demeure des pachas pour cette forteresse. La peste, cette année-là, ravageait la ville basse. Megheur saisit ce prétexte pour transférer sur la hauteur plus saine le siége du gouvernement. Le motif réel, c'est qu'il avait moins à craindre, à l'abri de la citadelle, les complots qui renversaient l'un sur l'autre les deys assassinés.

Car, que pouvait-on attendre d'un État qui avait à sa tête une horde de brigands? La tyrannie des pachas que nous avons vue s'établir, au XVIe siècle, ne respectait que les Turcs. Elle opprimait Arabes et Maures; elle écartait des emplois les Coulouglis eux-mêmes, et pourtant c'étaient les fils de Turcs et de Mauresques. Ils se révoltèrent en 1631, et furent massacrés. L'orgueil des Turcs en devint plus intraitable, et les jeni-tchéri, ou janissaires, qui formaient la garde des pachas, commencèrent à les destituer, sans se mettre en peine du Grand Seigneur. La Porte ratifiait forcément les caprices de cette milice rebelle, et envoyait presque tous les ans un nouveau pacha. En 1660, l'autorité de ces vice-rois fut bien réduite. Les janissaires opposèrent au représentant de la Porte le conseil des agas, officiers du divan, qui tenaient en main l'administration. En 1661, ils donnèrent au président de ce conseil le titre de protecteur ou de dey. En 1710, le dey Ali-Chaouch renvoyait à Constantinople le pacha du sultan. La Porte dut se résigner à reconnaître désormais la double dignité de pacha et de dey dans la personne de l'élu des janissaires.

Le gouvernement ne fut pas moins orageux sous les deys qu'au temps des pachas. Le 23 août 1732, sept deys furent élus et massacrés dans la même matinée! Si un dey meurt dans son lit, c'est par exception. Le yatagan ou le lacet, voilà la règle. En 1817, Omar fut étranglé. Megheur-Ali-Khodja, mis à sa place, se sauva, la nuit, de la Djenina à la Casbah.

La Djenina, ce sombre bâtiment aux fenêtres rares, étroites et grillées, qui regardent le port, était le palais des rois corsaires. Bâti en 1552, par Salah-Raïs, il est maintenant si délabré, qu'à l'intérieur même, sauf ses colonnettes de marbre, rien ne révèle sa splendeur passée.

Sachons-le bien, les villes mauresques, et Alger en particulier, ont été fort appauvries par la destruction des pirates. Elles ont souffert autrefois de la peste et de la famine; elles ont laissé tarir, si on le veut, les sources de la vraie richesse, en préférant au développement de l'agriculture et de l'industrie les entreprises aléatoires des raïs ; mais elles ont vu des jours de bonne fortune, où elles regorgeaient de trésors, de marchandises précieuses, de munitions de guerre et d'esclaves. Les captures des Algériens atteignirent en certaines années la valeur d'un à deux millions. En 1616, le commerce de Marseille déplorait une perte de deux millions, ravis par les corsaires.

Aussi les considérait-on comme les pourvoyeurs et les soutiens de l'État. Si la soif du butin, si la pensée que la meilleure œuvre d'un bon musulman est d'affaiblir les infidèles, n'avaient pas invinciblement poussé les Turcs à la piraterie, malgré les traités et les serments, ils s'y seraient livrés par besoin et pour ne pas mourir de faim et de misère. C'était une conséquence inévitable, du moment qu'on négligeait les autres moyens qui font vivre les nations.

Tous les gouvernements de la côte ont perdu à cette abolition de la course ; ils n'ont pas même en dédommagement les avantages matériels que l'activité industrielle ou commerciale et la justice des Français ont apportés aux Algériens. Je crois au contraire que le pillage et les exactions des grands sur les petits, des puissants sur les faibles, ont redoublé à l'intérieur, de manière à réparer pour les chefs les pertes qu'ils éprouvaient au dehors.

— Révérend père, demanda Carlotta, quelles sont donc les villes, outre Alger, qui autrefois profitaient le plus de la course et de l'esclavage des chrétiens ?

— Ce sont les villes de bagnes et celles où la piraterie était organisée : Tripoli, Tunis, Tétouan, Salé, Fez et Maroc tiennent le premier rang.

— Tripoli, dit Alfred, était merveilleusement placée pour les forbans. Les navires qui fréquentent les parages de l'Égypte et du Levant se trouvent à sa portée. Son éloignement vers l'est la protégent contre les forces des Latins.

— Heureusement, nous avions Malte en sentinelle avancée, dit le moine. Lorsque les chevaliers eurent abandonné Tripoli, qu'ils tenaient de Charles-Quint, et quand les Turcs l'occupèrent définitivement, l'ordre ne réussit plus à prendre pied sur la côte ; mais il combattit les corsaires tripolitains. En 1619, le renégat Mami-Raïs ranima leur courage, et leur apprit à faire la course avec des vaisseaux ronds. En 1638, les galères de la religion leur enlevèrent deux petits navires et trois vaisseaux, après une lutte acharnée. Les chevaliers ramenèrent deux cents corsaires. Une jeune femme de vingt-deux ans reconnaît, parmi les prisonniers, son mari, qui depuis peu était allé renier la foi chez les Turcs. Elle se jette sur lui, le frappe, le saisit à la gorge. Elle faillit l'étrangler, tant elle avait d'horreur de son crime.

Il y a deux bazars à Tripoli ; le plus petit était destiné à la vente des esclaves. Le bagne des chrétiens est voisin du château où réside le bey. Il renferme une chapelle, où les prêtres captifs, lorsqu'il s'en trouvait, pouvaient célébrer la messe. Cette chapelle a été bâtie et dédiée en l'honneur de saint Antoine, au XVIIe siècle, avec la permission du pacha Mohammed, renégat grec, de la famille des Justiniens de Chio. La bénédiction fut célébrée par un évêque fait prisonnier dans la traversée de Gênes à Majorque. Ce prélat était de la parenté du pacha ; mais au bagne il ne se fit connaître qu'en qualité de prêtre, et après avoir servi longtemps les maçons comme un captif vulgaire. Il fut racheté par le consul de Venise ; et quand le pacha sut quel il était, il lui écrivit pour lui demander pardon, et lui renvoya le prix de sa rançon avec de riches présents. Vers 1630, il y avait à Tripoli de cinq à six cents esclaves chrétiens : c'est peu relativement aux autres villes de bagnes.

On en comptait sept mille, à Tunis, à la même époque. Ils étaient entassés dans des fondouks, bâtiments disposés en forme de tour carrée. On y disait la messe dans des chapelles. La principale était dédiée à saint Antoine.

En 1720, les pères trinitaires espagnols fondèrent en cette ville un hôpital pour les esclaves malades. Ils y sont restés jusqu'à l'abolition de l'esclavage, en mai 1816. C'est actuellement l'hospice habité par les capucins. Le réfectoire était l'ancienne chapelle des trinitaires. Les deux ordres ont travaillé concurremment au rachat des esclaves. Il y avait quatre bagnes ayant chacun une chapelle et un missionnaire capucin. Les esclaves étaient divisés par nation dans ces fondouks, désignés par les noms des patrons : Sainte-Lucie, Saint-Léonard, Saint-Roch et Sainte-Croix. Il y avait en outre cinq bagnes à Biserte et d'autres à Porto-Farina, où l'on construisait les navires. Des hôpitaux y furent établis en 1720. Enfin les esclaves employés au Bardo, palais du bey, à quelque distance de Tunis, avaient pour chapelle un souterrain humide et obscur, où l'on a célébré la messe jusqu'en 1848. Il s'est écroulé alors, et n'a pas été rebâti.

Tétouan possédait quelquefois trois à quatre mille esclaves chrétiens. Sous Louis XIII, elle n'armait qu'un petit nombre de frégates, qui allaient en course vers les côtes d'Espagne. Les trinitaires y firent beaucoup de rachats. En 1641, le père Martin Agudo de la Rosa et les frères Michel Diaz et Diégo Vallezo, donnèrent soixante mille francs pour la rançon de cent seize esclaves espagnols, où l'on comptait un dominicain, deux capucins, onze capitaines, dix-huit enfants au-dessous de seize ans, et deux femmes. Les autres étaient marchands et matelots. A peine ces rédempteurs furent-ils revenus à Madrid, dit le père Dan, qu'ils y moururent d'un poison que les infidèles leur avaient fait boire avant le départ. Ces barbares croyaient que les religieux en mourraient sur le territoire du Maroc, et ils espéraient reprendre les esclaves et garder l'argent.

A Fez, qui fut longtemps capitale d'un royaume florissant, les chrétiens captifs ont été souvent jusqu'à cinq à six mille, et le roi en avait un millier pour lui seul. Ils logeaient dans des matamores, caves souterraines où ils avaient beaucoup à souffrir. Les voûtes étaient basses. L'air ne pénétrait que par des soupiraux.

Ceux de Maroc étaient dans les mêmes conditions. Cette ville en renfermait environ six mille à l'époque où M. de Rasilly négocia un traité entre l'empire et la France. Cette convention, signée en 1631, stipulait la liberté de commerce et de navigation, la reddition des esclaves français, alors au nombre de quatre-vingts, et le libre exercice de la religion chrétienne. « Qu'aucun de nos sujets ne les trouble en leur religion, disait l'émir, et que, pour en faire exercice, ils puissent avoir des prêtres en quelque lieu que soient les consuls; pourvu néanmoins que ce ne soit que pour lesdits Français, et que ceux des autres nations n'y soient point mêlés. » Les Français prenaient d'ailleurs l'engagement de ne pas venir en aide aux Espagnols contre le Maroc.

Salé fut aussi un repaire de pirates. Refuge d'un grand nombre de Morisques, elle avait acquis de l'importance au commencement du xvii° siècle. Ses corsaires étaient avantageusement placés à l'entrée du détroit; ils nourrissaient dans leur cœur une haine implacable contre les chrétiens, qui les avaient bannis de l'Espagne. Ils connaissaient la fabrication des armes, et parlaient l'espagnol; on conçoit donc qu'ils étaient fort à craindre. Ils se soulevèrent contre l'empereur du Maroc, qui les avait accueillis, s'emparèrent de la citadelle de Salé et se proclamèrent indépendants. L'empereur, dans l'impuissance de les réduire, se contenta du titre de suzerain et de quelques offrandes annuelles.

Anglais, Français, Espagnols, avaient à se plaindre de leur insolence. En 1630, le cardinal de Richelieu envoie l'amiral de Rasilly avec trois vaisseaux de guerre pour réprimer ces forbans. L'amiral capture deux navires près de Salé, tient enfermés dans le port dix-sept bâtiments qui n'osent engager le combat, et signe un traité sur les bases de celui de Maroc, que j'ai mentionné tout à l'heure. Vers ce temps, il y avait environ quatre cents Français parmi les quinze cents esclaves de Salé. Malgré ces conventions, la piraterie continuait. Le père Jean Escoffier rachetait, en 1641, à Salé même, quarante-un Français. Il apprit d'eux la mort de Nicolas, marin du Havre-de-Grâce.

Nicolas avait été captif à Alger. Après une longue résistance, il s'était fait renégat, non point de cœur, mais pour obtenir plus de liberté et de plus sûrs moyens d'évasion. Il réussit à rentrer en France. Deux ans de séjour dans sa patrie lui firent oublier les périls de la mer. Il quitta son pays, qu'il avait édifié par ses vertus, et se rembarqua, espérant que s'il avait le malheur d'être pris par les corsaires, il ne serait pas reconnu des Algériens. Son navire fut capturé par des pirates de Salé, après une héroïque défense. Pour se rendre compte de la valeur de Nicolas, ils l'examinèrent de près, et plusieurs crurent reconnaître un renégat qu'ils avaient vu à Alger. Une marque indélébile acheva de le trahir. Il fut mené devant le juge à Salé, et arraché du tribunal par la populace. On le lia, et on le tua à coups de couteaux, de bâtons et de pierres. Le martyr priait durant ce supplice. On était au 26 septembre 1634.

Les Anglais, en 1637, demandèrent satisfaction à leur tour. L'amiral Rainsborough parut à la tête d'une flotte devant le nid de pirates, alors divisé en vieux et nouveau Salé. Il mit à profit ces discordes, détruisit quelques navires, et se fit rendre trois cent trente-neuf esclaves anglais. Ce fut là tout son succès.

Mais le plus important repaire des corsaires barbaresques, c'était Alger. Le père Dan, appréciant au commencement du XVIIe siècle les forces dont ils disposent, compte cent vingt-deux vaisseaux ronds. Alger en a soixante-dix armés de vingt-cinq à quarante canons; Tunis en a quatorze; Tripoli en avait vingt-cinq, mais les chevaliers de Malte en ont réduit le nombre a une huitaine. Salé possède trente navires, d'une construction légère, parce que son port est peu profond. Cette énumération néglige des galères et des frégates de moindre importance.

A cette époque, dans un intervalle d'environ trente ans, les Algériens avaient capturé environ six cents navires et une valeur de vingt millions. Et pourtant la France était protégée par le traité de 1534, conclu entre la Porte et François Ier. La ville et son territoire possédaient trente mille esclaves de toutes nations. On y distinguait quinze cents Français. Il y avait deux cents femmes, enlevées sur mer ou sur les côtes; mais les Françaises étaient peu nombreuses.

Le même religieux trace ainsi l'état des prises faites par les Algériens sur la France du mois d'octobre 1628 à 1631 :

Quatre-vingts vaisseaux, dont cinquante-deux venus de l'Océan et vingt-huit naviguant dans la Méditerranée;

Quatre millions sept cent cinquante-deux mille livres, valeur totale des prises;

Treize cent trente-un esclaves, dont trois cent quarante-deux non vendus;

Quatre cent cinquante-neuf vendus;

Cent quarante-neuf renégats;

Deux cent soixante-deux rachetés;

Cent dix-neuf morts.

Les pertes des autres nations étaient proportionnelles, mais celles de la Hollande relativement plus fortes, parce que les corsaires recherchaient ses navires, bâtis plus solidement et montés de peu d'hommes.

A une époque plus rapprochée de nous, et où j'ai pu observer par moi-même la marine algérienne, elle avait d'ordinaire une vingtaine de vaisseaux de diverses grandeurs, sans parler des petites galères ou chaloupes à rames. Les bois de construction, les agrès provenaient des navires pris sur les chrétiens. Les pièces de bois neuf se tiraient généralement du pays de Bougie et de Cherchel. Il y avait des pièces d'artillerie de six, de huit et de douze. Les chrétiens faisaient encore les frais de cet armement. Du reste, les corsaires étaient restés, je crois, fort inférieurs aux Européens dans l'art de la marine, et je ne remarquais pas à bord de leurs navires cet ordre et ces proportions qui distinguaient nos vaisseaux.

— Il règne beaucoup de préjugés sur la marine du moyen âge, dit M. Morelli ; et quand nous entendons parler de galères à rames, nous nous imaginons de frêles coquilles de noix, incapables de soutenir les assauts de la mer ou de faire de longs voyages.

— Je me figure en effet, ajouta Mme Morelli, qu'il n'y eut pas de marine vraiment digne de ce nom avant les Barberousse ou les Doria, et que les grands vaisseaux datent de Duquesne. N'en est-il pas de la sorte, Alfred ?

— Non, ma mère. Le moyen âge en toute chose fut plus grand qu'on ne le pense. Ma sœur était en extase dans les nefs gothiques des vastes cathédrales, lorsque nous voyagions en France. Pour moi, je ne m'étonne pas que les siècles capables de construire de tels édifices aient pu bâtir de bons et beaux vaisseaux.

Le moyen âge a connu, comme l'antiquité, deux genres de navires, les vaisseaux *longs* à la voile ou à la rame, ou mus par l'une et par l'autre à la fois, et les vaisseaux *ronds*, qui manœuvrent à la voile seule.

Les vaisseaux longs, ou les galères, se subdivisent en nombreuses familles, depuis le dromon, qui a quelquefois plus de cent rames sur deux étages, et maniées chacune par plusieurs hommes, jusqu'à la galiote, qui en est le dernier diminutif.

La galère commune, qui joue un si grand rôle dans l'histoire des corsaires, est un petit dromon à deux rangs de rames, long, ras d'eau, de peu de calaison, à deux mâts courts, et dépourvu de tillac ou de pont. C'est le bâtiment de guerre par excellence au moyen âge. Il file avec la vitesse du poisson, dont il a la forme.

Le brigantin était aussi un bâtiment à voiles et à rames, à un pont et à un ou deux mâts. Il pouvait, mieux que la galère commune, braver le mauvais temps. Les corsaires lui ont donné quelquefois le nom de frégate.

Leurs galères avaient pour la plupart de dix-huit à vingt-quatre bancs. Presque toutes appartenaient à des renégats.

La nef ou vaisseau rond, qui généralement ne marche qu'à la voile, fut adoptée par les corsaires algériens vers 1620, date bénie des esclaves qui expiraient souvent de fatigue sur l'aviron. Le galion était une nef allongée, une fusion du vaisseau rond et de la grosse galère. Il y en avait d'énormes à deux et trois ponts, armés de plusieurs centaines de pièces d'artillerie. La mahone et la caravelle aux quatre mâts verticaux, à voiles carrées et triangulaires, sont de la famille des vaisseaux ronds.

— D'après Haedo, les galiotes, au XVIe siècle, étaient souvent commandées à Alger par des Morisques de Cherchel, dit le père Gervais. Elles pouvaient porter jusqu'à quatre-vingt-seize rameurs et quarante-huit levantins ou soldats de marine. Elles étaient construites à Alger sur l'emplacement de la place actuelle du Gouvernement. Il y avait encore un chantier dans l'île réunie depuis à la ville par la jetée Kheïr-ed-Din. On tirait alors les bois de Cherchel. L'exploitation de ces bois était tout entière entre les mains de captifs chrétiens, organisés en une corporation nommée El-Macen, et travaillant sous la garde des janissaires. C'est donc aux chrétiens que les corsaires devaient leur marine.

Pour activer le travail, on fêtait le jour où un bâtiment était lancé à la mer. L'El-Macen et les chrétiens, qui mettaient la main à l'œuvre dans cette opération, prenaient part aux réjouissances.

— De tout temps, reprit Alfred, nous avons été supérieurs aux musulmans dans tout ce qui se rapporte à la navigation. En 1248, saint Louis traversait la Méditerranée avec dix-huit cents galères et vaisseaux, dont quelques-uns portaient plus de mille passagers, et d'autres cent chevaux.

Les corsaires s'armaient du cimeterre, de croissants emmanchés pour couper les cordages, de piques, de flèches et d'arbalètes, de lances à croix, d'artillerie et d'armes à feu.

Il y eut parmi eux de hardis navigateurs, très-habiles à se diriger d'après les vents périodiques, le mouvement des astres, l'étoile polaire, ou, comme on disait, la tramontane. Puis ils connurent l'aiguille frottée d'aimant qui, enfermée dans un brin de paille, nageait sur l'eau d'un vase en montrant le nord. La Méditerranée devenait trop étroite. Les pirates croisèrent devant Cadix, les caps Saint-Vincent, la Roque et Finistère, dans les parages des Açores et des Canaries. Quelques-uns poussèrent jusqu'à Terre-Neuve.

— En 1707, dit le père Gervais, on vit arriver à Alger douze cents captifs. Ils venaient de Madère, que les corsaires avaient pillée. Le mobilier, les cloches des églises, faisaient partie du butin.

— Ces aventuriers se hasardèrent dans les mers du Nord, reprit Alfred; ils capturèrent des vaisseaux à l'île de Texel, sur les côtes de Hollande.

— En 1631, ajouta le trinitaire, le renégat flamand Morat-Raïs, fit une descente en Irlande, enleva deux cent trente-sept personnes, et même des enfants au berceau. Quand on les mit en vente séparément à Alger, ce fut un spectacle déchirant.

On rapporte, et j'ai vraiment peine à le croire, qu'en 1727 le renégat allemand Cure-Morat partit d'Alger avec trois navires, se rendit en Danemark, à l'île d'Islande, et ramena quatre cents esclaves.

— Est-ce que les capitaines étaient libres de sortir du port à leur gré? demanda Mme Morelli. Y avait-il quelque ordre dans les expéditions des corsaires?

— Le gouvernement n'avait qu'un ou deux navires en propriété. Il devait donc se ménager le droit de régler les mouvements du port. Les raïs étaient libres de se mettre en mer et de choisir leurs croisières, mais à la condition de prévenir le dey de leur départ. Il ne s'y opposait que dans le cas où les besoins de l'État l'exigeaient : par exemple, pour le transport d'approvisionnements, pour la garde du pays en temps de guerre, ou pour le service du sultan. Les propriétaires des navires étaient tenus, en pareils cas, de sacrifier leurs intérêts à la volonté du pacha ou du dey.

Le raïs n'était pas toujours propriétaire de son bâtiment; il en possédait quelquefois une partie seulement, et les avances de fonds étaient complétées par des associés, qui avaient leur dividende au moment du partage. De mon temps, pour entretenir sur un pied toujours égal les forces de la marine, les propriétaires d'un navire perdu par le naufrage ou autrement, étaient obligés de le remplacer par un autre semblable.

Nos esclaves travaillaient au chargement du navire en partance, et prenaient place parmi les hommes du bord. Au XVIe siècle, le patron d'un esclave le louait pour une course à raison de douze écus d'or. Les provisions sont faites pour un ou deux mois : voilà l'eau, le biscuit, le couscous et le riz. Ni lit, ni coffre. Le Turc dormira dans son haïk de laine ; l'esclave sur la planche. Mais on n'entreprend pas la course au hasard. Il faut sonder l'avenir et s'assurer de puissants protecteurs.

Les femmes offrent des sacrifices aux Djenouns sur le bord de la mer ; elles égorgent des coqs, livrent la plume au vent qui l'emporte sur les flots, et font fumer l'encens. Elles mettent deux doigts en croix et crachent dessus, pour maudire le chrétien. On ne part pas un jeudi ; le fal ou présage serait funeste. Les marabouts ont bon espoir. Au signal on lève l'ancre, et le navire en s'éloignant salue d'un coup de canon le grand Sidi-Sebka.

— Qui est-ce donc, père, Sidi-Sebka ? demanda Carlotta.

— C'est un fameux marabout dont la kouba, ou chapelle funéraire couverte d'une coupole, était à Bab-Azoun. Les nouvelles constructions françaises l'ont fait disparaître. Au départ et à l'arrivée, tout bâtiment saluait ce santon. C'est à lui, à ses jeûnes et à ses prières, aux coups de bâton dont il avait frappé la mer, que les Algériens doivent, disent-ils, la destruction de la flotte de Charles-Quint par une tempête de nuit, dans la baie d'Alger. C'est à lui et au sortilége du nègre Youcef, que la ville doit son salut. N'est-il pas vrai, Fatma? »

La négresse écoutait le cou tendu. Elle était fort instruite des légendes algériennes, surtout de celles qui étaient relatives aux gens de sa race.

« Oui, c'est Sidi-Youcef et l'autre nègre Sidi-Ouali-Dada, qui ont sauvé Alger. Que la bénédiction d'Allah soit avec eux !

— Qu'a donc fait ton Ouali-Dada ?

— Ouali-Dada, el-Saleh, le pieux, le protecteur des marins, arrivait. Il venait de Stambol, non pas dans un bateau, mais en naviguant sur sa natte. Il débarque avec la natte, son fusil et sa masse de fer... »

Alfred laissa partir un éclat de rire qu'il comprimait.

« Oui, oui, dit la négresse; dans sa kouba, rue du Divan, vous pouvez voir la natte, le fusil et la massue...

— Va, va, dit Alfred.

— Ouali entre dans un café maure. Le kaouadji et les hommes sont pâles, ils tremblent. Les Roumis avancent.

Les voilà au Coudiat-el-Sabroun, au tombeau de Sidi-Yacoub. Ouali-Dada descend sur la plage, entre dans l'eau et la frappe... La tempête s'élève, et les vaisseaux des Roumis se brisent. Que la malédiction d'Allah...

— Voulez-vous vous taire, Fatma ! cria subitement Alfred.

— Oh ! ne la grondez pas, dit le père Gervais; ce n'est point elle qui parle ainsi : voyez comme elle est confuse. Elle achevait de répéter la formule de la légende qu'elle récite par cœur. N'est-ce pas, Fatma ?

— Ia, sidi marabout; je n'avais pas mon esprit. Tu es bon; rien ne t'est caché, ton regard pénètre tout. Que la bénédiction de Dieu soit sur vous tous !

— Suivons nos corsaires sortis du port, continua le vieillard. Ils arborent par ruse un pavillon chrétien. Le vent enfle la voile, les esclaves rament avec vigueur. La sueur tombe à grosses gouttes de leur front. Le raïs sonde l'espace de sa lunette, ou de son regard, qui voit où le nôtre ne voit rien.

« Un brigantin ! s'écrie-t-il ; un brigantin à l'horizon ! »

L'aga-bachi prononce une parole; le bâton active les bras des esclaves haletants, et le corsaire en furie donne la chasse au navire chrétien. Bientôt celui-ci s'aperçoit qu'il est poursuivi; il ne se trompe pas; à la vue du pavillon démenti par les formes du navire, il fuit son redoutable adversaire; mais, malgré de suprêmes efforts, il perd peu à peu l'avantage. Heureusement un petit nuage blanc se lève de la mer et monte rapidement sur le ciel : c'est un grain. La bourrasque se déchaîne. Le brigantin est armé contre elle. Mais la galère des pirates est en perdition. La peur les saisit. Ils offrent aux génies des cruches d'huile. Ils allument des chandelles pour conjurer l'orage, et l'orage redouble. Ils font des ablutions pour se purifier des crimes dont ils sont souillés, la vague menace toujours de les engloutir. Dans leur désespoir, ils commandent aux esclaves chrétiens de faire des vœux à la sainte Vierge ou à saint Nicolas. Peu leur importe à qui l'on s'adresse, pourvu qu'ils échappent à cette mort devant laquelle ils sont si lâches, eux qui la donnent aux autres si facilement. Le vent et la vague s'apaisent enfin; le navire chrétien est hors d'atteinte.

De quel côté maintenant chercher la fortune ? On ouvre au hasard un livre magique, et il indique le levant. On fait tourner une aiguille en murmurant des formules magiques, et elle marque aussi l'orient. Les corsaires prennent cette direction, et consultent les présages. Un d'eux tient une flèche de chaque main et rapproche leurs pointes l'une de l'autre, sans d'ailleurs gêner le mouvement. Puis le khodja, ou secrétaire du bâtiment, lit des formules magiques et dessine des caractères cabalistiques; les flèches aussitôt se rapprochent d'elles-mêmes et s'entre-choquent. L'une d'elles, celle qui signifie les chrétiens, tombe de la main du pirate, et l'autre, qui marque les musulmans, se soutient en signe de victoire. On marche donc avec confiance; et pour que Mahomet soit encore plus favorable, le khodja fait rougir au feu un grand clou, et le passe en forme de croix, sans pourtant les brûler, sous les pieds des Turcs et des chrétiens.

— Révérend père, dit Alfred, ces superstitions sont fort étranges. Mais s'il y a, grâce à Dieu, parmi nous beaucoup d'officiers très-éclairés et d'une foi à toute épreuve, il règne encore parmi les matelots quelques-unes des superstitions répandues autrefois chez les hommes de mer : ils ne se coupaient pas les ongles pendant le calme; ils éloignaient la trombe en faisant dans l'air, avec un couteau, des signes de croix; ils fouettaient saint Antoine au grand mât; ils jetaient à la vague bondissante les pains de saint Nicolas. « Malheur à nous! » disait le matelot, si on levait l'ancre un vendredi, ou si au moment du départ on entendait à gauche un éternument.

— Le khodja finissait à peine la cérémonie. Un petit bâtiment, une tartane à la voile latine se montre au loin. On le poursuit; il ne fait pas mine de fuir. Est-ce que par hasard les braves qui le montent sont disposés à la lutte? Nos corsaires hésitent; le raïs se prononce pour l'attaque. Mais l'aga-bachi s'y oppose, et la galère elle-même s'éloigne de l'ennemi.

— Quelles étaient, révérend père, les fonctions de ce dernier officier? demanda M. Morelli.

— A vrai dire, c'est à lui qu'appartenait le haut commandement du navire. Le capitaine présidait à la manœuvre; mais il lui fallait l'assentiment de l'aga-bachi pour engager le combat ou pour retourner à Alger. L'aga rendait compte au dey de la conduite du capitaine en toute circonstance, et sa plainte entraînait d'ordinaire un châtiment.

On aurait tort de croire que les corsaires étaient plus braves que les matelots chrétiens. Ils n'attaquaient pas, généralement, s'ils ne se sentaient supérieurs en forces. Aussi voyons-nous notre navire, sur l'avis de l'aga, décliner une rencontre.

La galère rentrera-t-elle donc à Alger avec la honte et sans butin? Non; les corsaires sont patients comme toutes les bêtes de proie. D'ailleurs les soldats turcs n'ont pas de solde. Pour exciter leur courage à combattre, on ne leur assure que les vivres en dehors de leur part des captures. Quelquefois, surpris par les vents contraires, ils ne peuvent atteindre la Barbarie avec les provisions qui leur restent ; alors les esclaves jeûnent ; plusieurs, en pareils cas, sont morts de soif et de faim.

Mais où vas-tu, frêle goëlette ? Ne vois-tu pas le vautour ? Il te guettait dans l'ombre du soir. Il vient sur toi ; fuir est impossible. Le raïs commande l'abordage ; les glaives étincellent.. Les cris s'élèvent, puis se taisent. La mêlée est chaude, et le sang coule. Les hommes tombent. La goëlette se remplit de Turcs. Je les distingue au turban, à l'éclair des lames courbes. Le combat se concentre à la retenue de poupe : là est la bannière. Enfin l'assaillant l'emporte ; les Maures, lâchement confinés sur la galère, arrivent maintenant, rivent des fers aux blessés et jettent à la mer les cadavres.

Le lendemain la galère entrait au port d'Alger ; elle tirait le canon en signe de victoire, et la foule accueillait les corsaires en triomphe. On conduisait les prisonniers dans les bagnes pour y attendre le partage des prises et la vente à l'enchère.

Les rameurs et d'autres esclaves déchargeaient le navire, et disposaient dans les magasins de marine les agrès et les avirons.

— Révérend père, dit Mme Morelli, nous avons l'idée d'une course de pirates ; mais nous voudrions savoir comment se faisait ce partage des prises.

— Il y a eu, Madame, des variations dans les règles qui présidaient au partage. Au XVIe siècle, le Turc qui sautait le premier à l'abordage avait droit de choisir l'esclave qui lui convenait le mieux. Le roi prélevait le septième des esclaves et des marchandises, le raïs recevait le quinzième ; on adjugeait les vêtements aux soldats turcs. Le roi gardait aussi la carcasse du navire. Plus tard, les pachas percevaient dix pour cent, après l'inventaire. Le dey d'Alger a même reçu onze. On imposait aussi toutes les prises en faveur des marabouts des mosquées et pour l'entretien du port.

De mon temps, le dey prenait le huitième des marchandises et des hommes. Aussitôt que le navire était arrivé, on conduisait les esclaves au palais. Le dey choisissait ceux qui paraissaient de meilleure condition, ou dont le métier lui serait le plus utile.

Dans le lot de l'équipage, l'aga-bachi, commandant des soldats, avait trois parts. Le capitaine n'avait que sa part de propriétaire. Le lieutenant, le khodja, le maître-canonnier recevaient trois parts. Les contre-maîtres, les aides-canonniers, les quartiers-maîtres en avaient deux. Les esclaves chrétiens employés à bord étaient récompensés selon leur conduite.

Quelquefois les corsaires, pour ne pas remorquer un mauvais bateau dans une course longue, le brûlaient en mer. S'ils le jugeaient assez bon pour être ramené, les gardiens du bagne s'emparaient des agrès du grand mât. Mais le raïs avait eu soin de le dépouiller avant eux, et d'y mettre de méchantes voiles et de vieux cordages.

Les corsaires accordaient une part des prises à chaque passager qui pouvait être à leur bord, quelle que fût sa religion; ils voulaient ainsi se rendre le Ciel favorable : c'était superstition, non générosité.

Vous voyez, d'après le partage des esclaves, que les uns appartenaient au beylik ou au gouvernement, les autres à des propriétaires. Ceux des grandes maisons étaient souvent logés dans de petites chambres basses et voûtées, qui pouvaient en contenir une quinzaine. Ils y couchaient sur la dure ou sur une natte de palmier. Les haillons qui les couvraient ne les protégeaient guère contre l'humidité. La vermine rongeait ces malheureux, et il ne leur était pas toujours facile d'éviter, dans ces antres, les reptiles et les scorpions.

Quelques esclaves obtenaient l'autorisation de tenir cabaret; ils y réalisaient de beaux bénéfices sur les Turcs et les renégats. Mais ce gain s'en allait en débauches; car, j'ai le regret de le dire, les esclaves n'étaient pas tous des saints : un trop grand nombre ne profitaient nullement de la situation méritoire où la Providence les avait placés. C'est surtout dans les derniers temps qu'ils ont donné le scandale de l'impiété et de l'immoralité. Tirons le voile de l'oubli sur cette partie gangrenée, pour rappeler les admirables exemples de foi, de piété, de patience et de dévouement, dont j'étais chaque jour le témoin.

Je visitais les captifs principalement dans les bagnes.

Ces bâtiments ou ces prisons doivent leur nom à la plus importante des maisons destinées aux esclaves à Constantinople. Elle avait des bains et des réservoirs qui l'ont fait appeler *bagno*, en langue italienne ou franque, et les Turcs ont désigné de la même manière tous ces lieux où l'on enfermait les esclaves après le travail. Il y en avait autrefois à Alger six principaux : ceux du roi ou du dey, de Sidi-Hassan, des Coulouglis, d'Ali-Mami, de Rapagy ou Aripagy, fameux pirates au XVIe siècle, et celui de Sainte-Catherine.

Les Français ont renversé ce que j'ai pu voir encore des anciennes prisons des esclaves, à la caserne du Lion et aux bains du Beylik, dans le quartier Bab-Azoun.

— Les esclaves étaient-ils nombreux à Alger, tandis que vous exerciez auprès d'eux votre saint ministère? demanda Mme Morelli.

— Le nombre des esclaves variait beaucoup, selon les circonstances politiques. De 1807 à 1817, pour ne parler que des esclaves du beylik, le maximum a été de mille six cent soixante-cinq, en 1813, et le minimum de mille seize, en 1816. En dernier lieu, ils étaient de quatre à cinq cents, et la plupart Italiens.

Nous recevions les malades dans un hôpital attenant à la caserne du Lion, et dont il ne reste pas de vestiges. C'était une fondation des trinitaires espagnols, due surtout au père Sébastien Duport, du couvent de Burgos. En 1546, il racheta deux cents esclaves, jeta les fondements de l'hôpital à un second voyage, et mourut en 1556, après avoir accompagné l'expédition de Charles-Quint.

En 1593, un évêque, Louis Figuerra, assura un revenu suffisant pour entretenir constamment à Alger deux trinitaires, qui se voueraient au soin des esclaves. Quand les musulmans virent le bien qui résultait de leur zèle, ils les chassèrent, avec défense de paraître dans la ville, si ce n'est pour le rachat. Mais rien ne décourageait les trinitaires, et ils s'efforçaient avec persévérance de soulager par tous les moyens les pauvres esclaves.

L'hôpital du père Sébastien Duport était bien étroit. Il fut agrandi, en 1611, par les pères trinitaires Bernard de Montroy,

Jean d'Aquila et Jean de Palaccio. Les circonstances de ce fait méritent d'être rapportées.

En 1609, notre province de Castille députe à Alger ces trois religieux ; ils y rachètent cent trente-six chrétiens. A l'époque où ils allaient partir, des galères génoises capturent un navire algérien où se trouvaient beaucoup de jeunes gens, filles et garçons, qui accompagnaient dans ce voyage la fille de l'aga de Bone. Les parents des jeunes gens traitèrent de leur rachat avec les Génois ; mais, au moment de s'embarquer, les captifs algériens ne se trouvèrent pas au complet ; il manquait une jeune fille de dix ans, qu'on ne put retrouver, et qui était d'une famille riche. Ses parents, irrités, obtinrent qu'on empêchât le départ des trois religieux et des esclaves dont ils avaient conclu la rançon. Des janissaires jettent les trinitaires en prison, et remettent aux fers les esclaves ; on les accable de travail, et l'on profère des menaces de mort, si la jeune fille n'est pas rendue. En vain ces chrétiens objectent qu'ils ne sont pour rien dans cette affaire : on le sait ; mais on espère, en les persécutant, recouvrer la Mauresque.

Depuis trois ans les religieux souffraient dans une horrible prison, lorsqu'on apprit que la jeune fille était en Sicile. Les parents députèrent quelqu'un muni d'un sauf-conduit pour payer sa rançon. Mais Fatma s'était faite chrétienne, et avait pris au baptême le nom de Marie-Eugénie.

— Marie-Eugénie déclare qu'elle est chrétienne et non musulmane, qu'elle rentrera en Afrique, mais à la condition que ses parents deviendront chrétiens comme elle. Et en attendant, elle les conjure de relâcher les religieux et les autres innocents qu'on persécute à cause d'elle.

La famille ne voulut rien entendre, et refusa l'argent qu'on offrait pour la rançon des religieux. On obtint seulement qu'ils passeraient de leur cachot au bagne du roi, où il y a une salle pour chapelle. Quelle joie ce fut pour eux d'y célébrer le saint sacrifice ! Les esclaves y viennent en traînant des fers qui ne leur permettent pas de fléchir le genou. Les pères annoncent la parole de Dieu. On chante avec larmes le *Miserere*. Le samedi, au soleil levant, on dit la messe en l'honneur de la sainte

Vierge, et le soir, après la fermeture du bagne, on donne la bénédiction du saint sacrement, au chant des litanies. Les pères récitent l'office entier, administrent les sacrements, préparent les esclaves à la communion. On ne perd pas les occasions de gagner les indulgences. Le premier dimanche de chaque mois, on récite le rosaire et l'office de Notre-Dame. Le jour de l'Annonciation, il y eut cinq cents communions. Enfin, le pacha et le chef des gardiens du bagne autorisèrent les religieux à établir un hôpital de huit lits.

Une lettre du père Bernard de Montroy, adressée le 20 juin 1612 au provincial de Castille, nous révèle ces précieux détails. Frère Bernard continue :

« En ce petit hôpital, nous avons huit lits, à savoir, quatre de chaque côté, tous scellés dans la muraille à la hauteur d'un pied et demi. Les parois y sont nattées de joncs, les matelas de feuillage et de jonc encore, les couvertures et les mantes de pareille étoffe ; et le reste de la garniture est fait de haillons qu'apportent avec eux les pauvres malades, à savoir, de vieilles jupes de drap et de serge toutes rapiécées, et de quelques caleçons. Au milieu de cet hôpital nous avons dressé un autel et des croix de notre ordre, rouges et bleues.

« Un chirurgien espagnol prodigue ses soins aux malades. Les Turcs et les Maures s'étonnent à ce spectacle d'une charité inconnue chez eux, et l'admiration fait tomber de leurs mains des aumônes. On recueille les vieux esclaves abandonnés par leurs maîtres.

« Le jour des Rameaux et toute la semaine sainte sont dignement célébrés au bagne. Les marchands chrétiens se réunissent aux esclaves. Plusieurs, afin d'assister aux ténèbres, laissent le bagne se fermer sur eux, et ils y passent la nuit. Des captifs ajoutent une rude discipline volontaire à leurs souffrances forcées. Le jeudi saint, on expose le saint sacrement dans un oratoire orné de tapisseries prêtées par des Turcs et des renégats, et resplendissant des feux de plus de cent cinquante lampes ou flambeaux. Des Juifs et des Turcs assistent en silence au sermon. Le jour de Pâques, beaucoup d'esclaves viennent des campagnes. Les confessions et les communions sont nombreuses.

Voilà, dit le père de Montroy, comment nous avons célébré la pâque en cette horrible prison d'Alger, dans laquelle, favorisés de l'assistance divine, nous prendrons en patience toutes sortes de travaux, jusqu'à perdre la vie pour la gloire de notre Dieu. »

Cette année fut affligée d'une grande sécheresse. Partout éclataient les lamentations. Le 28 avril, on rase la tête aux esclaves et on les charge de fer plus lourds : le ciel reste d'airain. Le 30, on bannit les Morisques, avec ordre de partir sous trois jours; beaucoup ne s'en allèrent pas et furent massacrés : pas de pluie. Le 1er et le 2 mai, Turcs, Maures, marabouts invoquent le prophète, en criant et en faisant leurs ablutions dans les rues : peine inutile. On commande aux Juifs une procession publique avec accompagnement de cris et la Bible en main : même résultat. On commence alors à demander que les babas soient privés de leurs chapelles. Les religieux se hâtent d'en mettre à l'abri les ornements. Le père de Montroy prie M. Viatz, consul de France, d'empêcher le pillage, et d'obtenir plutôt pour les chrétiens la permission de faire une procession comme les Maures et les Juifs. Le divan y consent. Les religieux font cette cérémonie avec les chrétiens esclaves et libres; ils offrent le saint sacrifice et commencent une neuvaine. La pluie tombe dès le troisième jour, et le neuvième elle est plus abondante qu'il ne le fallait pour remédier au mal.

Néanmoins on ne délivra pas les trinitaires. Les parents de la Mauresque étaient d'autant plus aigris, qu'elle avait pris le voile dans un couvent de Sicile. Les trois pères moururent en captivité. Bernard de Montroy succomba le dernier, le 10 août 1622, à l'âge de soixante ans. Après la mort de ses compagnons, il avait été retiré du bagne et transféré dans une tour du château de l'Empereur, ainsi nommé parce qu'il fut bâti là même où Charles-Quint avait planté sa tente au déplorable siége de 1541. Le corps du moine fut jeté à la voirie; mais les chrétiens l'ensevelirent, et dans la suite, ses os recueillis avec soin furent envoyés en Espagne par M. Viatz, du consulat de France.

Vers 1630, outre la chapelle de la Trinité, au bagne du roi, il y avait la chapelle de Saint-Roch, au bagne d'Ali-Pichini, et celle de Sainte-Catherine au bagne de ce nom. Cette tolérance du culte chrétien de la part des musulmans était moins l'effet de leur bonne volonté pour les esclaves que de la crainte d'éloigner les marchands : ceux-ci venaient acheter les produits du pays ou même les prises des corsaires ; disons toutefois que le roi de France interdisait aux négociants français ce dernier commerce. Les ornements des chapelles étaient assez beaux. Le sceau de celle de la Trinité, que l'on apposait aux actes de l'état religieux, représentait la croix de l'ordre des Trinitaires.

A Tunis, il y eut aussi plusieurs chapelles. La principale était celle de Saint-Antoine, où le consul français entretenait des chapelains. On avait là plus de liberté qu'ailleurs. Tripoli avait aussi une petite chapelle ; mais elle ne possédait pas toujours de prêtre pour y célébrer. Salé était dépourvue de local consacré au culte. Dans les matamores, on dressait des autels en forme de tables. Quelques images de papier formaient la décoration des murailles. Soir et matin les esclaves faisaient la prière et chantaient les litanies de la sainte Vierge.

A Alger, les chapelles payaient, de l'aumône des marchands et des esclaves, une redevance au mesouar, officier de police et bourreau. Elles n'étaient pas suffisamment préservées des profanations sacriléges des Turcs. Le 11 septembre 1634, le père Infantine disait la messe en celle du bagne du roi. Le mesouar entre et jette le trouble dans l'assemblée. Le père se hâte de consommer l'hostie. Mais le mesouar saisit le calice, le verse, abat la croix, bouleverse les ornements et se retire. Il prétendit qu'on ne le payait pas. C'était faux ; mais il fallut payer de nouveau sans se plaindre.

Outre les chapelles des bagnes, il y en avait d'autres dans la maison des consuls. Elles étaient comme la paroisse des chrétiens libres. Celle d'Alger était sous le titre de saint Cyprien, évêque de Carthage, et celle de Tunis, sous l'invocation de saint Louis, roi de France. On y célébrait le culte avec toute la solennité possible, et sans craindre là d'offenser les musulmans.

— Comment pouviez-vous, révérend père, demanda Carlotta, porter le viatique aux mourants hors des bagnes et du consulat?

— Nous suspendions à notre cou une petite boîte d'argent doré qui renfermait l'hostie, nous mettions sur la robe une petite étole, et nous avions soin de tout cacher sous notre manteau. Un chrétien marchait devant avec le rituel et de l'eau bénite aussi cachés. A Alger, nous défendions aux esclaves de nous suivre.

Mais il n'y avait pas le même péril à Tunis, et les prêtres qui allaient donner le viatique ne saluaient personne; les chrétiens qu'ils rencontraient comprenaient ce signal et faisaient escorte à notre Seigneur.

A l'hôpital du Beylik d'Alger se rattache le souvenir du père Pierre de la Conception. Il quitta le monde afin d'embrasser la pénitence et de prendre l'habit des trinitaires. Il mendia au Pérou pour le soulagement des esclaves, et du produit de ses aumônes il racheta des captifs et répara l'hôpital d'Alger. Emporté par un saint zèle, il entra un jour dans une mosquée et se mit à prêcher le crucifix à la main. Ses amis essayèrent en vain de le faire passer pour fou. Les Turcs le brûlèrent à petit feu. Pendant le supplice, qui dura six heures, il annonçait l'Évangile et chantait les hymnes de l'Église. Ses ossements furent jetés à la mer. Les chrétiens ne purent dérober aux flots qu'un os de la jambe. On le gardait à l'hôpital du Beylik.

Les femmes n'étaient pas reçues à cet hôpital. On les soignait chez elles. Les esclaves n'y entraient et n'y recevaient de remède violent qu'avec la permission de leurs maîtres. Trois religieux y remplissaient les charges d'administrateur, de médecin et d'apothicaire. En 1700 ses revenus n'étaient que de dix mille francs. Pour les augmenter, on soumit à un droit de trois piastres les bâtiments chrétiens qui entraient au port d'Alger. Chaque soir, à la chapelle, la prière se faisait en commun.

Dans les autres bagnes, il y eut aussi quelque coin réservé pour les malades; car l'hôpital du Beylik était insuffisant. Peu à peu des autels furent dressés dans chacun des bagnes principaux, et les prêtres esclaves obtenaient de leurs maîtres, à prix d'argent, la faculté d'y célébrer la messe. Cet argent leur venait communément des esclaves eux-mêmes. Ceux-ci prenaient sur leur petit pécule et sur les aumônes qu'ils recevaient des marchands chrétiens, auxquels ils présentaient une petite croix à baiser. Vous pourriez voir à Lyon, dans la salle du conseil de la Propagation de la Foi, un crucifix qui, pendant longues années, servit à administrer les esclaves mourants.

Sans doute, nous ne déployions pas une pompe magnifique dans nos cérémonies ; mais aux jours des grandes fêtes de l'Église, la ferveur des esclaves, les saints cantiques chantés d'une voix où respirait la joie intérieure, que le chrétien ne perd pas dans l'infortune, nous donnaient les plus douces consolations, et sous la voûte pesante de la prison je me trouvais aussi heureux, je sentais notre divine religion aussi grande que sous la coupole de Saint-Pierre de Rome.

Une autre consolation fut accordée aux chrétiens depuis la fin du xvi° siècle, ils obtinrent du pacha le droit d'acquérir un cimetière. Il était au pied de la colline, à Bab-el-Oued, et comme la mer, empiétant sur les grèves, menaçait de le détruire, on en transporta les ossements, en 1845, au nouveau cimetière établi plus loin vers le couchant. Que de restes sacrés furent réunis alors ! car c'était là que les chrétiens ensevelissaient autrefois les martyrs, lorsqu'ils pouvaient enlever les corps aux bourreaux.

L'origine de ce vieux cimetière nous faisait regretter aussi cet abandon. Selon la tradition, un capucin, confesseur de don Juan d'Autriche, est fait prisonnier par un des navires algériens qui échappent en 1571 à la défaite de Lépante. Il reçoit bientôt de ce prince une somme considérable pour son propre rachat. Mais gémissant sur le sort des chrétiens abandonnés sans sépulture, comme des animaux immondes, le moine renonce à la liberté, et il offre au pacha cet or en échange d'un terrain où pourront, après leur mort, dormir à l'abri de la profanation ses compagnons d'infortune. Il eut donc sa place dans cette terre trois fois bénie, et que l'on a nommée le cimetière des Consuls. La solide muraille dont elle était ceinte avait été bâtie par les représentants des nations chrétiennes, qui y contribuèrent chacun pour deux cents douros ou mille francs. La tradition que je rapporte a été modifiée en ce qu'on a aussi attribué l'œuvre héroïque du capucin au dévouement d'un évêque espagnol.

A Tunis, dès 1630, il y avait également un cimetière chrétien, près de la chapelle Saint-Antoine. Il en était de même à Salé, hors la porte de la Mamoure. A Tripoli, on enterrait les esclaves çà et là.

Les funérailles étaient bien modestes, vous pouvez le croire. Deux esclaves portaient le corps sans drap ni suaire et mis avec ses haillons dans une bière commune, qui ne descendait pas dans la fosse avec le cadavre. Les renégats, les Turcs, les enfants jetaient au convoi des injures, des pierres et de la boue. Quelques esclaves suivaient de loin. Il n'y avait ni croix ni eau bénite. Parfois un prêtre attendait au cimetière pour y réciter les dernières prières. Mais que de fois aussi les Turcs, irrités sur un simple bruit, ne prenaient-ils pas le corps pour le traîner par la ville, où chacun l'insultait et le mettait en lambeaux !

— Révérend père, reprit Mme Morelli, en donnant le signal de se retirer, les regrets que vous manifestez sur la translation de l'ancien cimetière sont bien naturels, et nous les partageons. Mais pour les adoucir, nous irons prochainement prier sur cette terre sacrée, dans la nouvelle enceinte qui la renferme. Le cimetière d'Alger doit être à nos yeux doublement béni : c'est un *campo santo* que les pays les plus anciennement catholiques pourraient nous envier. »

TROISIÈME SOIRÉE

Tableau des souffrances des esclaves.

Le père Gervais apportait à son auditoire empressé le tableau des souffrances des pauvres esclaves en Barbarie. La veille, au moment de l'adieu, il avait pris l'engagement d'entrer sur cette matière en d'assez longs détails. Pour être en mesure de tenir sa parole, il n'avait eu qu'à résumer ses souvenirs et à feuilleter les papiers et quelques livres provenant de l'ancienne maison des trinitaires d'Alger.

« Je ne crains pas de l'avancer, dit-il, on trouverait dans l'histoire des esclaves chrétiens d'Afrique la matière d'un ouvrage qui serait le digne pendant des actes des martyrs. Les bagnes ont renfermé des mystères de douleur et d'héroïques vertus comparables à ce qu'ont vu les prisons romaines durant les premiers siècles de l'Église. Les travaux des esclaves ne sont pas moins durs que ceux des confesseurs condamnés aux mines, et les civilisés du mahométisme n'ont rien à envier aux civilisés de l'idolâtrie et de la philosophie païenne pour le génie de la cruauté. Les supplices inventés par les sectateurs de Mahomet ne furent ni moins longs ni moins atroces que ceux dont il faut faire hommage aux adorateurs de Jupiter et de Vénus. Même on doit reconnaître chez les musulmans un trait odieux qui leur est propre : ils mêlent à tous les vices qui servaient de mobile aux païens celui de la cupidité.

Suivez ce vieux Maure fanatique et avare (quel Maure ne l'est pas?) au marché des esclaves, au Souk-Euloudja, place carrée entourée d'une galerie, et qu'on nommait à Alger le Batistan. Il scrute de son regard fauve la troupe des captifs que le bachi du bagne amène en présence des raïs qui les ont pris. Des courtiers les promènent enchaînés, et crient que la marchandise est en vente. Ils louent la santé, la force et la condition des esclaves, et n'épargnent pas l'exagération qui peut séduire l'acheteur. Le vieux Maure ne se paie pas de phrases. Il s'approche d'un captif, le fait mettre nu, examine tous les membres, les dents, les yeux, la physionomie pour deviner le caractère, la main pour voir si des callosités révèlent un homme de peine, ou si une peau blanche et douce trahit une condition sociale plus élevée. Il observe de près les lignes formées par les rides au creux de la main, car il demande à la chiromancie quel sera l'avantage de ce marché. Il ordonne au captif de faire des cabrioles pour montrer s'il est agile, et le bâton vient, au besoin, vaincre toute résistance.

— Assez, mon père, interrompit Alfred, qui bondissait sur son banc. Cela me fait mal. Et ce sont des chrétiens, des Français, de fiers gentilshommes, de courageux marins qui ont subi ces outrages de la part de cette canaille!... Et l'Europe, et la France l'ont souffert pendant des siècles!

— Les corsaires emploient toutes sortes de ruses et de violences pour savoir ce que peuvent valoir leurs prisonniers pour le travail ou au rachat. Ils interrogent les uns sur le compte des autres, et punissent ceux qui ne veulent pas trahir les secrets de leurs compagnons d'infortune. Les esclaves, de leur côté, s'efforcent de paraître aussi pauvres et aussi infirmes qu'ils le peuvent. Plusieurs ont réussi des années à passer pour boiteux, pour malades, ou, comme dit le bon père Dan, trinitaire français, pour estropiés de cervelle. Mais sur un qui a réussi, mille ont payé leur feinte par la bastonnade. D'abord on leur parle doucement, on promet de les bien traiter s'ils disent la vérité sur ce qui intéresse le maître. Celui-ci tâche de se faire entendre au moyen du *sabir*, cette langue que le troupier français perfectionne en Algérie et qu'on pourrait définir avec le père Dan : « Un baragouin facile et plaisant composé de français, d'italien, d'espagnol, et saupoudré d'arabe : *Dios grande! Ana bono. Andar casa tua :* Grand Dieu ! — Moi je suis bon. — Tu retourneras à ta maison. »

Et si les paroles mielleuses restent sans effet, on passe aux coups assaisonnés d'injures : *Cane, joudi, traditor, kelb ben kelb :* chien, juif, traître, chien fils de chien, et autres aménités que nous entendons chaque jour dans les rues d'Alger.

La condition des riches ou de ceux qui sont supposés riches est souvent pire que celle des pauvres. On ne peut demander à ceux-ci que leur travail; mais pour forcer les autres à se racheter à tout prix, on les maltraite autant que possible. Leurs chaînes pèsent quelquefois jusqu'à cent livres. La crainte des nations d'Europe avait adouci de mon temps ces traitements sauvages; mais Dan cite Pierre Infantine, prêtre sicilien, dont la chaîne était si lourde, qu'un esclave ami l'aidait à marcher en la soutenant en partie, et qu'il pouvait à peine se tourner vers les assistants lorsqu'il disait la messe. Le patron Gaspard Doucaigne, de Marseille, avait à un pied deux chaînes, dont il portait l'une sur l'épaule dans un panier de jonc, et dont il traînait l'autre derrière lui. Quelquefois la chaîne était de quatre anneaux de douze à quinze livres chacun et qui meurtrissaient les épaules ; ou bien c'était une chaîne-entrave : le malheureux qui la subissait n'avançait qu'à petits pas, et ne soulevait le pied qu'avec un effort pénible. »

En ce moment, Carlotta portait discrètement à ses lèvres une petite croix, et sa prunelle humide dissimulait mal ce mouvement de pieuse sensibilité. Le vénérable vieillard s'en aperçut.

« Carlotta, dit Mme Morelli, baise une croix fabriquée avec du fer d'un de ces anneaux sacrés. J'ai eu la pensée de transformer ainsi cette espèce de relique, en lisant un jour, par hasard, que plusieurs papes ont adressé à des rois des clefs où entraient quelques parcelles des chaînes de saint Pierre à la prison Mamertine. Pour moi, j'ai une de ces petites croix que les esclaves avaient coutume de donner à baiser aux marchands chrétiens qui leur faisaient l'aumône. Je la conserve avec plus d'amour que si elle était d'or et de pierreries.

— Oui, Madame, on ne saurait trop respecter ces instruments de supplice ou ces objets de piété arrosés des sueurs et des larmes des confesseurs, et peut-être du sang des martyrs. Il me semble parfois entendre encore le bruit de ces fers qui m'a si souvent causé le frisson. Ah ! bénie soit la France, qui les a brisés pour toujours !

Aujourd'hui les Arabes et les Maures passent à côté de vous la rage dans l'âme. Ils osent à peine vous envisager, quoiqu'ils aient encore une contenance fière. Mais autrefois avec quel orgueil ils nous foulaient aux pieds !

— Je le soupçonne bien, dit Alfred. Même aujourd'hui à Tanger, à Tunis, ils ont l'air de vouloir nous forcer à baisser les yeux.

— Autrefois, pour peu qu'un malheureux esclave laissât errer un sourire sur ses lèvres, le Turc se précipitait vers lui et faisait pleuvoir sur ses membres les coups de bâton, en s'écriant :

« *Tenes fantasia tu!* Ah ! tu fais de la fantasia ! » Aussi le brave père Dan, que je me plais à citer, ajoute cette réflexion judicieuse : « A vrai dire, en ce pays-là, l'on apprend plus d'obéissance et d'humilité par force en un seul jour, qu'on n'en apprend en dix ans en tout autre lieu. »

Dans les rues on crache au visage des captifs, on leur jette des pierres, on ne se détourne pas devant ceux qui portent des fardeaux, et s'ils ont le malheur d'approcher un Maure de trop près, on les accable de coups, bien qu'ils aient eu soin de répéter sans cesse de la voix la plus humble : « *Balek, sidi !* Prenez garde à vous, monseigneur. »

Déjà nous avons visité les bagnes proprement dits; mais les plus grandes souffrances n'étaient pas toujours là. Vous connaissez ces petites caves humides et sombres nommées *matamores*, et qui existent souvent dans les maisons mauresques. Les esclaves y sont pressés; ils ont le cou, les pieds, les mains chargés de chaînes. Pour nourriture, voilà du pain moisi et de l'eau croupie. On ne saurait croire ce qu'on souffrait dans ces basses-fosses. Lorsque les esclaves en sortaient, on les eût pris pour des squelettes plutôt que pour des corps animés, tant ils avaient les yeux enfoncés dans la tête, la peau collée sur les os, le teint d'un trépassé qui aurait été trois jours en terre, les cheveux en désordre et retombant sur le visage, le serouel ou le caleçon, la gandoura ou tunique de laine, leurs seuls vêtements, pourris et grouillants de vermine, tout le corps enfin couvert d'ordure et exhalant la puanteur. On leur ôtait les livres, la lumière; on leur défendait de s'entretenir même à voix basse; les coups de pied et de bâton, parfois même le bâillon punissaient les infracteurs de ces ordres tyranniques. Quelquefois des esclaves échappaient aux tortures en feignant de vouloir se suicider; d'autres se sont suicidés réellement, désespérés de ne pouvoir se soustraire à des maîtres infâmes.

Survenait-il à Alger quelques désordres, on s'en prenait aux chrétiens. De temps à autre, pour exciter contre eux la fureur populaire, on répandait par méchanceté le bruit qu'ils venaient de se révolter. Un vendredi de juillet 1629, un mensonge de ce genre courut parmi les Turcs au sortir de la mosquée; ils se jettent sur les chrétiens qui ne pouvaient s'attendre à rien, ils en tuent quarante et en blessent d'autres. Une prophétie annonçait que les Roumis s'empareraient de la ville à pareil jour. On leur défendit en conséquence de sortir durant la grande prière, de midi à deux heures, et l'on décréta la peine de cinq cents coups de bâton contre celui qui serait nanti d'une arme offensive ou défensive. Ils redoutaient principalement les jours de fête, tels que le Beïram, où l'on clôt par des saturnales le jeûne du Ramadan, et, chaque jour, ils devaient se défier de l'heure où Turcs et renégats sortaient avinés des immondes tavernes que la police tolérait.

Quant au travail de l'esclave, il était ordinairement mesuré sur cette base : tirer de cette machine humaine la plus grande somme de profit, et la ménager en conséquence. Mais vous comprenez que l'intérêt sordide de l'Arabe et du Maure n'arrêtait pas toujours un élan subit de colère ou de fanatisme. Les esclaves étaient en fait à la merci du maître.

Voici comme on pourrait tracer, après le père Dan, la table de leurs travaux ordinaires.

Ils exercent quelque métier pour le patron, qui leur accorde un léger pécule. Par exemple, ils vendent de l'eau qu'ils portent eux-mêmes; ou, s'ils sont trop faibles, ils en chargent une bourrique. S'ils ne rapportent pas chaque jour telle somme à leur maître, le bâton les stimule pour le lendemain. Ils nettoient la maison, même les endroits les plus sales. Ils lavent les briques vernies qui sont encore en usage pour les escaliers et les parois intérieures des habitations mauresques. Ils blanchissent fréquemment les murs à la chaux; ils font la brique; ils sont manœuvres; ils portent les immondices, et on les loue pour ces sortes d'ouvrages, comme ces pauvres ânes qui fléchissent sous le poids du chouari dans les ruelles d'Alger. Ils font le pain et la lessive à défaut de négresses. A la campagne, ils gardent les troupeaux, font les moissons sous les feux d'un soleil tropical; ils labourent attachés parfois avec un âne ou un cheval; ils cultivent les jardins, « et alors, observe le père Dan, ils peuvent bien dire, à leur grand regret, qu'il y croît pour eux plus d'épines que de roses, et plus de soucis que d'autres fleurs. »

Un grand nombre d'esclaves travaillaient au port, continua le trinitaire reprenant son sujet ; ils ramaient sur les galères, armaient les navires, les enduisaient de suif, s'attelaient jusqu'à trente ou quarante au même chariot ; et le bâton, le terrible *matrak* était constamment prêt à donner des forces à celui qui n'en avait plus. Que de fois le yatagan d'un raïs irrité abattit les bras de rameurs épuisés !

J'oubliais de dire que le mesouar, magistrat chargé de la police, prenait, pour remplir l'office de bourreau, le premier esclave venu. La fonction de bourreau ne déshonore pas un musulman ; mais pour les chrétiens c'est différent. On les forçait à serrer la corde lorsqu'il s'agissait de faire subir à un Turc la strangulation.

— Et les femmes, mon révérend père, demanda Mme Morelli, quel était donc leur sort dans la captivité ?

— Vous n'ignorez pas, Madame, que partout où l'esprit de l'Évangile n'a pas soufflé, la condition des femmes est misérable. Vous avez sous les yeux les Mauresques, vous avez vu les femmes des tribus qui habitent la tente ou le gourbi ; leur dégradation morale est extrême. Les riches Mauresques, pour n'être point accablées de travaux manuels, n'en sont pas moins avilies, mal protégées par la loi, soumises aux caprices et à la brutalité de leur mari. Quant aux femmes des Arabes, ce sont, à peu de chose près, des bêtes de somme ; et si l'on admet ici d'assez rares exceptions, elles tiennent à ce que la nature humaine a quelquefois dans les individus des instincts supérieurs au Coran, et surtout aux mœurs communes de ses disciples.

— Révérend père, objecta le jeune marin, j'entends souvent des officiers et surtout des gens de lettres prendre parti en cette matière pour les peuples musulmans. Leurs femmes ne se plaignent pas, disent-ils ; elles ne demandent pas le moins du monde l'affranchissement de la femme, que plusieurs Françaises réclament quelquefois avec chaleur.

— Les hommes amis du paradoxe sont très-nombreux aujourd'hui. Il est de mode de se rendre intéressant en soutenant des thèses insoutenables, et en allant, sous prétexte d'exagération, contre toutes les idées reçues, contre les jugements que l'expérience a le mieux sanctionnés. Nul chrétien ne saurait absoudre le mahométisme de la destinée qu'il a faite ou laissé faire partout à la femme. Il faudrait pour cela que la lumière de Jésus-Christ et le sens moral fussent bien affaiblis en lui; il faudrait qu'il oubliât sa mère, sa sœur, son épouse, si honorables, si honorées. Quelle distance, Mesdames, vous séparent de la femme musulmane! Ah! ce doit être pour vous un sujet de reconnaissance éternelle envers Dieu. Quand je considère la vierge chrétienne, la mère de famille catholique si haut placées dans notre société, il me semble contempler la Vierge Marie, Mère de Dieu, entourée de cette auréole d'or et de flammes qui encadre ses images offertes à notre vénération. Vous n'êtes pas ingrates envers la sainte Vierge, Mesdames; mais jamais vous ne lui rendrez en hommages d'amour et de dévotion ce que vous lui devez en dignité et en liberté.

Les femmes arabes ne se plaignent pas, dit-on; c'est une marque de dégradation et d'abrutissement. Du reste, il est faux qu'elles ne manifestent pas quelque envie de partager le sort des femmes chrétiennes; quoiqu'on leur représente les Français comme des maudits et des chiens, aussitôt qu'elles peuvent comparer leur situation à celle des chrétiennes, elles commencent à rêver d'affranchissement.

— Du reste, reprit M. Morelli, si elles étaient satisfaites de leur état, verrait-on à l'état civil d'Alger, dans les résumés mensuels, un nombre de divorces équivalents, supérieur même à celui des mariages?

— Eh bien! pour revenir à la question que vous m'avez posée, Madame, les captives chrétiennes ne pouvaient pas espérer un sort meilleur que celui des épouses musulmanes. Il n'est rien qu'on ne fît pour les amener à renier la foi, et c'est vers elles que se portaient, par cette raison, les plus grandes sollicitudes des pères rédempteurs. Tous les moyens, la violence même étaient mis en œuvre pour leur ravir le plus bel ornement de leur sexe et le trésor de leur vertu. Rien ne les protégeait, non plus que les enfants, dans leur affreuse situation. Cependant je dois dire que les beys s'adjugeaient en général les femmes de distinction.

Ils les confiaient à un magistrat, le cheikh-el-beld, jusqu'au jour où l'on concluait leur rachat.

Pour les autres, on les soumettait ordinairement au travail des servantes et des négresses. On ne leur épargnait pas le bâton, vous savez qu'il est d'un usage légal.

— Oui, moi sabir; mirar, sidi marabout..., chof, chof. »

C'était Fatma, dont l'oreille attentive, à quelque distance du groupe de la famille, percevait déjà quelque peu le sens de la conversation. Depuis douze ans elle était au service de M. Morelli ; mais auparavant elle servait un Maure de la rue Lalahoum.

« Oui, moi je sais, disait-elle ; regarde, monsieur le marabout..., vois, vois. » Et, rejetant son haïq de coton bleu à raies blanches, elle montrait les cicatrices de ses épaules et de ses bras, déchirés autrefois par le matrak et les lanières du querbadj.

« Pauvre femme, dit en soupirant Carlotta, elle a bon cœur : quand un rayon de la grâce achèvera-t-il d'éclairer cette raison obscure ! »

La négresse avait déjà donné des soins à l'enfance de Carlotta, et cette pieuse demoiselle essayait de lui rendre en échange le bienfait de la lumière évangélique. Mais les ténèbres des races déchues que l'Église catholique n'a pas encore touchées sont bien épaisses.

On n'eut pas besoin, pour en croire Fatma, de vérifier la trace de ses blessures.

« Que le bâton ait fait partie du régime imposé aux captives, cela devait être, reprit M. Morelli ; car les cadis autorisent en certains cas les maris à battre leurs femmes. J'ai lu positivement dans le commentaire du Coran par l'iman Chouchaoui, que si une femme néglige les soins du ménage, le mari est autorisé, après avoir employé vainement les remontrances, à la frapper de dix coups, avec un objet *doux, souple* et *large*, si toutefois il pense que la chose soit profitable. Qu'en pensez-vous, Mesdames? ajouta plaisamment M. Morelli.

— Nous rions, dit Carlotta, mais il n'y a vraiment pas de quoi rire.

— D'autant plus, continua dom Gervasio, que si l'on se souvenait peu des tempéraments de la loi en frappant l'épouse libre, on les oubliait encore davantage lorsqu'on bâtonnait une esclave.

— Si telle était la vie journalière des captifs, quel ne dut pas être le code pénal établi à leur usage !

— Vous parlez de code, Alfred, reprit le moine. Un code, si barbare qu'il soit, est du moins une règle, une garantie. L'iniquité dans la loi ne peut pas être poussée aussi loin que par le caprice et l'irritation du moment. Le captif n'avait pas cette garantie ; il est vrai qu'avant de le mettre à mort on demandait l'autorisation du pacha ; mais rien n'était plus facile à obtenir. Les pachas n'osaient guère répondre par un refus aux janissaires ou aux Turcs. Souvent on jetait l'esclave, pour les moindres fautes, sur les moindres soupçons et en face des plus faibles accusations, aux mains de la foule effrénée, qui le punissait à sa guise. Il n'y avait pas de fixité dans la peine, ni de proportion entre la faute et le châtiment, pas de règle enfin dans l'exécution plus ou moins lente, plus ou moins cruelle, de la sentence. La justice arabe est connue ; dans les temps encore barbares du moyen âge, alors que l'Église commençait à peine à introduire la loi écrite à côté des coutumes suivies par les peuplades de l'invasion, et à régler toutes choses d'après les principes de l'équité, les lois gothes, franques et germaniques valaient mieux que celles des Arabes après quatorze siècles. Et ici le magistrat pèche encore plus que la loi. Aussi qu'arrive-il ? De nos arts, de nos sciences, de tout ce qui constitue notre civilisation, les disciples de Mahomet ne comprennent et n'estiment guère qu'une chose, notre justice. Je ne veux pas calomnier ces vénérables têtes de cadis à barbe blanche, au large turban éblouissant comme neige ; mais souvent je voudrais pouvoir en retirer les formules de Sidi-Khelil et des jurisconsultes musulmans, pour y substituer les simples notions d'équité naturelle.

A défaut de code pénal précis et régulièrement appliqué pour les esclaves, il y avait un cercle de peines traditionnelles dont on ne sortait que rarement. Du reste le cercle était large, et les plus exigeants en matière de torture pouvaient y assouvir leur cruauté.

Qu'est-ce que ces longs crocs de fer dont la langue de serpent se projette hors des murs de Bab-Azoun?

— En terme de marine, ce sont des *ganches*, dit Alfred.

— Précisément ; mais celles-ci ne servaient ni à la pêche, ni pour tenir la tente des galères; on élevait au-dessus d'elles l'esclave nu, puis on le laissait tomber sur les dents de fer, où il s'accrochait par le dos, par le ventre ou par la poitrine.

On l'écartelait aussi, en l'attachant à quatre barques, dont les rameurs partaient en sens contraires.

On le perçait de flèches, lié aux vergues d'un navire.

On le noyait, renfermé dans un sac.

On le brûlait, après l'avoir enchaîné à un poteau planté au centre d'une couronne de feu.

Le supplice de la croix fut aussi en usage. On clouait le patient sur les deux branches d'une échelle ou sur une croix en forme d'X, appelée croix de Saint-André.

Ou bien, après l'avoir lié fortement, on lui ouvrait les épaules avec un rasoir, et on introduisait dans la plaie béante un flambeau ardent.

On l'enterrait jusqu'aux épaules, et la mort saisissait par degrés le corps en décomposition.

On le faisait mourir de douleur et de faim, en l'enfermant dans un tonneau hérissé de pointes de fer et qu'on faisait rouler de temps à autre.

Le supplice du pal était des plus fréquents. Le pieu sortait d'ordinaire par le gosier, en renversant la tête de la victime.

A côté du pal, mentionnons la falaque. Ce supplice consistait à placer l'esclave la tête contre terre, à passer en haut ses pieds dans les trous d'un morceau de bois, et à donner ensuite au patient des coups de bâton, des coups de corde poissée ou de nerf de bœuf.

Quelquefois l'esclave était écorché vif.

On l'attachait encore à la queue d'un cheval, qui le mettait en lambeaux dans une course fougueuse.

La bastonnade jusqu'à la mort était réputée une peine des plus douces entre les peines capitales, parce qu'elle n'est pas infâme dans l'opinion des Turcs.

Le condamné était encore rompu vif, à coups de levier ou d'une masse de fer.

Il était lapidé par le peuple.

On le pendait la tête en bas, et on faisait ruisseler de la cire brûlante sur la plante de ses pieds.

Une populace ivre le perçait de coups de couteau.

On le plaçait à la gueule d'un canon, et le boulet ou la mitraille emportait ses membres affreusement mutilés. Ainsi périt, en 1682, un consul de France, le père Levacher, de la congrégation des Lazaristes. Son successeur eut le même sort.

D'autres fois, on coupait successivement à l'esclave le nez, les oreilles, et d'autres membres, jusqu'à ce que mort s'ensuivit.

Ou bien, la faim et la soif faisaient seules tout l'ouvrage.

On a vu, au contraire, les esclaves chrétiens forcés d'exécuter eux-mêmes un de leurs compagnons, en lui assenant tour à tour un coup de hache. En 1630, un esclave accusé d'avoir fait connaître par lettre, à l'Espagne, la situation d'Alger, succomba de la sorte.

L'*estrapade mouillée* n'était qu'un jeu. L'esclave était élevé nombre de fois par une poulie à une vergue de navire, et on le laissait retomber dans l'eau.

— L'estrapade est une peine militaire qui a été fort en usage dans la marine européenne, dit Alfred. Faire subir l'estrapade s'appelait *donner la cale*. Mais ce supplice fut toujours regardé comme un châtiment des plus graves; il disloque facilement un homme, et messieurs les musulmans auraient pu imaginer un jeu plus doux.

— Révérend père, demanda Mme Morelli, est-ce que les esclaves ont été en butte à ces mauvais traitements jusqu'aux derniers temps?

— Il est certain, Madame, qu'il faut distinguer les époques et même les nationalités. De plus, il y avait diverses classes de captifs, et tous n'avaient pas également à souffrir. Les Espagnols et les Portugais excitaient particulièrement la sévérité de leurs maîtres, parce qu'ils appartenaient à des nations plus souvent en guerre avec les musulmans. Elles avaient chassé les Maures de mon pays, et ils ne croyaient pas pouvoir s'en venger assez. Elles avaient conquis des terres en Afrique, et sur les points les mieux choisis pour menacer l'intérieur du pays.

Quant aux époques, il est vrai aussi que les actes de cruauté diminuent à mesure que la lutte générale s'apaise entre la chrétienté et l'islamisme, à mesure que les corsaires apprennent à leurs dépens ce que vaut la marine d'Europe, dont les progrès vont toujours croissant. Lorsque Alger eut compté plusieurs fois les mâts de nos flottes et reçu nos boulets dans ses flancs, elle se prit à réfléchir, et laissa descendre par instinct de conservation le niveau de son orgueil et de sa tyrannie.

Enfin, comme je l'ai dit précédemment, les esclaves appartenaient au gouvernement ou aux particuliers. Parmi les premiers, quelques-uns, appelés au service du dey, dans son palais, n'avaient point à souffrir de fatigues ou de peines corporelles excessives. Ceux qui étaient employés dans les casernes avaient un sort tolérable; les soldats turcs usaient quelquefois de ménagements envers eux; ceux des bagnes, dans les derniers temps, avaient trois petits pains par jour, un petit matelas et une couverture. Le dey les faisait monter sur les navires de course, et ils conservaient les deux tiers de leur part dans les prises; il les louait encore selon leur profession et leur industrie, en prélevant les deux tiers sur le gain de leur journée.

Parmi les esclaves des particuliers, quelques-uns sont traités humainement, et acquièrent même de l'autorité près de leurs patrons, à cause des services qu'ils leur rendent. Mais je n'ai point à atténuer la peinture que j'ai tracée au sujet des souffrances de ceux qui deviennent la propriété de revendeurs ou de Maures avares et fanatiques.

Je ne doute pas que des captifs n'aient exagéré quelquefois leurs souffrances, afin d'exciter la compassion; les bons pères rédempteurs ont dû se servir eux-mêmes des couleurs les plus sombres pour augmenter l'aumône en éveillant la charité.

— Mais, observa Mme Morelli, s'il était possible de forcer les couleurs dans le tableau des souffrances du corps, on ne pouvait pas, on ne pourra jamais, ce me semble, révéler au monde les douleurs morales, les secrètes angoisses qui ont dévoré une foule d'existences au sein de la captivité.

— Et puis, ajouta M. Morelli, nous n'avons sur les rivages de Barbarie que la moitié de ces peines morales. Regardez sur l'autre bord de la Méditerranée ; que de larmes et de regrets ! Quel désespoir au sein des familles, à la pensée de ceux qui sont tombés dans les fers !

— O ma mère, dit Carlotta, si les temps n'étaient pas changés, et que je fusse esclave d'un Maure, tandis que des rives de Naples vous me tendriez vainement les bras !... O Dieu ! c'est horrible... Ne permettez pas que cela m'arrive, même en un rêve.

— Et ce rêve, ma fille, pour combien de milliers de mères ne fut-il pas une réalité ! Il est des parents qui eussent volontiers donné leur vie pour arracher leurs enfants à un esclavage qui mettait en péril le salut éternel lui-même.

— De l'autre côté de la Méditerranée, dit Alfred, il y avait aussi des bagnes et des esclaves musulmans. Est-ce qu'on usait de représailles envers ceux-ci ?

— Il y avait des bagnes, il est vrai, dans plusieurs ports chrétiens ; car en cet état de guerre perpétuelle qu'entretenait la course, il fallait bien opposer la force à la force, et faire des prisonniers. Les peuples d'Europe les traitaient comme prisonniers de guerre, et non comme esclaves. On ne les vendait point aux particuliers pour servir d'animaux domestiques, et ils avaient pour eux le bénéfice de l'équité, qui règne depuis longtemps dans nos lois, et de la charité, qui est dans nos mœurs. L'Espagne, peut-être, s'est montrée plus dure que les autres nations européennes. Mais, après tout, les corsaires l'exaspéraient outre mesure et provoquaient ses colères. Elle était sans pitié pour le renégat ; elle jugeait son crime au point de vue religieux, selon l'esprit de sa législation ; et d'ailleurs elle avait le droit de condamner le transfuge, traître à sa religion et à sa patrie, comme on a condamné partout le déserteur pris les armes à la main dans les rangs ennemis.

Ainsi l'on constate une énorme différence entre la conduite des peuples chrétiens et celle des musulmans. Nul des premiers n'a pris l'initiative; nul n'a fait de la course la principale source des revenus publics, un rouage essentiel de son gouvernement; nul enfin n'a commis les horreurs dont l'islamisme s'est souillé.

Je me rappelle d'avoir lu, aux archives des révérends pères capucins de Tunis, une lettre adressée par le cardinal Sacripante au père François-Marie de Modène, préfet de la mission établie dans la régence. Elle est datée du 25 septembre 1719. Elle fera voir comment on se comportait de part et d'autre à l'égard des esclaves. Le bruit s'était répandu à Tunis que les Turcs prisonniers à Cività-Vecchia et sur les galères du pape, étaient maltraités. Alors il n'est sorte de vexations et d'avanies que les Maures, par esprit de vengeance, ne fissent endurer aux chrétiens. Le père Marie de Modène en informa la Propagande, et le cardinal lui répondit :

« Très-révérend père, autant sont légitimes les plaintes des esclaves chrétiens qu'on accable à Tunis d'un joug insupportable, autant sont déraisonnables et dénuées de fondement celles qu'adressent en cette ville les Turcs du bagne de Cività-Vecchia. Ici les esclaves ne peuvent se plaindre de rien, si ce n'est de la liberté perdue : *a sola riserva della perduta libertà.*

« En effet, nous leur laissons la faculté de se livrer au commerce; ils réalisent de beaux bénéfices en vendant du pain, du vin, du coton, des vêtements, du fer, de l'étain, et d'autres marchandises. Ils tiennent boutiques ouvertes sur l'arsenal et les chantiers du port, *nella Darsena.* Et si on leur a retiré le trafic du tabac et de l'eau-de-vie, c'est qu'ils persistaient, malgré des admonitions réitérées, à faire la contrebande sur une large échelle, au grand préjudice de la gabelle.

« Ensuite leurs prêtres, *i loro Papassi*, sont respectés et séparés des autres esclaves. On les exempte de tout travail; on leur permet de porter le turban, et ils circulent par toute la ville sans entendre une seule parole injurieuse : tandis que les prêtres chrétiens, au contraire, sont conspués, insultés, lapidés, bâtonnés à Tunis. On s'est indigné parmi nous en apprenant, par exemple, qu'un clerc augustin esclave d'un particulier avait été roué de coups, et forcé néanmoins à travailler sans relâche et à porter le fumier des écuries.

« Lorsque nous montrons une si grande charité envers les esclaves de ce peuple, disait-on, nos frères là-bas travaillent sans vêtements dans les jardins; on les prive d'aliments, on leur met des fers, on les frappe pour les forcer à se racheter plus vite; et on exige pour leur rachat cinq cents et jusqu'à mille pièces de huit, *pezze da otto*, et même davantage; au lieu que nous accordons la liberté aux conditions les plus douces. Mais ce qui révolterait par-dessus tout, ce seraient ces violences dont on nous parle, et que beaucoup de maîtres exerceraient sur leurs esclaves, contre les lois de Dieu et de la nature elle-même.

« Que si nous examinons maintenant les circonstances graves et critiques où l'homme a le plus besoin de secours, c'est-à-dire les maladies et la mort, les esclaves turcs sont soignés avec toute la charité et toute la bonté possible, *amorevolezza*, jusqu'à ce qu'ils soient entièrement guéris. On leur sert une excellente nourriture; ils reçoivent toute espèce de médicaments, sont couchés dans des lits excellents, assistés avec zèle par les meilleurs médecins et chirurgiens; on a pour eux les attentions que nous avons pour les personnes d'une condition distinguée. Et là-bas, nos pauvres chrétiens meurent de besoin et gisent abandonnés, sans médicaments, sans nourriture, dans de sales écuries, comme vous l'avez vu de vos yeux. On a été jusqu'à remplacer le médecin chrétien qui soignait les esclaves du bey par un renégat dépravé, et qui ne sait pas le premier mot de son art.

« La sacrée Congrégation et Sa Sainteté apprécient cependant les vertus morales de Son Altesse le bey. Il mettrait fin, s'il les connaissait, à ces traitements inouïs. Mais un certain écrivain espagnol, auquel il a confié le gouvernement des esclaves, inspire à ceux-ci une si vive terreur, qu'ils n'osent réclamer auprès du bey, en sorte qu'ils tombent dans le désespoir, et de là dans l'apostasie. »

Le cardinal donne ensuite l'assurance au père Marie de Modène que le pape s'efforcera d'éclairer le prince sur la conduite indigne de ses subordonnés. Les généreux pères capucins partageaient la misère des esclaves. Ils n'avaient pour vivre que les aumônes des fidèles francs et des malheureux auxquels ils prodiguaient les soins du saint ministère ; leur hôpital était alors encombré de malades ; ils étaient logés dans un coin du consulat de France, au premier étage, où sont maintenant le salon de justice et la salle à manger des consuls ; et ils n'avaient pas en caisse un seul aspre, *ne pur un aspro in cassa :* ils n'avaient pas deux centimes. Oh ! les vrais disciples de saint François ! »

La molle brise du soir avait fraîchi peu à peu, et les feuilles de jasmin, dont les rameaux s'enlaçaient au treillage des murs d'appui de la terrasse, commençaient à s'incliner sous la rosée de la nuit. C'était l'heure de clore la conversation et de céder à l'invitation du sommeil.

QUATRIÈME SOIRÉE

Les renégats. — La fuite.

On lisait ce soir-là une impression de tristesse maladive sur les traits de Carlotta. Il y avait aussi de la fièvre dans ses mouvements ; et l'on devinait sans peine, à travers cette physionomie transparente et mobile, quelque préoccupation douloureuse.

« Qu'avez-vous donc, chère enfant ? dit le bon vieillard, habitué à saisir toutes les nuances des sentiments que le visage de la jeune fille trahissait malgré elle.

— Mon père, je ne puis voir cet homme sans éprouver une horreur qui me rend malade... Il me semble que j'ai vu un démon.

— Mais qu'est-ce donc ?

— Carlotta, dit Mme Morelli, a rendu des visites avec moi aujourd'hui; et nous avons eu le malheur de rencontrer M. D***, le prétendu sidi Abd-er-Rhaman, qui a embrassé l'islamisme. Or Carlotta ressent une telle aversion pour ce renégat, que je tremble lorsqu'il se trouve avec nous chez certains hauts fonctionnaires où l'on croit devoir lui faire accueil. C'est l'image de cet homme qui l'obsède encore, et le dégoût qu'il lui inspire va presqu'à lui soulever le cœur.

— Pour moi, je vous déclare hautement que je partage les sentiments de ma sœur. Je méprise un renégat, quel qu'il soit; mais surtout celui qui abjure le christianisme par ambition, pour arriver à un grade élevé dans l'armée, à une charge administrative importante; ou bien pour se laisser aller aux mœurs faciles et honteuses que la loi musulmane favorise. Cependant les gouvernements du jour honorent ces gens-là.

Je le répète, ni les décorations, ni les titres de colonel ou de pacha, ni la finesse du burnous, ni le cachemire du turban, ne diminuent mon souverain mépris pour les renégats de haut parage : au contraire. Ceux-là n'ont pas pour excuse, comme d'autres pauvres diables, la violence qu'on leur fait ou la misère qui les pousse. Et au fond leur apostasie est comme toute apostasie, une lâcheté. Oui, tout renégat est un lâche; car il abandonne le Christ, la patrie, sa famille, la civilisation, pour satisfaire des appétits plus ou moins grossiers, une ambition impuissante là où elle rencontre la concurrence du mérite; il outrage la mémoire de ses ancêtres, et il impose silence au cri de sa conscience d'homme et de chrétien. Car ici la conviction est impossible; le Coran ne supporte pas une minute d'examen et ne se discute pas. Tout renégat est un lâche, et porte au front, quoi qu'il fasse, un indélébile stigmate d'infamie.

— Je t'approuve complétement, mon fils, reprit Mme Morelli, et je suis bien aise de voir que tu résistes à l'esprit d'un monde qui me fait rougir. Seulement, suis les règles de la charité et de la vraie politesse, qui en est une fleur. Aie plutôt de la pitié que du mépris pour ce M. D***, comme pour ses semblables; garde envers lui une froide réserve, mais ne cherche pas à le blesser.

— Révérend père, demanda M. Morelli, est-ce que les musulmans considéraient comme un devoir d'amener leurs esclaves à l'apostasie, même par la force ?

— On doit établir quelques distinctions, pour faire à votre question, Monsieur, une réponse exacte. Les jeunes esclaves sont les seuls que l'on ait habituellement cherché à entraîner au reniement de la foi par la violence et la séduction. Les musulmans croyaient agir en ce cas de la manière la plus méritoire. Souvent aussi des fanatiques se faisaient un point de religion ou d'amour-propre de vaincre la résistance d'un captif; ou bien encore, le bey offrait au chrétien condamné à mort le choix entre le supplice ou le mahométisme avec la liberté.

Les enfants qui ne se prenaient point aux piéges des belles promesses, subissaient assez souvent les coups de bâton ou de l'étrope, corde épissée, longue d'environ trois pieds, et dont se servent les marins. On le tenait par terre, à plat ventre ou sur le dos, et on lui administrait de deux à trois cents coups vigoureux. D'autres fois, on repliait son corps en attachant les pieds aux épaules, on le suspendait à une pièce de bois, et on déchargeait les coups sur la plante des pieds. Faisait-il la profession de foi : « *La Allah ila Allah, Mohammed recoul Allah :* Point de Dieu hors Dieu, Mahomet prophète de Dieu; » on le détachait, on pansait les plaies avec du vinaigre salé, et l'on célébrait ce glorieux triomphe de l'islamisme.

En 1633, Guillaume Sauveïr, mousse de Saint-Tropez, refusait énergiquement d'apostasier. Son maître le suspendit par les pieds, le bâtonna, lui arracha les ongles des gros orteils, lui fit couler sur la plante des pieds de la cire brûlante ; mais, voyant qu'il ne gagnait rien et qu'il risquait de perdre ce jeune esclave, il mit fin à la torture et ne revint pas à la charge.

Voilà un héroïque confesseur. Il y eut des martyrs de son âge. Don Haedo, l'auteur du précieux livre *Topografia de Argel*, nous a gardé le souvenir de deux jeunes Espagnols qui sont morts dans des circonstances admirables. Je veux me donner le plaisir de vous raconter leur histoire.

Au commencement de 1561, les janissaires et les Turcs d'Alger se révoltèrent contre Hassar-Pacha, fils de Barberousse. Ils l'accusaient de vouloir s'emparer du royaume au détriment de la Porte, parce qu'il favorisait les Maures et les Arabes. Il avait épousé la fille du roi de Konko, en Kabylie, qui avait récemment guerroyé contre les Turcs, et il lui permettait, ainsi qu'à ses sujets, d'acheter les armes qu'ils voulaient.

Hassan fut mis aux fers avec son fils, et on les envoya sous bonne garde, au mois d'octobre, à Constantinople. La galiote emportait avec eux la relation des crimes qu'on leur reprochait. Le Grand Turc donna provisoirement le gouvernement d'Alger au Turc Ahmed, qui arriva dans cette ville au mois de février 1562. Lorsqu'ils s'emparent d'un coupable, les Turcs ont coutume de piller sa maison. Ils s'étaient donc rués sur la demeure d'Hassan à son départ d'Alger. Or, des nombreux esclaves qu'il avait laissés, son successeur Ahmed en garda plusieurs, entre autres, deux jeunes Espagnols âgés de moins de quinze ans, pages de deux chevaliers, et qui s'étaient perdus hors du camp de Mostaganem, assiégée par les Castillans. Hassan n'avait pas réussi à faire apostasier ces enfants, qu'il tourmenta deux ans et demi. Ahmed à son tour l'essaya sans plus de succès, et l'inutilité de ses efforts l'indisposa contre eux.

Au mois d'avril 1562, ils prirent, sans y voir un crime, et sans penser qu'on le découvrirait, un peu de taffetas blanc et de mince valeur, dans le magasin de la maison du pacha. Quelques jours après, le gardien le sut, et comme il partageait les ressentiments du gouverneur, il alla lui rapporter la chose à sa manière. Hassan en colère dit d'abord qu'il fallait jeter les coupables dans la prison du palais et les tuer à coups de bâton; puis, se ravisant à la pensée que l'occasion était peut-être bonne pour obtenir ce qui lui avait été jusque-là refusé comme à tant d'autres, il envoya des Turcs et des renégats dire aux enfants que s'ils se faisaient Turcs ou Maures, il leur pardonnerait et les comblerait de récompenses. Le démon, qui toujours veille comme un lion rugissant, se servait du pacha comme instrument en cette occasion, et il travaillait avec ses ruses ordinaires à tromper la simplicité de ces enfants et à perdre leur âme.

Mais le Seigneur les prévenait par sa grâce, et les préparaît à défendre vaillamment son honneur, sa gloire et son nom. A tous les envoyés du pacha ils répondirent avec un courage étonnant : « Quand le roi nous ferait souffrir mille tourments, notre devoir serait de tout endurer pour l'amour de Dieu. » Une réponse si franche et si chrétienne augmenta l'indignation du pacha ; il voulut les rendre Turcs par force, « comme on fait chaque jour, dit Haedo, envers beaucoup de chrétiens, et surtout envers les jeunes gens. » Avertis de ce dessein, ils furent saisis de crainte et accablés de chagrin. Ils appelaient de leur prison tous les chrétiens de la maison du roi qui venaient à passer au dehors, et ils disaient avec une vive douleur : « Le roi veut nous faire Turcs par force ; soyez-nous témoins en toute circonstance que si le roi l'exécute, c'est sans notre consentement. Si l'on nous inflige la marque de l'islamisme, pendant que nos pieds et nos mains sont enchaînés, comme on le fait à d'autres, nous protestons que nous sommes chrétiens et devons rester chrétiens. » Hassan, apprenant ces dispositions, résolut de ne plus attendre et de faire mourir les deux enfants dans de grands supplices. Enflammé de colère, il ordonna d'amener deux chevaux à sa porte, d'attacher les jeunes chrétiens à la queue de ces animaux, afin qu'ils fussent traînés vivants et mis en pièces par les rues d'Alger. Les deux héros, tirés de prison, dépouillés de leurs habits, sauf une culotte de toile, sont conduits à la porte du pacha, liés avec des cordes chacun à la queue d'un cheval. Alors l'un d'eux, saisi de la crainte de la mort, dit aux Turcs :

« Détachez-moi, je me ferai Maure. »

L'autre l'entend, et, brûlant de l'amour de Dieu et du zèle de sa gloire, il tourne ses regards vers son compagnon :

« Comment ! mon frère, s'agit-il de cela maintenant ? Non, non, recommandons-nous à Dieu et à Notre-Dame, et mourons en chrétiens.

— « Mon frère, que la Mère de Dieu m'assiste ! C'est le démon qui me trompait. O Jésus ! ô Mère de Dieu ! »

Et dès lors ils s'exhortèrent l'un l'autre avec tant de courage, que les Turcs eux-mêmes en étaient surpris. Alors les serviteurs du pacha piquèrent les chevaux à travers les principales rues et places d'Alger, qui, étant pavées, demeurèrent teintes de ce sang innocent. Les membres des patients furent ainsi cruellement déchirés et leurs os fracassés.

« Des personnes qui virent ces martyrs de Jésus-Christ, dit Haedo, m'affirmèrent que leur foi, leur patience et leur constance furent admirables, puisque, jusqu'à la mort, ils ne cessèrent d'avoir à la bouche les très-saints noms de Jésus et de la Mère de Dieu, et qu'ils ne paraissaient pas des enfants, mais des hommes mûrs, pleins de courage et de constance en confessant notre sainte foi. »

Fatigués de les traîner de tous côtés, les serviteurs du pacha ramenèrent les deux corps morts à la porte de la Casbah, où il y avait une petite place. Déjà deux potences y étaient dressées; les saints corps y furent pendus. C'était un lundi, 30 du mois de mars 1562. Vers quatre à cinq heures du soir, un marchand de Grenade, Martin de Barca, homme très-honorable et très-chrétien, récemment arrivé avec de l'argent de l'archevêque de Grenade pour le rachat des esclaves, alla demander au pacha la permission d'enterrer ces corps : ce qui lui fut accordé. Martin et quelques chrétiens descendirent aussitôt les martyrs du gibet et les enterrèrent hors de la porte de Bab-el-Oued, au cimetière qui est là, à la manière des chrétiens.

— Cela est digne des plus beaux temps de l'Église, » dirent unanimement les auditeurs de dom Gervasio. Et lui, sans perdre de vue la question qu'on lui avait faite, reprit :

« Je vous disais tout à l'heure qu'en général les musulmans n'avaient pas forcé les esclaves à l'apostasie. On devine pourquoi. C'est que le maître ne peut plus vendre le renégat, et, chez les Maures, l'avarice est ordinairement plus forte que le fanatisme lui-même. Aussi a-t-on vu des musulmans s'opposer à l'apostasie de leurs esclaves. Il faut observer pourtant que la politique a suivi souvent une conduite toute différente, dans l'intérêt de l'État. « Les pachas et les princes musulmans avaient assez appris par épreuve, ainsi que l'observe le père Dan, qu'en tous les chrétiens il y a je ne sais quelle dextérité, suivie d'une heureuse conduite, qui ne se rencontre point en ceux des nations musulmanes. » Ils tenaient donc à s'entourer de renégats auxquels ils confiaient la garde de leur personne, la direction de leurs troupes, et qui prenaient part à tous les actes de leur gouvernement. Les plus célèbres pachas des régences barbaresques sont des renégats parvenus au pouvoir par la faveur de ceux qu'ils servaient ou par les révoltes des troupes. Sans le secours des renégats, il est presque certain que les Turcs n'auraient pas pu se maintenir dans les villes de Barbarie contre les Maures, les Kabyles et les Arabes, qu'ils écrasaient d'impôts et de vexations.

Du reste, longtemps avant la domination des Turcs, les rois africains de race arabe ou de sang berbère, avaient coutume de former un corps spécial de renégats dans leurs armées. Ils appréciaient les avantages de la tactique européenne : nos soldats n'avancent et ne reculent qu'à la voix de leurs chefs; ils exécutent des mouvements stratégiques dont dépend le sort des batailles, tandis que les Arabes et les Kabyles ont toujours combattu en désordre, et pour ainsi dire sans autre guide que le courage individuel.

Les Turcs n'estimaient pas moins l'habileté des renégats dans les négociations que dans les coups de main, et ils leur durent en outre la majeure partie des progrès qui se manifestèrent dans les diverses branches de l'industrie.

— Vous pouvez ajouter, mon père, que les renégats ont rendu les plus grands services à la marine des corsaires. Ils y ont introduit les perfectionnements qu'ils avaient appris sur nos chantiers de construction ou en naviguant sur nos vaisseaux. Ainsi, au commencement du xvii° siècle, un fameux corsaire flamand, Simon Manser, vint s'unir aux Algériens, et opéra des changements très-avantageux à leur flotte. En deux ou trois ans il prit environ quarante navires, et en coula beaucoup d'autres. On l'appelait Deli-Capitan, et l'on s'efforçait de l'attirer à l'islamisme. Les remords retenaient ce forban sur le bord de l'apostasie. Il promettait d'abjurer sa religion, et s'arrêtait au dernier pas. Enfin la grâce l'emporta; il attendit l'occasion de s'enfuir pour expier ailleurs sa vie passée. Il put arriver en vue de Marseille, et il aborda lorsqu'il eut l'assurance d'être pardonné, à la condition de ne plus aller en mer que pour combattre ceux qu'il venait d'abandonner.

A la même époque, deux pirates anglais, Édouard et Wer, enseignèrent aux Barbaresques les évolutions navales dans la navigation à voiles avec des vaisseaux d'une forme arrondie, et dès lors les corsaires musulmans s'aventurèrent plus hardiment sur l'océan Atlantique.

— Vous signalez, Messieurs, un fait bien remarquable, dit M. Morelli, et qui prouve la régénération de l'homme par le baptême. La supériorité intellectuelle et morale des renégats sur les Turcs, les Arabes et les Maures, est reconnue de ces nations elles-mêmes. Il suffit qu'un chrétien, même réputé infâme par ses compatriotes et ses coreligionnaires, se déclare musulman, sans savoir le moins du monde ce que c'est que le Coran ni Mahomet, pour qu'on l'accepte, sans épreuve, sans instruction, sans préparation, comme vrai musulman. Il sort des rangs infimes de la société européenne, et il se trouve la plupart du temps placé tout à coup et naturellement au-dessus de la masse des sectateurs du prophète.

Au contraire, les convertis de l'islamisme au christianisme non-seulement ne seraient pas à notre niveau, après même que l'eau du baptême les aurait purifiés, mais ils porteraient longtemps encore le sceau d'une infériorité de race et d'une décadence plus profonde de la nature humaine en leur personne. Il y a cependant de la sève dans cette race arabe, et des dons naturels précieux; mais l'opium du Coran a endormi peu à peu ces facultés morales, et dégradé l'homme à tel point, que sa guérison doit être lente pour être générale et parfaite.

— Mon révérend père, demanda Carlotta, les renégats ont donc été bien nombreux?

— Hélas! Mademoiselle, c'est un triste revers au tableau des confesseurs de la foi et des martyrs, dans les matamores et les bagnes. Du moins la multitude de ceux qui ont apostasié montre qu'il fallait une grande dose de courage pour ne pas le faire; et, à ce point de vue, j'oserais dire que c'est une ombre à ce tableau. Mais je l'avoue, c'est d'ailleurs une page lamentable et que je voudrais arracher des annales de l'Église. Oui, les renégats ont été très-nombreux.

Vers 1630, le père Dan en comptait à peu près huit mille à Alger et aux environs. Beaucoup d'entre eux étaient dans les janissaires et dans la milice, qui se composaient d'une vingtaine de mille hommes. A ces huit mille renégats, il faut ajouter de mille à douze cents femmes tombées dans l'apostasie. Parmi elles il y avait à peine trois ou quatre Françaises, mais beaucoup de Russes achetées à Constantinople. Tunis et la régence avaient à peu près quatre mille renégats et six à sept cents femmes; Salé, trois cents hommes et peu de femmes; et Tripoli, une centaine des deux sexes. La supputation du père Dan ne paraîtra pas exagérée, car il y avait de mon temps trente mille renégats à Alger. Ce chiffre, Mesdames, semble vous causer autant de surprise que de douleur.

— Mais, mon père, quels étaient donc les motifs qui entraînaient communément ces tristes défections?

— Mon cher Alfred, tout à l'heure vous en touchiez du doigt quelques-uns, dans votre louable sortie contre les renégats volontaires de cette époque-ci. Plusieurs esclaves se laissaient gagner par l'appât des charges, de l'argent, de la vie licencieuse, de la liberté qu'on leur promettait en échange de l'apostasie. Les lois ne garantissaient pas l'affranchissement au renégat, mais le maître le lui accordait quelquefois comme récompense immédiate, ou peu d'années après.

Du moins le renégat était sûr d'obtenir un adoucissement à ses maux; il ne portait plus la chaîne, et n'était pas forcé d'aller aux galères. Le désespoir de recouvrer jamais la liberté a précipité la chute de plusieurs. D'autres avaient peu de foi ou peu de lumières; c'étaient de pauvres gens qui, depuis la première enfance, passaient leur vie sur mer, presque sans instruction religieuse et sans éducation, et ils ne comprenaient pas toute l'énormité de leur faute. Ceux-ci reniaient la foi pour se venger d'un Turc; en effet, un chrétien, libre ou esclave, ne pouvait ni attaquer un Turc, ni même se défendre, sans être puni de quatre à cinq cents coups de bâton. Ils frappaient donc leur ennemi, et s'assuraient l'impunité en apostasiant. D'autres se déclaraient musulmans après une rixe survenue entre eux, pour éviter un châtiment du même genre. Enfin un chrétien débiteur d'autres chrétiens ne devait plus rien à ses créanciers du moment qu'il se disait disciple de Mahomet.

Autrefois c'était le sujet d'un superbe triomphe. Voyez d'abord le cérémonial de l'apostasie. On demande au renégat :

« Veux-tu être musulman ?

— Oui. »

Il lève alors l'index vers le ciel et prononce la formule consacrée :

« *Allah ou Allah !* Dieu est Dieu, et Mahomet est son prophète. »

Le doigt levé vers le ciel signifie l'unité de Dieu, et tout pieux musulman fait la même cérémonie, si cela lui est possible, à l'instant de la mort. Quelques-uns, j'en ai été le témoin, tâchent de placer le doigt au coin de la bouche, et toujours en le dirigeant vers le ciel, afin qu'au dernier soupir l'âme s'envole en prenant cette direction.

Lorsque le renégat a fait la profession de foi, on lui rase la tête, excepté au sommet, où l'on ménage une touffe de cheveux qui deviennent souvent fort longs, et qui restent cachés sous la *chachia*, calotte rouge, ou sous le *fez*, bonnet turc de la même couleur. Cette mèche de cheveux s'appelle vulgairement le mahomet; les musulmans, dit-on, s'imaginent qu'un jour les anges les saisiront par cette queue et les transporteront en paradis.

Quoi qu'il en soit, on coiffe d'un turban la tête rasée du renégat, et l'on jette par terre le chapeau européen qu'il portait auparavant. On substitue enfin aux autres pièces de son costume le *serouel*, le *bedaia*, le *kerzia*, etc., c'est-à-dire le pantalon, le gilet, la ceinture, le caftan. Vous concevez maintenant pourquoi des conciles ont autrefois proscrit, en Europe, l'usage du turban; prendre le turban était synonyme d'apostasier pour devenir musulman. De même, les Turcs n'accordaient pas aux chrétiens ni aux juifs le libre usage de cette coiffure.

— Du reste la tolérance n'est pas grande en Barbarie, même aujourd'hui, dit Alfred. Là où nos armes n'ont pas fait la loi, il ne faudrait pas qu'un juif s'avisât de se coiffer d'un turban d'autre couleur que le noir ; il s'exposerait à n'avoir pas longtemps la tête sur les épaules.

— Le renégat s'asseyait ensuite à la place d'honneur dans un festin plus ou moins somptueux, et mangeait le couscous avec ses nouveaux frères en religion. On procédait ensuite, aux yeux de tous, à l'accomplissement des derniers rits, et le malheureux quittait ses noms de baptême et de famille pour un nom musulman, Ali, Mohammed, Abd-Allah, ou tout autre. Il ne recevait aucune instruction, et l'on n'exigeait de lui aucune amélioration morale.

Autrefois on célébrait après cela des réjouissances, tombées de mon temps en désuétude. Le renégat, en habit de parade, et tenant une flèche entre deux doigts, était promené sur un beau cheval, à travers les rues d'Alger : les flèches symbolisaient le défenseur du Coran. Il avait pour escorte des chaouchs et des janissaires, le cimeterre nu. Si, par malheur, il laissait tomber la flèche, on l'accablait d'injures, comme s'il eût voulu trahir l'islam. Était-ce un renégat pauvre, on tendait au public des bassins où pleuvaient les aumônes.

Le juif renégat devait passer en quelque façon par le christianisme avant d'arriver au mahométisme. Il devait, avant d'être admis à prononcer la formule : « Dieu est Dieu, Mahomet est son prophète, » confesser que Jésus-Christ était le Messie, et manger de la viande de porc, signe qui nous distingue aux yeux des musulmans ; car ils n'ont pas moins d'horreur que les juifs pour cet animal.

Ces fêtes de l'apostasie étaient jours de deuil pour nos pauvres chrétiens. Quel chagrin encore lorsqu'un renégat mourait sans donner aucun signe de repentir ! Parfois ils n'ont pu s'empêcher de reconnaître, d'après certaines apparences extraordinaires, des marques de la réprobation éternelle. C'était une persuasion chez eux que les cadavres des renégats étaient plus hideux que les autres. Don Diégo de Torrès rapporte que deux renégats, voulant passer de Maroc en terre chrétienne, s'enfuirent, mais furent repris. On les traîna dans la ville, et ils furent attachés aux crocs de fer que vous connaissez. L'un mourut chrétiennement, l'autre dans l'impénitence. Les corps restèrent accrochés aux harpons. Celui de l'impie devint noir, horrible, et fut aussitôt mangé des corbeaux. L'autre resta blanc, et fut respecté des animaux de proie. Les chrétiens obtinrent l'autorisation de l'enterrer dans leur cimetière à Maroc.

— Révérend père, dit Mme Morelli, comment les renégats pouvaient-ils persévérer dans une religion où ils entraient avec si peu de sincérité, et le plus souvent malgré eux ?

— Madame, la plupart des renégats sentaient à quelque degré le malheur de leur situation, et ils auraient voulu en sortir. Mais il eût fallu vaincre bien des obstacles. La peine de mort était inévitable pour qui rentrait au giron de l'Église.

Quant aux renégats volontaires, ils descendaient au fond de l'abîme où l'impie trouve le repos, ce repos dans le crime qui ne s'éveillera plus qu'au fracas du tonnerre de la justice de Dieu. Ces hommes, ou mieux ces démons, étaient plus redoutables aux chrétiens que les Turcs et les Maures. Ils avaient des ruses infernales pour faire tomber les esclaves fidèles.

Ils accusaient un chrétien d'avoir mal parlé de Mahomet. En conséquence on le condamnait à mort, selon la loi, s'il ne ceignait le turban.

Ils l'invitaient à dîner, le jetaient par trahison dans l'ivresse, lui rasaient la tête, lui faisaient balbutier machinalement la profession de foi, et, s'il protestait qu'il ne savait pas ce qu'il avait fait, ils le traînaient au mufti, chef des gens de loi et des prêtres. Le mufti, dans sa sagesse accoutumée, prononçait la sentence : « Si c'est sérieux, tu es renégat; sinon, tu t'es moqué, et je te condamne à la peine du feu, en vertu des lois. »

Bref, ils ne manquaient aucune occasion de nuire à ceux dont le courage était un aiguillon qui ranimait longtemps dans leur âme le remords assoupi.

Les renégats dont la faiblesse seule avait causé la chute souffraient horriblement des reproches de leur conscience. Ils n'allaient point aux mosquées, secouraient en secret les captifs, et guettaient les occasions de rentrer en pays chrétien. Les musulmans ne l'ignoraient pas, et ils disaient en proverbe : « Jamais bon chrétien ne fut bon Turc. » Nous avions la consolation d'absoudre quelquefois à la dernière heure ces renégats animés de repentir, et je sais de bonne source que le fait n'est pas rare hors de l'Algérie. Seulement, tout se passe dans le secret, pour ne pas exciter de trouble ni de persécution : le prêtre, le religieux catholique vient au chevet du moribond, prend l'âme et laisse le cadavre.

La fuite était sans doute le meilleur parti à prendre pour le renégat qui se sentait défaillir à la pensée des supplices et de la mort, conséquences d'une rétractation publique. Comment fuir? Par terre? Mais l'Afrique entière était musulmane, à l'exception de quelques points occupés par les Européens et fort éloignés des villes de bagnes. Que de souffrances et de périls dans la route ! Voyages de nuit, à travers les solitudes infestées de brigands, de lions et d'autres bêtes féroces; tourments du froid et de la faim, mortelles angoisses, fatigues extrêmes, et pour tomber peut-être aux mains des Arabes, qui ramèneront le fugitif à son maître, dans l'espoir des huit réales que la loi leur accorde en récompense. Par mer? J'aperçois, il est vrai, des vaisseaux chrétiens dans le port; mais ils n'ont ni voiles ni gouvernail. A leur arrivée ils en ont été dépouillés; au jour du départ seulement le magasin de la marine leur restituera ces pièces, indispensables pour prendre la mer.

Voici un navire d'Europe en partance; mais on le visite avec un soin minutieux, de peur qu'il ne cache un fugitif.

Le renégat tourne son espoir vers les galères en course. Il monte sur un de ces bâtiments, et l'on fait voile vers les côtes de son pays. Son œil perçant découvre à l'horizon la ligne bleuâtre des rivages de sa patrie; il retient les battements de son cœur. Le navire approche; il va toucher à ce point de la côte qui promet aux forbans une si belle capture. S'élancer à terre, fuir avec les ailes de l'oiseau, notre chrétien a tout prévu; il part... Une main de fer soudain l'a saisi, le raïs avait l'œil ouvert. Algériens, préparez le bûcher.

D'ailleurs le raïs n'était pas absolument le maître à son bord. Il n'ordonnait une descente que sur l'avis des officiers du divan, qui commandaient les soldats de marine. Et on prenait toute précaution pour que les renégats suspects ne pussent s'évader.

Ils y réussissaient quelquefois, quand on les faisait descendre pour l'aiguade, sur les côtes chrétiennes. Au moment le plus favorable ils disparaissaient, profitant des accidents du terrain, et se cachaient dans les bois ou les cavernes. Malheur à celui que l'on rattrapait ! Enfin le corsaire, découragé par d'inutiles recherches, regagnait la haute mer, et le fugitif tombant à genoux rendait grâces à Dieu, qui sauve et qui pardonne.

Les esclaves cherchaient, comme les renégats repentants, leur salut dans la fuite. Plus d'une fois ils nouèrent des relations avec des chrétiens libres, qui convenaient de les prendre en barque à telle heure, en tel endroit du rivage. Ceux qui le font par métier gagnent bien leur argent; car, s'ils sont pris, on les brûle à petit feu, ainsi que le père Dan nous le raconte. Un maître de frégate de Majorque, Didace, se déguisa un jour en pauvre maure, afin d'enlever des esclaves d'Alger. Il s'était bien entendu avec eux; mais il fut reconnu par un musulman, qui avertit le pacha; et, le 13 juillet 1634, on le brûla vif à Bab-el-Oued. Peu de jours après le père Dan vit les restes des os, et les pierres que les Turcs avaient jetées au patient. Le feu de ces bûchers fait mourir lentement, et ne consume pas toutes les chairs, de sorte que les chiens mangent souvent le reste.

Les chrétiens pris en fuite n'étaient pas toujours mis à mort. On leur infligeait la bastonnade ; on les marquait à la peau d'un signe qui les faisait reconnaître; on leur coupait le nez et les oreilles. En 1634, un pauvre Breton, Guillaume de Pornic, se sauva de Salé à la Mamoure, ville voisine occupée par les Espagnols. Quatre de ses compagnons tentèrent en même temps la fortune, et il fut seul repris. On le bâtonna, on lui coupa les oreilles; son maître l'obligea à les porter cousues devant lui, et enfin il le força de les manger.

D'autres fois les esclaves se sauvaient par des révoltes à bord. Vers la fin de 1629, Nicolas Ianché, Flamand, pilote d'un corsaire, s'entendit avec le timonier, qui était un esclave chrétien comme lui, pour assurer leur délivrance. La nuit est sombre; on ne distingue rien dans la brume à l'avant du navire. Ianché souffle un mot à l'oreille de huit autres esclaves chrétiens engagés à bord. Un cri formidable retentit : Liberté ! liberté ! Les Turcs s'éveillent. Il n'est plus temps ; le navire est dans le port de Lisbonne. La ville est sur pied. Les rôles changent. Les esclaves sont libres, et les Turcs aux fers.

Quatre ans plus tard, un vaisseau français fut pris par des Algériens. Ils y mirent dix-sept Turcs, et y laissèrent quatre matelots du Morbihan. Les deux navires s'étant séparés, les Français s'emparèrent des sabres des Turcs, se jetèrent sur ces pirates, blessèrent les uns, tuèrent les autres, et, maîtres enfin du bâtiment, abordèrent triomphalement à Malaga.

Je citerais une foule de traits du même genre.

— Voulez-vous me permettre, dit Carlotta, de rapporter un exemple de la protection miraculeuse accordée à un captif par la sainte Vierge ? En 1616, un pauvre esclave de Tunis, dévot envers Marie, reçut l'inspiration de monter sur un petit esquif, et de s'abandonner sur les flots à la garde de sa céleste patronne. Il le fit en vue de tous. L'embarcation fila en pleine mer sans qu'on pût songer à l'atteindre. L'esclave, le regard tendu vers le ciel, adressait à la Vierge une prière ardente. Bientôt les côtes de Sicile se dessinent à l'horizon ; il reconnaît les hauteurs du San-Giuliano ou du mont Eryx, d'où la vue s'étend, par un ciel clair, jusqu'aux montagnes de Bone ; et bientôt il entre au port de Trapani. Son premier devoir fut d'aller témoigner sa reconnaissance à Marie, l'Étoile de la mer, dans l'église de l'Annonciade, où le léger esquif est encore suspendu.

— On raconte aussi qu'un père de notre ordre, fort dévot à la Vierge, fut pris par des Maures de Tétouan et conduit en esclavage. Mais, récitant un jour l'oraison qui suit le *Salve Regina*, et prononçant ces paroles : « Accordez-nous, par l'intercession de Celle dont nous faisons mémoire avec joie, la délivrance des maux qui nous pressent..., » il se trouva subitement transporté à l'endroit où les Maures l'avaient pris.

Souvent, hélas ! les esclaves et les renégats qui aspiraient à briser des chaînes plus lourdes encore, tentaient l'impossible, sans consulter assez la volonté du Ciel. Mais quelle audace n'inspire pas l'amour de la liberté ! Subjugués par ce sentiment plus fort que la mort, on a vu des infortunés surprendre l'attention des Turcs, et s'élancer dans une frêle barque, à travers la tempête mugissante, pour atteindre la patrie au delà de l'espace sans bornes. Mais la vague implacable ensevelissait bientôt le pauvre rameur, et puis la barque surnageait vide.

Les actes de courage dus à la foi religieuse et à l'attachement pour leur pays, que les renégats conservent souvent au fond du cœur, sont innombrables, et je vous en citerais beaucoup d'autres encore...

— Mon père, dit Carlotta, continuez, nous vous en prions; car nous vous prêtons le plus vif intérêt.

— Ma fille, ajouta M. Morelli, se plaît à vous entendre, parce que vos récits sont à la fois historiques et frappants pour l'imagination.

— Il faut dire de plus, mon ami, reprit la pieuse mère de famille, que nous y trouvons en même temps de beaux sujets d'édification.

— Et de grands exemples d'intrépidité, » dit à son tour le jeune marin.

L'heure était venue de servir le thé, selon l'habitude, et Fatma le faisait attendre. Mme Morelli se pencha au-dessus des galeries de la cour intérieure, et appela la négresse. On entendit un instant après le bruit des khrolkhrals, ou bracelets de pieds, dans l'escalier, et la négresse parut un plateau sur la main.

« Qu'as-tu donc, Fatma, mon amie? lui dit Carlotta; tu me sembles bien troublée.

— Ia lella, ana mereda : O Mademoiselle, je suis souffrante.

— Kif ach ? Et de quoi ?

— Ma chi mlehr : Je ne vais pas bien; je ne sais pourquoi.

— Et cependant tu es bien belle aujourd'hui. Pourquoi donc as-tu mis ton *quelada* le plus brillant, ton collier de sequin? demanda Mme Morelli.

— Mi no sabir, ia Madama. Kan aïd kebira, el ioum : Je ne sais pas, Madame; c'était la fête aujourd'hui. »

Carlotta soupçonnait quelque secret. Aussi, une heure plus tard, elle fit venir Fatma dans sa chambre, et l'amena facilement à lui confier ce qu'elle n'osait dire à tous. Je traduis le sabir, pour la plus grande commodité du lecteur :

« O Mademoiselle, el Chitan, le démon me poursuit. Je l'ai vu la nuit dernière, et il m'a menacée de me tuer, si je ne sortais point de cette maison. Et moi, ce matin, profitant de ce que vous étiez avec tout le monde à la maison de campagne de Mustapha, je suis allée consulter les djenouns, les esprits, et invoquer Sidi-Slîman aux fontaines, sur le chemin de Saint-Eugène. La sorcière, la kahena Aïescha, y était, comme tous les mercredis. Je lui ai raconté ma peur; elle m'a dit que le Roul, cet ogre qui a tué Messaouda, m'étoufferait de même si je n'offrais un coq en sacrifice. Elle a coupé la tête au coq que j'ai acheté; elle a fait couler le sang sur mes cheveux, et elle a jeté les plumes au vent, en imitant le chant du coq. Après cela elle m'a fait respirer de la fumée de benjoin sur son réchaud, et j'ai invoqué les marabouts :

> O sidi Slîman, qui avez pitié des serviteurs de Dieu,
> You ! you ! you !
> O sidi Iben-Abbases-Sebti, roi de la terre et de la mer,
> You ! you ! you !
> Sauvez-moi du Chitan et du Roul !

Et je suis revenue sans trouver le repos, honteuse et inquiète d'avoir fait cela sans vous en rien dire.

— Mais, Fatma, tu m'avais assuré que tu ne croyais plus à ces niaiseries, et que tu n'irais plus consulter les djins ou porter ton argent à Aïescha la voleuse.

— Par moments, ia lella, je n'ai pas de crainte, parce que je pense à vous, à sidi le marabot roumi; et puis cela me reprend. J'ai peur des sorts. J'ai mis mon beau collier de sequin, parce qu'il porte cette petite main d'argent qui préserve du mauvais œil. Tenez.

— Donne-le-moi pour cette nuit, ton collier, Fatma, et n'aie pas peur du jettatore. Souviens-toi de ce que je t'ai dit souvent. Moi, je vais prier pour toi des esprits plus puissants que les tiens, et je te promets que le Chitan n'empêchera pas ton sommeil. »

Carlotta pressa dans ses mains blanches les mains lisses de la négresse, et Fatma se retira, tranquille à demi, mêlant dans sa prière les noms de sidi Sliman et de lella Mariem, la Vierge de sa jeune maîtresse.

CINQUIÈME SOIRÉE

Les renégats (suite).

Le lendemain soir Fatma était installée la première sur la terrasse, à l'endroit où elle se plaçait habituellement, prête à obéir aux ordres qu'on pouvait lui donner, et cherchant à suivre le fil de la conversation. On causait tous les jours sans trop se préoccuper d'elle ; car elle se tenait à une distance respectueuse, d'où une oreille moins fine que celle d'un sauvage ou d'un Arabe n'entendrait, d'une conversation ordinaire, qu'un bruit confus et des paroles décousues.

Son noir visage avait repris du calme ; elle appliquait de temps à autre ses lèvres de corail au front de la petite Marie, endormie sur ses genoux. L'enfant vint à se réveiller, et son regard rencontra celui de la négresse. Fatma lui souriait, en adoucissant l'éclat de ses prunelles, et laissait briller ses dents, pareilles à deux rangées de perles. Marie sourit de même, et, inondant des boucles de ses blonds cheveux le sein de la négresse, elle se mit à agiter de ses petites mains tous ces bijoux bibliques dont les filles de Cham composent encore leur parure.

La lune éclairait de ses doux rayons l'ange et la négresse.

Celle-ci, prenant au cou de l'enfant une petite croix d'or, la baisa respectueusement. Carlotta mettait le pied sur la terrasse au même instant ; elle n'avait pas aperçu le mouvement de Fatma. Bientôt tout le monde fut réuni, et l'on reprit le sujet qui avait si fort intéressé la veille. Il faut même dire que MM. Morelli, poussés par la curiosité la plus louable, avaient fait ce jeudi une visite à la bibliothèque publique d'Alger, et qu'ils apportaient un tribut nouveau à la conversation.

« Padre Gervasio, dit Alfred sur un ton d'affectueux respect, nous avons déploré la conduite d'une foule de renégats ; mais soyons justes, on ne sait pas assez que beaucoup d'entre eux ont expié leur faute par un vrai martyre.

— Cela est certain.

— Il y a là, ce me semble, une riche moisson négligée par les historiens ecclésiastiques. Hier, nous entrevoyions déjà cette lacune.

— Je l'ai souvent regrettée; si mon grand âge et mon peu d'habileté à tenir la plume ne m'en détournaient, j'essaierais de réparer, autant qu'il serait en moi, cet oubli. Et quels sont donc les traits qui ont causé aujourd'hui votre surprise ?

— Pour vous les raconter, révérend père, je n'ai que l'embarras du choix. Mais parlons seulement de renégats.

Au milieu du XVIe siècle vivait, à Tripoli de Barbarie, un capitaine de galiote, Génois d'origine, et nommé Nicolin. Il avait été pris par les Turcs dans les parages de Sicile, et il s'était fait musulman, vaincu par les prières et les menaces d'un renégat dont il était l'esclave. Il alla en mer, et obtint le grade de capitaine ; mais, quoique riche et honoré, il nourrissait toujours le dessein de fuir chez les chrétiens lorsque l'occasion s'en présenterait, et d'embrasser de nouveau la foi et le service de notre Seigneur Jésus-Christ. L'an 1553, il faisait partie d'une expédition de l'armée turque, et y commandait sa galiote. Il s'éloigna, et prit terre sous quelque prétexte. Dissimulant autant qu'il put son intention, il s'écarta, puis, se voyant à une certaine distance des Turcs, il s'enfuit et ne s'arrêta qu'en arrivant à Naples. Il y fut bien accueilli ; et peu de jours après il passa en Sicile, où on lui confia le commandement d'un navire. Plusieurs prises remarquables et riches signalèrent ses courses. Mais en 1561, faisant voile de Messine pour l'Espagne, il fut rencontré à douze milles de Trapani par trois bâtiments tripolitains, qui, voyant une galiote chrétienne naviguer seule, l'attaquèrent et s'en emparèrent, malgré une défense opiniâtre. Nicolin fut reconnu à Tripoli. Un renégat français, son ennemi, pour se venger de lui, demanda sa mort avec de vives instances parce qu'il était redevenu chrétien. Dragut, maître de Nicolin, cédant aux importunités, le fit paraître en sa présence, et le questionna sur les motifs qu'il avait eus de s'enfuir et de redevenir chrétien. « C'est, répondit Nicolin, que la loi des chrétiens, sous laquelle ont vécu mes pères, dans laquelle je suis né, selon laquelle j'ai été élevé, me paraît meilleure et plus sûre pour mon âme. » Dragut, toujours poussé par le renégat et par d'autres qui assistaient à cette scène, n'interrogea pas davantage son esclave; il ordonna de l'ôter de devant lui, de le lapider et de le brûler vif. Celui-ci fut saisi, enfermé et bien gardé pendant qu'on préparait ce qui était nécessaire à sa mort. Des chrétiens puissants, pour obtenir la révocation de la sentence, firent leur possible auprès des principaux Turcs et renégats, et auprès de Dragut; ils n'épargnèrent ni prières ni offres d'argent.

Tout fut inutile. Le samedi 12 avril 1561, dès le matin, un grand nombre de renégats et de Turcs tirent Nicolin de sa prison, l'emmènent, les mains liées, hors la porte de Tripoli appelée aujourd'hui Tajora, et l'attachent à un gros pieu solidement planté en terre à cette fin. Puis ils le lapident avec une cruauté et une fureur inouïes : la figure, la tête tombent par morceaux, tous ses os sont brisés; il meurt. Ensuite on jeta sur ses restes beaucoup de bois sec, auquel on mit le feu. Le corps, environné de flammes, fut bientôt réduit en cendres. Haedo tient d'un témoin oculaire que ce fut une chose merveilleuse de voir le visage, l'intrépidité, la force d'âme et la constance de Nicolin dans son martyre, et que les renégats eux-mêmes et les Turcs restèrent dans l'étonnement et l'admiration. Nicolin était âgé de trente-quatre ans.

— Voilà, dit Mme Morelli, comment la bonté de Dieu permet au pécheur d'expier ses crimes.

— Quelques-uns, ajouta M. Morelli, s'exposent grandement en prolongeant leur résistance à la grâce. Elle les poursuit jusqu'au dernier moment : heureux s'ils se laissent enfin toucher! En 1562, tandis qu'Ahmed-Pacha gouvernait Alger en l'absence de Hassan-Pacha, fils de Kheïr-ed-Din, alors à Constantinople, il y avait dans cette première ville un renégat corse nommé Morat-Raïs. Précédemment il s'était rendu à Oran, pour abjurer le mahométisme, et il avait été bien reçu par le gouverneur espagnol don Martin de Cordoue. Mais ce renégat, nommé Sébastien Paolo, fut fait prisonnier à la journée de Mostaganem, où don Martin perdit la vie, et où son armée fut mise en déroute. Hassan avait voulu déjà condamner à mort Paolo, à cause de son abjuration; mais on persuada au pacha Ahmed que Morat n'était point redevenu chrétien, et qu'il n'avait combattu que par force contre les Turcs à Mostaganem.

Paolo, redevenu réellement Morat-Raïs, reprit la mer, qu'il avait fréquentée dès son enfance; il continua ses courses, et parvint en peu de temps à posséder une bonne galiote. Au mois d'avril 1562, il désirait la radouber et lui donner plus de solidité. Des bois de charpente et des planches lui étaient nécessaires pour cela. Il pria Ferat-Agha, un renégat favori d'Ahmed, de lui prêter les chrétiens de sa galiote pour armer la sienne propre et aller prendre du bois sur les côtes de Cherchel, couvertes de toutes sortes d'arbres. Ferat-Agha y consentit avec plaisir, et donna l'ordre à ses chrétiens de s'embarquer sur le bâtiment de Morat-Raïs. Presque tous étaient Espagnols, captifs depuis peu, et il y avait parmi eux des soldats distingués. Ils surent dans quelles conditions ils partaient, et que les Turcs ne seraient pas nombreux sur le navire; ils se concertèrent pour se révolter, et en parlèrent à d'autres soldats espagnols et captifs qui se trouvaient alors à Alger. Ils persuadèrent à quatre de ces soldats, esclaves d'autres Turcs, de s'embarquer secrètement avec quelques armes sur la galiote. Le pourvoyeur, qui était du complot, les y cacha. Lorsque le navire arriva à Cherchel, les Turcs commencèrent à débarquer. Les quatre soldats sortirent alors de leur retraite et se mirent, avec leurs armes, deux à la poupe et deux à la proue. Les autres chrétiens se révoltent, et saisissent tout ce qu'ils trouvent sous la main. Ils se rendirent facilement maîtres de la galiote. Le peu de Turcs qui y restait se précipita dans la mer; trois ou quatre seulement demeurèrent prisonniers. Déjà les Espagnols se préparaient en toute hâte à s'éloigner, lorsque Morat-Raïs, descendu des premiers à terre, se jeta à la nage, criant aux chrétiens de le prendre à bord parce qu'il voulait partir avec eux. Le voyant venir de sa propre volonté, ils l'attendirent, et, favorisés par le temps, ils arrivèrent peu de jours après en Espagne. Ils se présentèrent à la cour. Philippe II leur fit bon accueil, et accorda des honneurs aux quatre soldats à qui revenait la principale part de cet exploit. Le prince don Carlos reçut à son service Morat-Raïs ou Sébastien Paolo. Dans la suite Morat fut convaincu d'avoir voulu regagner la Barbarie avec trois ou quatre renégats; le mauvais temps seul avait fait échouer sa tentative; il fut pris dans le port de Sainte-Marie et condamné à mort. On étrangla ce scélérat avec un collier de fer, et on le perça de pointes de roseaux. Ensuite on lui coupa la tête, et elle fut exposée sur une des portes de la ville.

Les autres captifs s'étaient dispersés à leur gré. Francisco de Soto, l'un des quatre courageux soldats, aimait la vie de mer. Avec ce que le roi lui donna et ce qu'il put avoir d'ailleurs, il vint à Majorque, en 1562; il y acheta et y arma un brigantin bien conditionné, avec lequel il se dirigea vers la Barbarie. Arrivé au cap de Tenès, il rencontra une galiote turque revenant de la course; il se défendit vàillamment, bien que son navire fût plus petit et ses gens moins nombreux. La victoire resta longtemps indécise; des deux côtés les hommes tombaient, blessés ou frappés à mort. Mais au moment où les chrétiens, animés d'un courage impétueux, allaient forcer les Turcs à la retraite, Francisco de Soto, qui se battait en brave, armé de son épée et de sa rondache, fit une chute, par malheur, entre les bancs, et se cassa une jambe.

Cet accident refroidit le courage de ses compagnons. Les Turcs, les serrant de près, montèrent à l'abordage, s'emparèrent du brigantin, et l'obligèrent à se rendre. Après cette victoire ils revinrent avec leur prise à Alger, où ils entrèrent le 4 décembre. Francisco de Soto fut présenté au pacha Hassan, qui gouvernait alors. Beaucoup de témoins le reconnurent, et attestèrent qu'il était l'auteur principal de la révolte sur la galiote de Morat-Raïs. Le 5 décembre, sans plus tarder, Hassan ordonna de le lapider vivant et de le brûler, pour tirer vengeance de ce qu'il avait fait autrefois. Dès qu'il fut jour, un grand nombre de Turcs, parmi lesquels se trouvaient plusieurs de ceux qui s'étaient jetés à la mer lors de la révolte du navire, emmenèrent hors la porte de Bab-el-Oued Francisco de Soto, malade et la jambe cassée. Dans le vaste terrain sablonneux qui est joint au cimetière des chrétiens, et où d'ordinaire les Turcs s'exercent à tirer des flèches, on creusa une fosse dans le sable, et le captif y fut enterré jusqu'à la ceinture, les mains attachées derrière le dos. Les Turcs le lapidèrent très-cruellement, jusqu'à ce qu'ils lui eussent mis toute la figure et la tête en morceaux. Fatigués de cette atroce barbarie, ils l'abandonnèrent à la foule des Maures qui jouissaient de ce spectacle, et leur ordonnèrent de traîner le corps. Ceux-ci, lui attachant une grosse corde aux pieds, le traînèrent en effet depuis là jusqu'à l'endroit où se vend le bois à brûler, près de la porte Bab-el-Oued. Chemin faisant, les enfants et les jeunes Maures lui lançaient continuellement des pierres, et l'appelaient *kelb! cane, cane morto!* chien, chien mort! On jeta enfin sur le corps du bois allumé, en petite quantité, pour ne pas consumer entièrement les chairs. La plus grande partie du cadavre resta là quelque temps, et il ne fut pas permis aux chrétiens d'enterrer ces restes. Francisco de Soto était âgé de quarante ans.

— Quelquefois, dit le père Gervais, les renégats s'exposaient volontairement à la mort pour laver leur crime, et ils attaquaient ouvertement le prétendu prophète. Voici une histoire racontée par don Diego de Torrès, et qui arriva en 1547, lorsqu'il était à Maroc pour le rachat des captifs.

« Comme le chérif ou roi de Maroc faisait sa prière à la mosquée, accompagné de plusieurs cacis, de ses gardes et du peuple, entra un homme qui ressemblait à un sauvage, avec une grande barbe, les cheveux longs, le visage défiguré et les pieds nus. Aussitôt il monta dans la chaire du cacis, et cria à haute voix en langue arabesque : « Jésus-Christ vit, triomphe, règne, et viendra juger les vivants et les morts; le reste n'est que pure folie. » Le chérif, étonné et irrité de la hardiesse de cet homme, commanda à ses gardes de le tuer; mais les cacis supplièrent le prince de révoquer ses ordres, à cause que cette personne était *mahboul*, c'est-à-dire aliéné. C'est pourquoi on le chassa seulement de la mosquée et de la ville. De là il passa au royaume de Tarudant, où j'allai et lui parlai, continue don Diego; je sus qu'il était de Truxillo, et que, s'étant repenti de ce qu'il avait été Maure, il priait Dieu d'avoir pitié de lui, et allait de la sorte faire pénitence de ses péchés. C'était un homme de bon sens, qui désirait revenir en Espagne, et qui ne parlait jamais à personne que par signes; cependant il me parla à moi en secret; et, comme je lui demandais raison de sa conduite, il me répondit que son intention était de dire publiquement la vérité à ces infidèles, et que, s'il était martyrisé pour l'amour de Dieu, il en serait très-aise. Je lui montrai ce qu'il fallait faire pour retourner en Espagne. Il prit congé de moi, et depuis je n'ai point eu de ses nouvelles, quoique je m'en sois souvent informé. »

— Ce pauvre homme, dit Mme Morelli, a bien pu voir ses vœux comblés et mourir martyr, comme beaucoup d'autres dont Dieu seul connaît les noms.

— Les musulmans, ajouta le père Gervais, ne se sont pas mis en peine de composer un martyrologe à notre usage. L'exécution des sentences de mort prononcées contre des chrétiens n'eut souvent pour témoins que des infidèles ou des chrétiens qui ne pouvaient pas en immortaliser le souvenir dans des monuments historiques. On ne connaît pas de registres judiciaires ni d'actes déposés au greffe des tribunaux musulmans, qui fournissent le relevé et les procès-verbaux de ces jugements. Mais, par le nombre des faits que nous connaissons et qui s'accomplissent dans des espaces de temps très-restreints, nous concluons qu'il y a eu en somme une multitude de victimes immolées pour la foi.

— Ce silence de l'histoire, cette absence de sources authentiques, où l'on ait espoir de découvrir les matériaux complets de ces glorieuses annales, rendent encore plus précieuses les relations particulières et les courtes notices que nous ont laissées les pères rédempteurs ou des esclaves revenus de la captivité.

— C'est juste, Alfred; aussi vous prions-nous, dit le vieux trinitaire, de reprendre vos récits.

— Au règne du même Hassan II, et à l'année 1565, se rapporte le martyre du renégat génois Morato. Ce jeune homme, touché de la grâce, se repentait amèrement de son crime et avait un sincère désir de rentrer au bercail du bon Pasteur. De concert avec d'autres chrétiens esclaves, il engagea un Majorcain qui retournait dans son île après avoir été racheté, à venir les enlever secrètement sur quelque point de la côte d'Alger. Le Majorcain accepta la proposition : il y voyait honneur et profit, et il se réjouissait de sauver, parmi ces chrétiens, des amis et des compatriotes. Selon sa promesse, au commencement de mars 1565, il arrive avec une barque vers les rochers qui sont à deux portées d'arquebuse au couchant de la ville, il débarque à minuit, se cache dans les jardins qui bordent la mer, et la barque prend le large de manière à n'être pas vue du rivage.

Le matin, à l'ouverture des portes de la ville, il y entre sans être reconnu, et comme s'il venait du jardin d'un patron. Il avertit les esclaves que le navire les attendra la nuit suivante, et qu'ils aient à sortir de la ville à la chute du jour, avant la fermeture des portes, pour se réunir vers les rochers. C'est là que l'embarquement doit se faire, au milieu des ténèbres. Sur le soir les chrétiens sortent de la ville, un à un, feignant d'aller travailler dehors, dans les jardins.

Or il arriva, par la malice du démon, comme on peut le croire, qu'un des Turcs placés en sentinelle, suivant la coutume, à la porte Bab-el-Oued, arrêta l'œil sur un chrétien qui sortait par cette porte. Soit que celui-ci se fût muni de quelque habit, ou qu'il ne sût pas dissimuler l'impression de ce regard scrutateur, il excita les soupçons du Turc. « Où vas-tu ? » lui cria ce dernier. L'esclave se trouble. « Ah ! chien ! tu veux t'enfuir. » Le Turc le saisit, et, n'obtenant pas de réponse satisfaisante, il se confirme dans ses soupçons et le conduit au pacha. « Tu mourras sous le bâton, dit Hassan, si tu ne me dévoiles pas la vérité tout entière. » Transi de peur, le faible chrétien lui révéla le complot, la plupart des noms de ses complices, les moyens d'évasion, et jusqu'au mot d'ordre. Alors Hassan commanda de s'emparer des esclaves engagés dans le complot, de rechercher surtout le jeune renégat génois, et de le mettre en sûreté dans la prison publique de la ville. Ces ordres furent exécutés sur-le-champ ; mais beaucoup de chrétiens, ayant appris l'arrestation de l'un d'entre eux et sa comparution devant le pacha, s'étaient cachés dans la crainte que leur projet ne fût découvert. Le renégat fut emprisonné, et on lui mit aux pieds de lourdes chaînes. En outre, le pacha voulut qu'on armât en toute hâte deux brigantins pour capturer le navire qui venait chercher les chrétiens.

Il était nuit. L'heure approchait où cette barque devait accoster la rive et recevoir les fugitifs. Quinze à vingt Turcs habillés comme les esclaves, se rendent au lieu de l'embarquement, cachant leurs armes et accompagnés seulement de celui qui avait révélé le complot : il devait se faire reconnaître de ceux qui montaient la barque, répondre au mot d'ordre, et les attirer par les apparences d'une fausse sécurité.

Lorsqu'ils arrivèrent près des rochers, ils virent la barque à peu de distance en mer, où elle attendait avec beaucoup de vigilance et de circonspection. Ils ordonnèrent au chrétien de la héler. Elle s'approcha de terre, et demanda : « Qui vive ? — Saint Pierre et saint Paul ! » répondit le chrétien. Alors elle hésita, car le mot d'ordre était simplement saint Pierre ; elle redoutait un piége. Pressés d'en finir, et craignant de manquer leur coup, les Turcs furieux se jetèrent tout habillés à la mer, pour saisir la barque avec leurs mains et s'en rendre maîtres. Ceux qui la montaient crièrent à cette vue : « Courage ! frères, courage ! Ce sont les Turcs, nous sommes trahis. Vite ! vite ! à l'action ! à l'action ! A la mer ! à la mer ! » Et les flots écumaient sous les rames vigoureuses qui emportaient le navire au large. Mais les deux brigantins armés par ordre d'Hassan venaient lui couper la route. Ils étaient si près, que les chrétiens les reconnurent à travers l'obscurité de la nuit. Bien sûrs alors que le complot était révélé et le danger imminent, les Majorcains s'exhortèrent à redoubler d'ardeur ; et, quoique l'ennemi leur donnât la chasse pendant plus de cinquante milles, ils parvinrent à s'échapper et à gagner Majorque.

Hassan fut très-irrité de ce que ses mesures avaient échoué, et il se dédommagea, ce matin-là même, en faisant rouer de coups quelques-uns des chrétiens arrêtés dans la nuit : plusieurs en furent à deux doigts de la mort. Mais il devait assouvir sa rage et sa cruauté sur le jeune renégat génois. Le lendemain donc, sans autre forme de procès, il le condamna à être lapidé hors de la ville, comme coupable d'avoir voulu s'enfuir et abjurer l'islamisme.

Des sbires suivis de Turcs et de Maures se rendent à la prison du jeune homme.

« Est-il vrai, lui demandèrent-ils, que tu aies voulu fuir chez les chrétiens ?

— C'est vrai; je ne puis pas le nier.

— Ainsi, tu es chrétien ?

— Je le suis; c'est contre ma volonté que l'on m'a fait Turc, et je veux mourir dans la foi de mes pères.

— Eh bien ! chien, juif, tu mourras comme tu le souhaites. »

Ils lui ôtèrent les fers et le déshabillèrent, ne lui laissant qu'une pauvre culotte de toile. Ils lui lièrent les mains derrière le dos, et le conduisirent de la prison vers la porte Bab-el-Oued. En chemin ils l'accablèrent d'injures et d'affronts. Une foule innombrable de Turcs, de renégats et de Maures était accourue de toutes parts et proférait des cris de mort.

« Tuez ce scélérat, qui a voulu s'enfuir et redevenir chrétien ! »

Ce spectacle, la vue de sa mort prochaine, ne furent pas capables d'effrayer ni même de troubler le jeune homme. Il avait Dieu dans son cœur. Soutenu par une constance surnaturelle, le visage serein, il invoquait notre Seigneur et se recommandait à lui. On arriva sur la plage sablonneuse de Bab-el-Oued, où on l'enterra jusqu'à la ceinture. Dix à douze Turcs à cheval commencèrent à lui lancer des traits, qui, pénétrant dans ses chairs, en firent un autre saint Sébastien. Le sang coulait en abondance. Deux traits l'avaient atteint plus cruellement : l'un, frappant au milieu de la bouche, brisa les dents et resta planté dans la gorge; l'autre fit sortir un œil de son orbite. Le martyr demeura sans connaissance. Les spectateurs, qui se rassasiaient de cette scène atroce, regrettant de le voir expirer sans qu'ils eussent pris part à sa mort, se hâtèrent de ramasser des cailloux et de le lapider. Ils l'eurent bientôt achevé; la tête fut mise en morceaux, les membres moulus, et ces restes se trouvèrent ensevelis sous cette grêle de pierres.

Pendant son supplice, on vit le martyr de Dieu lever souvent les yeux au ciel, appeler le Seigneur et le prier avec une dévotion fervente. C'était le 15 mars, à quatre heures après midi ; il avait environ vingt ans.

Le corps resta enterré dans le sable et caché sous les pierres jusqu'à une heure avancée de la nuit. De pieux fidèles vinrent alors le retirer sans qu'on s'en aperçût, et l'enterrèrent dans le cimetière des chrétiens contigu au lieu du supplice.

Haedo, dit Alfred en finissant, tenait lui-même ces détails de témoins oculaires.

— Ils offrent toutes les garanties désirables, ajouta le père Gervais.

— J'ai pris à la même source, dit M. Morelli, l'histoire d'un renégat italien qui tenta de s'évader par terre, en se rendant à Oran, soumise alors au sceptre de l'Espagne. Les faits se passent dans l'automne de 1568.

Le Grand Turc avait confié le pachalik d'Alger à un renégat originaire de Calabre, Euldj-Ali, que nous appelons par corruption Aluch-Ali ou Ochali; Euldj en turc veut dire renégat. Cet Ali est surnommé aussi El-Fartas ou le Teigneux ; il avait sans doute la teigne, cette maladie la plus commune parmi les musulmans après d'autres plus honteuses.

Or, un jeune Italien dont Haedo ne peut savoir ni le nom ni le lieu de naissance, était à cette époque au nombre des renégats d'Alger. Fait prisonnier dans un âge encore tendre, il avait cédé aux menaces et aux suggestions du démon; mais ensuite, prêtant à la grâce un cœur docile, il pleura sa faute et résolut de fuir en pays chrétien. Au mois d'octobre il sortit d'Alger, revêtu de son costume de janissaire et le fusil sur l'épaule, pour mieux donner le change. Il prit le chemin d'Oran, séparé d'Alger par une distance de quatre-vingt-onze lieues. Il marchait seul. Il avait fait la plus grande partie du chemin et arrivait près de Mostaganem, à la tombée de la nuit. Des

Arabes le virent passer non loin de leur tente ; et comme il était seul et fort jeune, ils soupçonnèrent que ce pourrait bien être un chrétien cherchant à fuir, déguisé en Turc : on avait beaucoup d'exemples de ces tentatives. Ils allèrent à lui, et lui demandèrent en arabe :

« Où vas-tu ?

— Je vais à Mostaganem. »

Les Arabes, défiants, l'arrêtèrent néanmoins et le fouillèrent. Ils ne trouvèrent sur lui ni lettre ni permission du pacha, mais seulement une bourse avec quelques réaux. Ils furent persuadés que leurs conjectures étaient fondées, et, bien que le jeune homme protestât toujours qu'il se rendait à Mostaganem, ils l'emmenèrent à Alger.

Euldj-Ali venait d'y entrer en grande pompe. Le jeune chrétien, reconnu par plusieurs témoins, comparut devant lui.

« Es-tu chrétien, renégat ou Turc ? lui demanda-t-il.

— Je ne suis ni Turc, ni renégat : je suis chrétien, répondit le jeune homme, fortifié par la grâce et résolu à mourir.

— Si tu es chrétien, pourquoi portes-tu cet habit ?

— Parce qu'on m'en a revêtu par force et contre ma volonté.

— Où allais-tu lorsque tu fus arrêté ?

— A Oran.

— Comment ? Et qu'allais-tu faire à Oran ?

— J'y allais pour redevenir chrétien.

— Tu es donc chrétien décidément ?

— Oui, sultan, je le suis, et je veux rester chrétien. »

Ali le Teigneux, entendant ces réponses, faites avec liberté et avec un courage qui lui reprochait sa propre conduite, se tourna vers des renégats et des Turcs qui assistaient au jugement :

« Prenez vite ce chien, et suspendez-le sans retard à un croc. »

Les chaouchs saisissent le serviteur de Jésus-Christ, prédestiné à une mort glorieuse, et l'enferment dans un petit logement des cours inférieures du palais, tandis que d'autres préparaient la potence et le croc. Ils revinrent bientôt après. Renégats, Turcs, chaouchs, forment autour du jeune homme, à travers les rues, un cortége tumultueux. La potence était dressée au levant, un peu au delà de la porte Bab-Azoun, sur une autre vieille porte renversée par Ahmed, en 1563, lorsqu'il fortifia la ville de ce côté. On ôta au confesseur de la foi le costume turc, en disant qu'il ne convenait pas de le laisser mourir avec cet habit, puisque de son aveu il n'était pas Turc. Ces bourreaux ne savaient guère quel plaisir ils lui faisaient : il ne convenait pas en effet que les vêtements d'un musulman couvrissent le corps de celui qui renonçait avec tant de foi et de courage à la loi des Maures infidèles.

Ils le déshabillèrent, et le laissèrent entièrement nu, par ignominie pour le soldat de Jésus-Christ. Ils ne lui mirent qu'un vieux et sale collet de cuir, en disant :

« Te voilà maintenant chrétien. Tu es un joli, un magnifique soldat. »

Puis, l'attachant par la ceinture à la corde qui pendait de la poulie placée à la cime du gibet, ils l'élevèrent jusqu'en haut et lâchèrent subitement la corde. Le corps rencontra le croc qui était au-dessous, la pointe en l'air, très-longue et très-aiguë; elle s'enfila par l'estomac et alla sortir par les épaules. Le martyr de Jésus-Christ fut abandonné dans cette affreuse position. Malgré ses douleurs épouvantables, il ne perdit pas courage; il appelait avec la plus grande dévotion notre Seigneur, sa bienheureuse Mère et les saints. Les Turcs et les Maures qui le regardaient étaient eux-mêmes émerveillés de cette force d'âme. Le martyr resta dans les souffrances trois à quatre heures; puis son âme s'envola au ciel : il était environ midi quand on l'accrocha à la ganche, et quatre heures lorsqu'il expira. Ce jour mémorable était le 22 octobre 1568, et le jeune homme avait au plus vingt-deux ans.

Personne n'osa enlever le corps. Deux jours après, les Turcs le firent jeter dans la campagne aux bêtes sauvages et aux oiseaux de proie. Des chrétiens le recueillirent alors, et l'enterrèrent au cimetière de Bab-el-Oued, déjà riche de ces dépôts sacrés. »

On loua d'un commun accord l'héroïsme du jeune Italien, et Alfred raconta ensuite l'histoire d'une révolte de renégats, où son humeur belliqueuse trouvait un vaste champ.

« En 1577, Hassan III obtint à Constantinople le gouvernement d'Alger. C'était un renégat vénitien, âgé d'environ trente ans; il avait servi dans la marine d'Euldj-Ali, et il devait son nouveau titre de pacha à la protection de son maître et à l'argent qu'il avait donné aux conseillers du Grand Turc. On pouvait acheter cher les voix de ces messieurs, car le pachalik d'Alger était des plus importants et des plus riches.

Tandis qu'Hassan faisait les préparatifs de son départ, plusieurs renégats, qu'il devait emmener, méditèrent de se révolter sur la galère où serait Hassan, et d'aller en pays chrétien. Ils espéraient gloire et profit d'un acte qui rendrait à la chrétienté de nombreux esclaves; d'ailleurs ils avaient le pacha en horreur à cause de sa cruauté. Non-seulement il rouait de coups les chrétiens chaque jour, mais il maltraitait les renégats et les Turcs eux-mêmes.

Ils communiquèrent leur projet à quelques chrétiens qui devaient se trouver sur la galère. On ne sait point même si ces derniers n'eurent pas l'initiative dans cette entreprise. Les conjurés se munirent d'armes et composèrent des feux artificiels. Le 15 mai 1577 on mit à la voile de Constantinople avec sept navires; on était, le 3 juin, à une île déserte, cinq milles en avant de Malte.

Les quatre renégats chefs du complot se prirent de querelle à table. Iaban, Grec de Candie, sortit de la chambre, irrité, avec la résolution d'abandonner l'affaire et de la révéler au pacha. Il lui déclara le nombre et les noms des conjurés. Hassan, stupéfait et saisi de terreur, avertit quelques Turcs et renégats ses amis; il ordonna de saisir les coupables. Les renégats, voyant que Iaban parlait au pacha et qu'on l'appelait au conseil, comprirent qu'ils étaient trahis. La fuite n'était pas possible; ils restèrent sans agir. Mais bientôt on les enchaîna, et l'on s'assura de leurs personnes.

Quelques-uns prétendent que Iaban, homme pervers et sans parole, avait averti Hassan, même avant le départ de Constantinople, mais que celui-ci, craignant d'être entravé dans sa vengeance par le sultan, l'avait ajournée à ce moment.

Les hommes du pacha saisirent d'abord Ioussouf de Candie, le mirent tout nu, abaissèrent l'antenne de la galère, et l'y pendirent par le bras gauche. Lorsqu'il fut en l'air, on lui tira des coups d'arquebuse et des flèches. Se rappelant alors la foi de Jésus-Christ, qu'il avait toujours gardée au fond de son cœur et qui lui avait inspiré le dessein de cette révolte, le patient témoigna son repentir et appela par de grands cris son Rédempteur, qui n'abandonne pas à l'heure suprême le pécheur pénitent. Hassan, dit-on, le perçait lui-même de flèches, et, comme il l'entendait prononcer le doux nom de Jésus :

« Ioussouf, dit-il, invoque donc Mahomet ! Que fais-tu ? Pourquoi ne te recommandes-tu pas à lui ? »

Tournant vers le pacha des yeux étincelants de colère :

« Quel démon me nommes-tu ? s'écria le patient. Mahomet ! Va-t'en avec ton Mahomet ! C'était un grand traître et un fourbe ! »

Les coups d'arquebuse et les flèches redoublèrent. Ioussouf, ses bourreaux l'affirmèrent au père Haedo, répétait le signe de la croix avec la main droite, quand déjà il ne pouvait plus parler. Il rendit l'âme, et fut jeté à la mer.

Amoussa de Candie, étendu sur une planche, pieds et poings liés avec quatre cordes, fut placé sur un esquif entre quatre galères, qui, faisant force de rames en sens divers, déchirèrent son corps en quatre quartiers. Il subit ce supplice sans laisser paraître ses sentiments et sans dire une parole.

L'escadrille partit de Malvoisie le 5 juin, et le 7 arriva à Modon. C'est là seulement que le pacha fit pendre par le bras droit, à la vergue de sa galère, le renégat Régippe Cipparoto. Une première flèche frappa au-dessous du cœur, et sortit entre les épaules.

« Iaban ! Iaban ! le traître ! » criait Cipparoto, désignant ainsi le premier auteur de sa mort.

Il fut achevé à coups de flèches sans avoir exprimé qu'il mourait chrétien. Le corps fut jeté à la vague.

Hassan voulait immoler encore plusieurs des renégats ; mais quelques-uns de ceux qui n'avaient pas trempé dans le complot, et des Turcs de ses amis obtinrent leur grâce à force de prières.

— Les renégats recourent fréquemment à des moyens extrêmes pour sortir de leur misérable condition, dit M. Morelli. En 1630, le général des galères d'Alger, que nos vieux auteurs nomment Coulchelubi, fut assassiné par plusieurs de ses esclaves, renégats et chrétiens. Les premiers étaient au nombre de vingt; ils voulaient reconquérir la liberté et revenir à la foi de Jésus-Christ. Leur maître était un scélérat, souvent ivre, plein de fanatisme musulman et de haine pour ceux qu'il appelait les infidèles. Voulez-vous savoir comment il se plaisait à traduire ses sentiments? Quand il récitait son tesbith ou chapelet, il faisait, à chaque grain, assener un coup de bâton à un esclave! Comme le chapelet arabe est de quatre-vingt-dix-neuf grains, sur lesquels on récite une courte prière, *Lhamdou lillahi* (louange à Dieu), ou quelque autre semblable; et comme ce vieil ivrogne supposait que la cruauté envers les chrétiens lui tenait lieu de toutes les vertus, il disait quelquefois son chapelet dix fois de suite, en sorte que plusieurs esclaves succombèrent victimes de son ingénieuse piété.

— Permettez, mon père, que je vous interrompe, dit Carlotta au père Gervais; est-ce que l'ivrognerie est un vice répandu parmi les musulmans? Il n'est pas rare d'en rencontrer qui chancellent avec toutes les apparences de l'ivresse.

— Les musulmans regardent généralement le vin et les liqueurs enivrantes comme leur étant défendus, et comme d'un usage essentiellement mauvais. Ce tissu de contradictions et de niaiseries qu'on appelle le Coran n'est pas clair sur ce sujet. Ici le vin est promis aux bienheureux dans le paradis. « On leur présentera du vin exquis cacheté avec du musc. » Ce vin ne donnera pas d'étourdissement. Ailleurs il est écrit : « Ils t'interrogeront sur le vin et sur le jeu; dis-leur : Dans l'un et dans l'autre il y a du mal et des avantages; mais le mal l'emporte sur les avantages. » Mahomet ne distingue pas l'usage et l'abus. Il dit encore : « Parmi les fruits, vous avez le palmier et la vigne, d'où vous retirerez une boisson délicieuse et une nourriture agréable. » On ne voit pas au juste ce qu'il faut conclure de tout cela. Tandis que des marabouts condamnent toute liqueur enivrante, d'autres établissent des distinctions plus ou moins subtiles. Le *rosolio* italien m'a paru toléré et très-goûté dans les régences de l'est ; l'absinthe, cette eau perfide et qui devient facilement abrutissante, fait les délices de beaucoup d'Algériens et d'Algériennes, qui en boivent sans mesure. « *Macach schrab*, disent-ils, ce n'est pas du vin. » Si je ne me trompe, ceux des musulmans qui croient permis d'user de quelque boisson alcoolique ne savent pas se modérer.

C'est pourtant une justice à rendre aux Arabes d'Algérie : la plupart se contentent de l'eau, du leben ou lait aigre, et de l'alib ou lait ordinaire de vache, de chèvre, de chamelle. Les gens des tribus n'ont guère, d'ailleurs, la faculté de se procurer du vin. J'en ai vu faire d'horribles grimaces, après avoir avalé de bonne foi une gorgée de rhum ou d'eau-de-vie. Les spahis, pour la plupart, éprouveraient des scrupules à violer sur ce point la règle commune. Retirés dans leur smala, ils conservent mieux les mœurs de la famille arabe de grande tente. Les Turcs ont la conscience plus large : c'est qu'ils hantent davantage le soldat français, et qu'ils appartiennent plutôt à la classe inférieure de la population musulmane, où l'éducation religieuse est moins puissante. Beaucoup d'entre eux sont Kabyles.

Du reste la débauche la plus infâme et l'ivrognerie la plus dégoûtante ont flétri une foule de princes arabes ou turcs et d'officiers du premier rang. Ce Coulchelubi dont nous parlions tout à l'heure, est plutôt le type que l'exception.

— Que firent donc les renégats après l'avoir tué ? dit Mme Morelli.

— Le meurtre avait été commis sur le soir, reprit Alfred. Vers minuit les esclaves et les renégats descendirent au pied des murailles au moyen d'une corde, et s'emparèrent de quelques barques amarrées dans le port. Douze soldats de garde découvrent ce mouvement et donnent l'alarme. Une lutte terrible s'engage au milieu des ténèbres. On décharge sur les chrétiens des coups de mousquets et de cimeterres. Plusieurs des fugitifs se jettent à la mer et sont noyés ; les autres sont pris et subissent une mort affreuse : on les brûle, on les accroche par le ventre aux crocs de la porte de la Pêcherie ; on les fait expirer sous les coups, auxquels ils répondent en jetant l'anathème à Mahomet. On enchâsse dans un massif de mur en construction plusieurs d'entre eux ; on leur ouvre les épaules avec un rasoir, et l'on y introduit un flambeau ardent. Une femme turque sauva un de ces chrétiens en gagnant le mesuar. Ce bourreau serra peu le condamné qu'il murait, et ne lui entailla pas les épaules. Ainsi enfermé, et dans l'impossibilité de dégager la partie inférieure de son corps, ce dernier devait mourir de faim. Mais on lui donnait secrètement à manger, la nuit ; de sorte que sept jours après il vivait encore. La femme qui voulait le sauver cria au miracle ; d'autres Mauresques s'unirent à elle, et le condamné, moins heureux que les autres, obtint sa grâce en prononçant quelques paroles de respect pour Mahomet.

— Peu de temps après, vers 1634, dit M. Morelli, trois jeunes renégats bretons firent preuve à la fois d'un grand repentir et d'un grand courage. Ils s'étaient embarqués sur un navire qui allait en course avec deux autres bâtiments. Décidés à s'enfuir à tout prix en pays chrétien, ils forment le projet de mettre le feu au navire arrivé près de terre, et de se sauver à la faveur de l'incendie. L'un d'eux allume à un baril de poudre une mèche qui pouvait brûler un demi-quart d'heure, puis ils se retirent à la proue. L'explosion a lieu ; les Turcs sautent avec une partie du navire ; les Bretons seuls en sont quittes pour « un peu d'éblouissement, » et ils flottent sur les débris du vaisseau. Les corsaires des deux bâtiments, qui naviguaient de conserve, aperçurent le désastre, les cadavres des Turcs à demi brûlés et flottant sur l'abîme, et les renégats cramponnés à la coque fracassée. Ils détachèrent une barque pour les recueillir et leur demander compte de la catastrophe. La barque approchait, glissant à travers les agrès, les turbans, les armes, les vêtements, les membres coupés, épars sur les flots. Les Bretons mesurent la distance qui les sépare du rivage ; ils n'hésitent plus, et se lancent à la mer, espérant aborder à la nage. Un seul fut pris, soumis à des tortures affreuses et jeté pieds et poings liés en pâture aux monstres marins. On n'a plus entendu parler des deux autres. Il est probable qu'ils se seront noyés après avoir épuisé leurs forces.

7

— Jacques, renégat de Boulogne en Picardie, reprit Alfred, réussit à se sauver au mois de mai de la même année 1634. C'est vraiment à regret que je lui donne ce hideux nom de renégat, car il le fut bien à contre-cœur. Jeune mousse d'environ douze ans, il avait été pris par les pirates et vendu au bazar de la Goulette. Son maître, après mille efforts inutiles pour le faire apostasier, s'avise une nuit d'enlever les vêtements de l'enfant, et de mettre auprès de lui de beaux habits à la turque. Jacques, au réveil, est fort embarrassé; s'il ne se lève pas, que dira le maître? et s'il prend ces habits, le voilà censé renégat ! Il reste couché jusque après midi. Mais alors, pressé par la faim, « qui est une très-mauvaise conseillère et qui tente fort les jeunes gens, » observe le père Dan, il se décide à se lever, et, tout en se promettant de ne pas renier sa religion, il revêt en pleurant les habits turcs. A peine l'a-t-on vu, qu'on le félicite de ce qu'il est devenu musulman. Indigné contre lui-même, il prend son turban et le foule aux pieds. C'est un crime digne de mort : on le lui pardonne à cause de sa jeunesse. Toutefois la crainte des tourments le conduisit à une apparente apostasie, dont il ne comprit pas toute la gravité. Dans sa nouvelle condition il ne désira que plus ardemment de revoir sa patrie; il s'efforça de secourir en secret les pauvres chrétiens, et se mit en relations avec le père Esprit, religieux augustin, chapelain du consul de France, M. Bourelly. Il attendait depuis treize ans l'heure de la délivrance, et il se trouvait sur un navire, par un calme plat, devant Majorque. Envoyé dans un canot avec des compagnons pour retirer une caisse que l'on voyait sur les flots, il saisit au retour le moment favorable, resta le dernier sur la barque, coupa les cordes qui devaient la hisser, et s'enfuit vers la terre à force de rames. Le vent contraire ne permit pas au gros bâtiment de le poursuivre; on lui tira des coups de mousquet et même de canon. Mais la Providence le sauva. Il se présenta devant l'inquisition de Majorque, et en reçut avec des éloges le moyen de passer à Marseille, d'où il regagna son pays natal. »

SIXIÈME SOIRÉE

Les esclaves martyrs.

Alfred monta de bonne heure sur la terrasse. Il avait l'âme pleine des souvenirs évoqués dans les conversations précédentes. Il portait un long regard sur la mer tranquille, et rêvait de gloire. Quelques voiles latines blanchissaient à l'horizon. Elles regagnaient, en glissant rapidement sur l'abîme, le port dont le phare à éclipse commençait, aux approches de la nuit, ses évolutions lumineuses.

Il ne vit point Fatma lorsqu'elle vint s'asseoir silencieusement à sa place accoutumée, toujours l'une des premières au rendez-vous du soir. Le bon père Gervais avisa, en entrant, la négresse.

« Ia Fatma, lui dit-il, est-ce que par hasard tu prendrais goût à nos récits ?

— O père, que le salut soit sur vous ! Ma langue n'est pas encore déliée. Mais vos paroles sont belles ; elles ont trouvé le chemin de mon âme. Oh ! je voudrais les entendre ; celles qui m'arrivent m'apportent le parfum de l'ambre.

— Que lella Mariem te protége, ia Fatma ! »

Et le vieillard, en achevant cette exclamation, saluait ses hôtes qui arrivaient au même instant.

« Révérend père, si l'on peut compter des héros et même des martyrs parmi les renégats, nous devons espérer que l'Église et le monde civilisé ne trouveront pas moins de saints et d'âmes héroïques dans la foule des esclaves demeurés constamment fidèles à leur religion.

— En effet, Madame, on pourrait recueillir une moisson de faits mémorables et très-glorieux pour la foi et pour les nations de l'Europe catholique en fouillant les anciens bagnes de Barbarie.

— Nous avons glané, Alfred et moi, des traits vraiment remarquables.

— Si le révérend père veut bien y joindre ses propres souvenirs, dit Carlotta, nous aurons sans nul doute une gerbe merveilleuse.

— Eh bien ! pour commencer dès la fondation de la puissance turque à Alger, je vous dirai la bravoure et la mort admirable du chevalier Martin de Vargas.

Quelque temps avant que Bab-Aroudj fût proclamé roi d'Alger, les Espagnols s'étaient établis sur un des îlots qui font face à la ville. Elle a, comme vous le savez, emprunté son nom à ces écueils aujourd'hui compris dans les constructions qui ferment le port : *Al-Djezaïr*, dont nous avons fait Alger, signifie *petites îles*. L'îlot fortifié par les Espagnols, et qu'ils nommaient le Pegnon d'Alger, avait quatre petits bastions, deux du côté de la ville et deux du côté de la mer. De là ils inquiétaient le port, si toutefois on peut appeler ainsi l'espace qui n'était point encore protégé par la jetée de Kheïr-ed-Din. Les Algériens étaient obligés de mouiller à la plage de Bab-el-Oued ou à celle de Bab-Azoun, et même de tirer à terre leurs navires, pour éviter les désastres des tempêtes.

Ils avaient espéré que Bab-Aroudj, venu à leur secours, les délivrerait de cet importun voisinage. Mais le corsaire canonna vainement la forteresse pendant vingt jours. Les événements l'empêchèrent de renouveler cette infructueuse attaque, après qu'il eut été reconnu souverain d'Alger. Son frère et successeur, Kheïr-ed-Din, résolut de se rendre à tout prix maître du Pegnon. Le moyen de la trahison ne lui ayant pas réussi, il établit, le 6 mai 1530, une batterie là où est maintenant la porte de France ou de la Marine, et, durant quinze jours, elle fit feu nuit et jour sur les fortifications espagnoles. Les Maures et les Turcs tiraient aussi des flèches et des coups d'arquebuse.

Une garnison de deux cents vaillants soldats défendait le Pegnon, commandés par un noble et intrépide Castillan, don

Martin de Vargas. Après des prodiges de valeur ils succombèrent à un assaut général, livré par plus de douze cents hommes portés dans l'île sur quatorze navires.

Les chrétiens qui furent tués vendirent chèrement leur vie; les autres, tous blessés, furent pris et distribués par Kheïr-ed-Din entre les principaux Turcs et les capitaines de navire les plus distingués. Il ne garda pour lui que deux ou trois prisonniers, et spécialement don Martin de Vargas. Il fit porter dans le lieu qui renfermait ses esclaves ce brave commandant couvert de blessures.

Le prisonnier resta là environ trois mois, servi par de pauvres chrétiens captifs, qui l'aidèrent dans leur misère à se guérir et à soutenir son existence; car il ne reçut de son vainqueur aucune marque de respect. Pour toute preuve d'humanité, celui-ci lui faisait servir trois petits pains par jour, et rien de plus. Martin de Vargas supportait courageusement son sort, et faisait l'admiration des autres chrétiens, lorsque le pacha le manda en son palais.

« Pourquoi, lui dit le corsaire, n'as-tu pas voulu désarmer cette forteresse, me la livrer en paix, évacuer mes terres, après tant de sommations de ma part?

— Pour tout homme de mon caractère et de mon rang, répondit le valeureux capitaine, il y a obligation de mourir avant d'abandonner une place dont on doit la garde à la confiance de son roi et de laquelle il faut répondre.

— Par Allah! dit le corsaire vomissant des injures, je suis prêt à te faire brûler vif.

— L'usage de la guerre est que chacun fasse son devoir pour la défense et pour l'attaque.

— Tuez ce chien à coups de bâton, cria le corsaire; là même, sous mes yeux et sur-le-champ. »

Quelques-uns des Turcs présents saisirent Martin de Vargas, l'étendirent à terre, s'assirent, un sur sa tête, un autre sur ses pieds, suivant leur manière de procéder à la bastonnade, et d'autres se fatiguèrent à décharger sur l'Espagnol des coups de fouet sans nombre. Ce fouet était formé de grossières cordes de chanvre. Les Turcs se succédèrent à la besogne jusqu'à ce que don Martin de Vargas, le corps broyé, le foie et les entrailles dénudés, expirât gisant sur le sol.

Autant qu'on en pouvait juger, ce héros avait environ cinquante ans; il était de taille moyenne; il avait la barbe noire et quelques cheveux blancs. Il ne laissa échapper aucune plainte durant le supplice; mais il ne cessa de prier Jésus-Christ et sa divine Mère.

Le pacha, témoin de cette exécution, ordonna d'ôter le cadavre de devant ses yeux. On jeta donc cette dépouille mortelle dans la cour, et on la porta ensuite à la mer, puisque les premiers pachas refusaient un lieu de sépulture aux chrétiens.

— La conduite de Kheïr-ed-Din est infâme, s'écria le jeune marin.

— On ne peut pas attendre d'un pirate des actes d'honneur et de loyauté, dit Mme Morelli.

— Quelque étrange que puisse paraître le récit d'Haedo, ajouta le père Gervais, il est croyable. Jamais corsaire de Barbarie n'eut un caractère chevaleresque; ce sont des brigands qui ont pour sceptre un cimeterre. Kheïr-ed-Din était sans doute ivre de vin autant que de colère et de jalousie, lorsqu'il fit tuer Martin de Vargas.

L'année suivante (1531) fut marquée par d'autres sanglantes exécutions. Kheïr-ed-Din captura deux galères de Naples, près du cap Palinure en Calabre; elles sortaient du port de Messine chargées de soie. Leur équipage vint augmenter à Alger le nombre des esclaves. Jean de Portundo et six autres capitaines espagnols, faits prisonniers, se disaient entre eux qu'il serait facile, si les chrétiens en avaient le courage, de se révolter contre Alger. Louis de Séville, qui commandait l'une des galères dont je viens de parler, partageait cet avis, et il contribua beaucoup à la formation d'un complot où la plupart des chrétiens entrèrent.

Ils convinrent qu'au jour fixé ils se tiendraient prêts avec les armes dont ils pourraient se munir. En conséquence, les sept capitaines mandèrent à don Alonzo de Peralta, père de don Louis, et qui commandait à Bougie lorsque les Turcs s'en emparèrent, de leur envoyer une boîte remplie d'armes, avec les provisions qu'on leur permettait de recevoir pour célébrer la fête de Noël.

Ils reçurent en effet cette caisse. De plus, un chrétien forgeron et captif du pacha leur fit volontiers des clefs pour ouvrir de nuit le bagne de Barberousse, où ils étaient enfermés; et un autre chrétien, fondeur d'artillerie, leur fabriqua une massue de fer pour briser les verrous et les cadenas des portes.

Tout se trouvait disposé lorsque arriva la fête de la Nativité de notre Seigneur (1531). Les chrétiens se récréaient au jeu de cartes dans le bagne de Barberousse. Francisco de Almaça, qui avait déjà été deux fois renégat et qui alors n'était pas connu des Turcs, jouait avec un autre chrétien. Ils eurent une altercation, et les juges qu'ils choisirent donnèrent tort à Francisco de Almaça. Or ces juges étaient précisément les capitaines qui tramaient la grande affaire. Francisco, en colère, alla découvrir à Kheïr-ed-Din tout le complot.

Celui-ci, étonné, et ne voulant à cet égard se fier à personne, alla lui-même à la forge, et trouva au lieu désigné les clefs et la massue de fer. Furieux, il résolut de livrer à une mort cruelle, sans aucun délai, tous les auteurs de la conjuration. Il sut par le même traître qu'il y en avait dix-sept, dont les plus coupables étaient Jean de Portundo et les six capitaines, Louis de Séville, le forgeron et le fondeur. Le jour de saint Jean apôtre, 27 décembre, il ordonna de retirer de leur bagne les dix-sept chrétiens et de les faire mourir.

Aussitôt un grand nombre de Turcs et de renégats courent en armes au bagne, et, appelant tous ceux qui étaient condamnés à mort, ils commencèrent à les accabler de grosses injures, suivant leur coutume.

« Chiens! traîtres! vous allez être payés de vos projets de révolte. »

Chaque chrétien fut pris par deux Turcs, et ils marchèrent à la plaine de Bab-el-Oued. Les prisonniers, les mains liées, étaient doux comme des agneaux. Les barbares les tailladèrent à grands coups de cimeterre, leur fendant la tête, leur coupant les bras, les jarrets et tous les membres. Barberousse défendit sous peine de la vie d'enterrer les cadavres, et il voulut qu'on les jetât dans un lieu d'immondices, en pâture aux chiens et aux oiseaux de proie.

Six mois après, Francisco de Almaça fut arrêté alors qu'il s'enfuyait par terre à Oran, avec un autre chrétien. On l'amena devant le pacha, qui fit donner au chrétien deux cents coups de bâton et condamna Francisco à être jeté à la mer une pierre au cou. Ainsi finit le traître.

— Dieu ait pitié de son âme! dit Carlotta; mais il avait commis un grand crime.

— La même année (1531), reprit le trinitaire, Kheïr-ed-Din eut encore à réprimer une révolte à Cherchel. Cette ville, qui s'élève au milieu des ruines grandioses de l'antique Cæsarea, capitale de la Mauritanie césarienne, s'était rendue aux Barberousse, et Kheïr-ed-Din y faisait travailler sept cents chrétiens esclaves à la construction d'une place et à l'agrandissement du port. Au mois d'avril, ils se trouvèrent quelque temps avec un petit nombre de gardiens et de Turcs. Accablés de barbares traitements, sans espoir de délivrance, ils ourdirent un projet de révolte : il s'agissait de recouvrer la liberté, et d'acquérir une gloire éclatante en s'emparant de la casbah, ou citadelle, et de tout le pays, pour les remettre au roi d'Espagne Charles-Quint.

Le jour était fixé pour le massacre des Turcs et des Maures, lorsque deux galiotes du pacha reçurent ordre de se rendre à Alger. Deux chrétiens espagnols captifs à Cherchel voulurent profiter de l'occasion pour écrire à un de leurs amis, Sotomayor, esclave de Barberousse à Alger : ils lui révélaient tout le plan de l'affaire qui se préparait. Ils confièrent la lettre en grand secret à un de leurs amis captif sur un des navires en partance. Celui-ci la plaça dans son sein, pour la cacher ensuite dans son bagage. Mais, n'y pensant plus, il la laissa tomber sans s'en apercevoir. Un renégat espagnol qui se trouvait près de lui la ramassa à son insu, et fut fort surpris en en voyant le contenu. Il ne dit rien ; seulement, arrivé à Alger, il remit la lettre à Barberousse, qu'elle jeta dans l'étonnement et la crainte. Il dépêcha aussitôt une de ses galiotes à Cherchel pour avertir les

Turcs et leur prescrire d'être sur leurs gardes. Il expédiait en même temps, pour plus de sûreté, un renfort d'hommes, des fusils et d'autres armes.

Pensant que les chrétiens d'Alger pourraient un jour faire la même tentative, et dans la vue de les en détourner par la terreur, il fit torturer Sotomayor, à qui la lettre était adressée. Deux Turcs administrèrent à cet esclave deux cents coups de bâton sur les épaules, deux cents sur la plante des pieds, autant sur le ventre. Non content d'une bastonnade qui laissa le patient brisé, la peau enflée et les entrailles déchirées, le pacha le condamna au tourment du feu, pour lui arracher l'aveu de ce qu'il savait. Les Turcs lui oignirent de beurre la plante des pieds déjà toute gonflée, et les lui approchèrent d'un feu ardent. Puis ils questionnèrent pendant plusieurs heures le pauvre esclave au sujet du complot. Il était complétement innocent, ne savait rien et ne pouvait rien comprendre de tout ce qu'on lui demandait. Il affirmait au nom de Dieu qu'on le tuait sans qu'il eût commis aucune faute et sans aucun motif. Kheïr-ed-Din, semblable à un animal furieux, ne voulait rien entendre aux raisons de l'Espagnol, et lui faisait brûler les pieds, les nerfs et les os. Chose admirable, dont furent émus tous les spectateurs, Sotomayor souffrit héroïquement la torture qui rôtit et consuma ses chairs; les noms bénis de Jésus et de Marie, qui sont le secours et la consolation du chrétien mourant, s'échappèrent de ses lèvres jusqu'au moment où il resta comme mort. Les bourreaux, le voyant immobile, l'abandonnèrent. Le pacha donna l'ordre à un chrétien espagnol d'aller jeter ce cadavre à la mer; mais l'esclave, découvrant un souffle de vie, porta le corps au bagne, où un des amis de Sotomayor, qui a tout raconté au père Haedo, s'efforça de le guérir. Ce fut impossible; le feu avait pénétré jusqu'à la moelle des os; et le héros mourut au bout de neuf jours de souffrances aiguës, le 16 avril 1531, à l'âge d'environ quarante-cinq ans. Il laissa dans une affliction profonde les chrétiens, qui l'aimaient tous à cause de ses vertus.

— Révérend père, dit M⁽ᵐᵉ⁾ Morelli, il est juste de reconnaître et de proclamer hautement que votre nation a montré de tout temps le courage et la dignité qui conviennent à un peuple catholique.

— Il y a eu, Madame, beaucoup de renégats espagnols; mais le sentiment de l'honneur et la force d'âme sont certainement l'apanage de nos gentilshommes, et l'on trouverait difficilement quelque noble espagnol qui eût forfait aux lois de la chevalerie.

— Vos compatriotes, dit M. Morelli, donnaient au Maroc, comme en Algérie, des exemples dignes de figurer parmi les plus beaux de l'histoire. Quant à moi, je n'aurais pas assez d'éloges pour Alphonse Pérès de Sayavédra, fils du comte de la Gomère. Ce jeune homme, à la tête d'une troupe de gens des Canaries, faisait des incursions sur le territoire des Maures du Maroc. Le chérif fondateur de la dynastie qui règne encore en ce pays, violant le droit des gens à l'égard d'Alphonse, le fit arrêter un jour qu'il venait avec un sauf-conduit négocier un échange d'esclaves. Le prisonnier, après avoir essuyé ses outrages, fut chargé de chaînes qui pesaient plus de soixante-dix livres. Il se résigna courageusement à la volonté de Dieu, et mérita l'estime des Maures par ses grandes qualités. Il parlait si bien l'arabe et les dialectes berbères du pays, que le chérif seul le surpassait sous ce rapport : c'est le témoignage que ce dernier en rendit lui-même à don Diégo de Torrès.

Sous le poids de ses fers il conservait sa vigueur, et, au bruit de chaînes qui accompagnait sa marche, on croyait entendre les pas de plusieurs esclaves. Il avait eu pour mère une Mauresque, et se trouvait ainsi parent du chérif. Celui-ci le respectait et le craignait également; il ne voulut jamais lui rendre la liberté, à aucun prix. Alphonse était obligé de gagner sa vie à fabriquer des franges et des bordures de vêtements. Il était si habile à ce métier, que les dames et les cavaliers du pays tenaient à en porter de sa façon. Le jeu d'échecs, si estimé des Maures, lui procurait aussi des ressources; car il y jouait à merveille.

Rien n'égalait son attachement à la religion. Le chérif le pressait un jour de se faire musulman, lui promettant, s'il y consentait, la liberté, une de ses filles en mariage et le titre de premier gouverneur. Alphonse l'écouta patiemment, et répondit en véritable chevalier chrétien :

« Vous m'avez accordé beaucoup de faveurs durant ma captivité, et les choses que vous me proposez sont considérables; mais elles n'auront aucun pouvoir sur mon esprit ; je souffrirais mille fois la mort plutôt que de quitter la foi de Jésus-Christ. »

On le fit passer dans la suite de Maroc à Fez, où il mourut. Il avait été vingt-six ans esclave.

— Comparez cette conduite avec celle des lâches renégats de nos jours, dit Alfred. Ils osent parler d'honneur !

— L'honneur ! c'est par lui que des hommes du jour prétendent remplacer la foi religieuse, ajouta M. Morelli. Mais ils le distinguent du devoir, et le réduisent à la bonne opinion de ceux qui les entourent. Quant à l'honneur véritable, qui consiste à mettre sa conscience à l'abri de tout reproche de crime ou d'indélicatesse, ils en font bon marché s'ils n'ont point à craindre l'opinion d'autrui.

— Le fils de Barberousse, Hassan-Pacha, continua le père Gervais, retenait captif, en 1559, un fier Castillan, Jean Canète, fait prisonnier dès 1550. Canète montait autrefois un brigantin avec lequel il inquiétait les Maures sur toute la côte de Barbarie. Telle était son audace, qu'il débarqua plusieurs fois la nuit aux portes d'Alger, et enleva des Maures qui avaient coutume d'y dormir, comme on dit, à la belle étoile. Une nuit entre autres, il laissa son poignard planté dans la porte de Bab-el-Oued, et les Turcs, voyant cette arme le lendemain, ne doutèrent pas qu'elle ne fût de lui. Son nom seul inspirait la terreur, et, lorsque les Mauresques voulaient apaiser les cris de leurs enfants, elles leur disaient : « Tais-toi ! Canète vient. »

Au printemps de 1550, il apprit qu'il y avait dans le port d'Alger beaucoup de galiotes, de brigantins et d'autres bâtiments désarmés. Il conçut la pensée de faire un exploit conforme à son courage : c'était de pénétrer dans le port et de livrer tous ces navires aux flammes. Ses compagnons applaudirent à ce dessein.

Le 20 mai, son brigantin bien armé se tenait au large à la

hauteur d'Alger. La nuit est obscure; il s'approche peu à peu du rivage. Il est minuit; tout est calme. La garde s'est endormie sur le môle et au bastion qui regarde le port. Le brigantin va y entrer sans être aperçu. Mais voici vers le couchant, derrière la pointe où brille le phare, deux galères ennemies. L'une est montée par un renégat napolitain, l'autre par un de ses esclaves, renégat comme lui. La pointe formée par l'entrée du port ne permit pas à Canète de reconnaître ni d'apercevoir les galiotes. Ils se rencontrèrent, pour ainsi dire, dans le port même. Les chrétiens découvrirent d'abord les Turcs, et, virant de bord, firent force de rames. Les galères se mirent à leur poursuite; la partie était trop inégale pour que la victoire fût douteuse.

La prise de Canète, terreur de tous, fut un sujet de grande joie pour les Turcs, et en particulier pour le pacha. Hassan le fit enfermer dans le bagne de ses esclaves, où il demeura neuf ans attaché par la jambe avec une chaîne de fer. Charles-Quint offrit vainement sa rançon.

Ce temps écoulé, deux vieilles épées furent trouvées dans le bagne par les gardiens, et ils propagèrent le bruit que les chrétiens voulaient se révolter. Les Turcs et les Maures y ajoutèrent foi. A vrai dire, il en avait été question, dans le secret, parmi les esclaves. On y comptait plus de huit mille Espagnols, faits prisonniers l'année précédente à la journée de Mostaganem, et il y en avait plus de huit mille autres appartenant à diverses nations chrétiennes.

Un traître, un lâche, Morellon de Valence, dévoila tout au roi pour obtenir sa bienveillance, et il dénonça don Martin de Cordoue comme auteur de la trame. Hassan en fut troublé; il fit enfermer Martin, sous bonne garde, dans une forteresse. Ce vaillant capitaine, fils du général comte d'Alcaudète, avait sauvé les Espagnols d'une complète déroute, en 1546, à la retraite de Tlemcen; et, si l'on eût suivi ses conseils au siège de Mostaganem, en 1558, le désastre de la retraite sur Mazagran ne fût point arrivé. C'est là que son père trouva la mort, et qu'il fut lui-même obligé de se rendre avec toute l'armée. Les Arabes ne voulaient faire aucun quartier. Hassan leur livra huit cents Espagnols, qu'ils égorgèrent pour assouvir leur rage. Les autres prisonniers, parmi lesquels était don Martin de Cordoue, furent réduits en servitude. Ce brave chevalier fut racheté, deux ans après, vingt-trois mille écus.

Hassan s'était contenté de le séquestrer, pour lui ôter le pouvoir de soulever les esclaves. Mais les Turcs et les renégats demandaient qu'on fît justice des chrétiens trouvés en possession des deux épées. Ils obtinrent enfin du pacha la permission d'agir comme ils l'entendraient. La tourbe se précipita aussitôt vers le bagne. Le gardien, qui était renégat, fit sortir Canète, et, le saisissant par le bras :

« Chien ! s'écria-t-il, crois-tu bien faire en te révoltant avec tes pareils, dans ce bagne et contre la ville ? Comment ! tu pensais réussir ? Attends, tu vas voir comment on châtie les traîtres !

— Je n'ai jamais eu la pensée qu'on me prête, répondit le captif. C'est une invention pour me tuer à défaut de raison. Vous êtes homme de mer ; souvenez vous qu'un jour mon sort pourrait être le vôtre.

— Assez de paroles ! »

On lui lia les mains par derrière, et on le fit mettre à genoux sur le sol. Le chef des gardiens, se tournant vers les chrétiens témoins de cette scène cruelle, leur dit :

« Regardez, chiens de chrétiens ! regardez, ouvrez les yeux ! Voilà ce qu'on fait aux traîtres et ce qui vous attend tous ! »

Alors, dégainant un cimeterre, il frappa vigoureusement Canète sur le cou, à trois ou quatre reprises. La tête n'en fut pas tranchée ; Canète gisait respirant encore. Un janissaire saisit alors le même cimeterre, prit par la barbe la tête du patient, et lui coupa la gorge. Le chrétien avait manifesté jusqu'au dernier moment une foi invincible.

Le chef des gardiens leva en l'air cette tête sanglante aux acclamations de la foule. On la porta ensuite au pacha. Lorsqu'il l'eut considérée, lui et ceux de sa maison, on revint au bagne et on l'exposa au-dessus de la porte, au bout d'une lance, pour que tous pussent la voir, Turcs, Maures, juifs et chrétiens. Durant deux jours les infidèles y affluèrent, au point qu'il n'y eut pas un enfant qui ne la vît. Les chrétiens eurent alors la permission de l'enterrer dans leur cimetière de Bab-el-Oued, où le corps avait déjà reçu la sépulture. Jean Canète mourut à soixante ans.

— A la manière dont les pachas procèdent en tout ceci, remarqua Mme Morelli, nous voyons que vous n'exagériez pas, révérend père, lorsque vous nous donniez une si triste idée de la justice musulmane.

— Un fait arrivé à Alger l'année suivante (1561) peut encore mettre en son jour le caractère des juges et celui de la nation.

Un Maure, passant de nuit sous la forteresse de Hassan-Pacha, fut tué par des voleurs et jeté dans un puits voisin. Le lendemain, deux Maures regardèrent dans ce puits, aperçurent le cadavre et le retirèrent de l'eau. Ils virent à ce moment, non loin de là, un chrétien qui bêchait dans le jardin de son maître; et comme il est convenu que les chrétiens sont coupables de tous les crimes dont les auteurs sont inconnus, l'esclave fut déclaré l'assassin du Maure. Sans plus d'indices, on le lia et on l'amena devant Hassan, qui examina l'affaire avec soin. Le pauvre chrétien prenait Dieu à témoin qu'il ne savait rien de ce dont on l'accusait :

« Si j'avais tué le Maure, je n'aurais pas eu la maladresse de le jeter dans un puits si rapproché du lieu où je travaille; je l'aurais facilement enterré dans une fosse creusée avec ma bêche; et d'ailleurs le crime s'est accompli la nuit, et je passe la nuit dans la maison de mon maître : je ne me rends au jardin qu'au grand jour. »

Hassan ne découvrit aucune preuve de la culpabilité de l'esclave; il le condamna néanmoins à mort. Turcs et Maures, altérés du sang chrétien et toujours prêts pour l'office de bourreau, saisirent l'innocent et le conduisirent à Bab-el-Oued. Ils l'y enterrèrent jusqu'à la ceinture, le battirent à coups de roseaux, tandis qu'il priait avec ferveur, et, fatigués de frapper son corps sanglant et meurtri, l'achevèrent en le lapidant.

Un renégat, s'approchant alors, ouvrit froidement la poitrine du martyr avec un couteau, lui arracha le cœur et l'enveloppa dans un mouchoir. Fier de cet exploit, il porta plusieurs jours ce cœur sur sa poitrine ; à ses repas, il en mit un petit morceau dans le plat et le mangea, voulant se montrer sincère et digne renégat, implacable ennemi du nom chrétien. Le corps avait été brûlé par les Maures. Les chrétiens ne purent recueillir que des restes d'ossements ; ils les enterrèrent dans leur cimetière à Bab-el-Oued.

— C'est incroyable ! révérend père, dit Carlotta, dont un léger soubresaut nerveux avait manifesté les impressions pénibles.

— Ma fille, dit Mme Morelli, on ne sait pas jusqu'où peut aller dans le mal un chrétien qui se fait sans réserve l'esclave du démon : celui-ci le pousse loin.

— Jusqu'à l'anthropophagie ; on en a vu des exemples dans nos modernes révolutions d'Europe, ajouta M. Morelli.

— Je ne m'étonne pas qu'un renégat descende plus bas qu'un musulman de naissance, dit Alfred ; cela est conforme au proverbe : *Corruptio optimi pessima,* la pire corruption est celle de ce qu'il y a de meilleur. »

Ces réflexions entraînèrent les interlocuteurs assez loin du sujet qui avait servi de point de départ. L'horloge de la Djenina sonnait une heure avancée. Mais Carlotta obtint encore un récit du vieux trinitaire.

« En 1563, dit-il, le même Hassan-Pacha, fils de Kheïr-ed-Din, forma le projet de se rendre maître d'Oran et de Mers-el-Kébir. Il voulait profiter de revers éprouvés depuis peu par les Espagnols : une tempête avait englouti vingt de leurs galères au détroit de Gibraltar, et la fortune les avait trahis à Mazagran et à Djerba. Outre quinze mille Turcs et renégats, il avait réuni vingt mille hommes d'infanterie et de cavalerie, Arabes et Kabyles des Beni-Abbès et des Zouaouas. Cette armée traînait avec elle de l'artillerie de campagne. Une flotte composée de plus de quarante navires la soutenait par mer.

Les fils du comte d'Alcaudète, qui périt à Mazagran, attendaient l'ennemi. L'aîné, Alphonse de Cordoue, était gouverneur d'Oran, et son frère, don Martin, que nous avons rencontré au bagne d'Alger, défendait Mers-el-Kébir. Ce dernier fit des prodiges de valeur. Le château Saint-Michel, qui protégeait la place, et qui n'existe plus aujourd'hui, essuya sept assauts furieux avant d'être évacué. Les Turcs y établirent des batteries, et la brèche fut ouverte aux remparts de la forteresse où se trouvait don Martin. Il refusa de capituler, et força les assaillants à la retraite, après quatre heures d'un combat acharné. Il tua quinze cents hommes à l'ennemi dans un second assaut, et en subit un troisième, où son héroïsme fut couronné d'un égal succès.

— Hassan dut alors se repentir, interrompit Alfred, d'avoir vendu don Martin vingt-trois mille écus.

— Le pacha désespérait; mais il comprit qu'il était temps de battre en retraite, lorsqu'il vit sa flotte tourner la proue vers Alger : on apercevait les mâts de la flotte d'Espagne qui s'avançait sous les ordres de don Francisco de Mendoza. Cet officier fit débarquer le régiment de Naples, commandé par Pedro de Padilla, et l'arrière-garde de Hassan pressa la marche, pour n'avoir point à se mesurer contre ces nouvelles troupes.

Je vous laisse à penser la fureur des Algériens contre leurs esclaves, après le retour honteux du pacha. Juin s'écoulait avec la bonne saison des corsaires; on avait compté que le pillage de Mers-el-Kébir et d'Oran suppléerait aux ressources de la piraterie : c'était une complète déception. Les raïs se hâtèrent de se remettre en course, afin de réparer autant que possible le temps perdu.

Deux d'entre eux, montés sur une galère de dix-huit bancs et sur une autre de vingt, capturèrent dans les eaux des Baléares un brigantin commandé par le Majorcain Jacques Puxol, excellent marin, connaissant très-bien la mer et qui faisait beaucoup de mal aux infidèles, sur la côte de Barbarie. Les raïs, qui étaient tous deux renégats, résolurent de brûler vif ce redoutable adversaire en rentrant à Alger. Et ce qui les poussait encore à prendre cette décision, c'est qu'au moment de leur départ on assurait dans la ville qu'un renégat vénitien et des Turcs venaient d'être brûlés à Majorque. Le retour de ce renégat sain et sauf à Alger, détrompa ceux qui l'avaient cru mort. Les raïs cependant ne renoncèrent pas à leur résolution. Elle fut approuvée du pacha ; mais ils en ajournèrent l'exécution, et livrèrent provisoirement leurs prisonniers aux gardiens du bagne de Hassan.

Puxol y était enfermé depuis plusieurs mois et attaché à la chaîne, de sorte qu'il ne pouvait même pas venir respirer à la porte. Il devait croire que les raïs l'oubliaient ou se désistaient de leur dessein. Mais, au mois de mars 1564, quelqu'un leur en parla, et ils prirent le parti de ne pas surseoir davantage à l'exécution. L'autorisation ne fut pas difficile à obtenir du pacha ; car il faisait peu de cas de la vie d'un chrétien, et d'ailleurs il n'eût pas osé mécontenter trop vivement ceux qui autrefois l'avaient enchaîné lui-même et envoyé comme traître à Constantinople. Non-seulement il les laissa libres d'agir à leur gré, mais il ajouta :

« Si la mort de Puxol ne suffit point à votre vengeance, choisissez dans mon bagne quelque autre chrétien, que vous brûlerez avec lui. »

Le pacha ne parla point à des sourds ; ils baisèrent le bord de son vêtement, selon la coutume, et se retirèrent pour aller au bagne. Leur choix se fixa sur un vénérable religieux, courbé par l'âge, le père Garao, de la ville de Vich en Catalogne, et de l'ordre du Mont-Carmel. En passant sur une frégate de Barcelone à Majorque, où il allait remplir les fonctions de vicaire général, il avait été pris par les corsaires en même temps que ses compagnons, le frère carme Baptiste Ven, qui était son neveu, un autre frère du même ordre, Paul Barcelo, et quelques serviteurs de l'évêque de Majorque. Le pacha, qui prélève le cinquième sur toutes les prises, avait mis dans son lot le vieux moine.

« Vous n'avez que faire de ce vieux bossu catalan, de ce baba des chrétiens, dirent les raïs à Hassan ; et, si vous le voulez, c'est lui que nous brûlerons avec Puxol. »

Ils avaient compris que cette victime serait plus regrettable aux yeux des chrétiens, et leur propre vengeance plus complète.

« Faites comme il vous plaira, » répondit Hassan.

Les renégats firent alors conduire du bois sec à la Marine, lieu qu'ils désignèrent pour le supplice, et l'on fixa en terre, à l'extrémité du môle où est la tour du phare, deux ancres de galères, les pattes ou crochets en haut : c'étaient des colonnes destinées aux serviteurs de Jésus-Christ, qui ignoraient ces préparatifs.

Les raïs vinrent ensuite au bagne du roi, suivis d'une foule de Turcs et de Maures. L'un d'eux appela le père Garao, et on le conduisit, sans lui rien expliquer, à la demeure du pacha, qui ne l'avait pas encore vu. On présenta le moine en disant :

« Voilà le baba des chrétiens. »

Hassan renouvela la permission d'en disposer librement. Les renégats, joyeux, laissèrent le vieillard sous bonne garde dans la cour, et revinrent au bagne, où ils appelèrent Jacques Puxol. L'esclave mangeait alors avec d'autres de ses amis. Ne se doutant nullement de la grâce insigne que Dieu lui réservait, il sortit à l'instant, pensant que les Turcs le demandaient pour couper une voile ; car on savait qu'il était très-habile à cet ouvrage. Il fut mené auprès du père Garao. La foule des renégats, des Turcs et des Maures, faisait cercle autour des serviteurs de Dieu. Elle les accablait d'apostrophes remplies de haine et de fureur.

« Chiens ! savez-vous qu'on va vous brûler vifs ?

— Ah ! vous croyez qu'on ne sait pas se venger !

— Êtes-vous contents d'avoir brûlé le renégat à Majorque ? »

Les disciples de Jésus-Christ ne répondaient rien, si ce n'est qu'ils ignoraient ce qu'on voulait leur dire. Ils furent pendant deux heures soumis à ces outrages. Enfin on avertit que tout était disposé.

Le moine et Puxol, délivré de la chaîne qu'il avait à la jambe, marchèrent lentement au môle de la Marine. La multitude venait en troupeau par derrière, et les enfants surtout hurlaient de joie de ce qu'on allait brûler deux chrétiens. Au milieu de ces vociférations, les confesseurs furent admirables de courage et de dignité. Ils ne donnèrent aucun signe de faiblesse ; ils priaient d'une voix claire et distincte. Le bon père, en particulier, récitait avec ferveur des oraisons en latin. Les Turcs et les renégats ne comprenant pas cette langue :

« Que dis-tu, baba? A qui parles-tu? lui disaient-ils. Tu te recommandes à Dieu, et tu ne vois pas qu'il ne t'écoute point ! »

Mais l'homme de Dieu ne suspendait pas sa prière, et continuait d'implorer le secours du Ciel.

On arriva au môle. Les ancres étaient à la distance de douze pas l'une de l'autre ; on y attacha les deux chrétiens par la ceinture, avec des cordes de chanvre toutes neuves. Le bois était placé de manière à brûler lentement les victimes, à les rôtir sans les consumer.

— Quel spectacle ! fit Mme Morelli.

— Les renégats, non contents de regarder les martyrs desséchés par le feu, leur jetaient des cruches d'eau sur la tête, et cette eau, loin de leur procurer du soulagement, rendait les souffrances d'autant plus atroces que les bourreaux attisaient en même temps la flamme. On voyait sur le visage de quelques Turcs un masque de compassion ; mais les renégats, plus cruels que des tigres, ne manifestaient que du plaisir.

Le père Garao, vieux et faible, ne pouvant plus résister aux tourments, baissa la tête, qu'il avait jusqu'alors tenue élevée vers le ciel. Il se recommanda à Dieu d'une voix ferme, que les chrétiens, spectateurs éloignés, entendirent, et il rendit l'âme. Le corps tomba de côté ; les renégats rapprochèrent alors le bois, et activèrent le feu qui dévora les chairs.

Puxol, moins âgé et plus robuste, ne mourut pas aussi promptement. Ses douleurs furent plus horribles. Les flammes lui rôtissaient les entrailles, et, comme la corde qui l'attachait à l'ancre lui laissait une certaine latitude, il se jetait d'un côté et d'un autre, agité, dans ce cercle de feu, par la crainte naturelle de la mort et la violence du supplice. Ces mouvements excitaient les cris et la risée des renégats. Enfin l'un d'eux, mû sans doute par la pitié, prit une pierre sans que les autres l'aperçussent, et la lui lança si juste à la tête, que le martyr tomba mort. Les renégats, à cette vue, saisirent aussi des cailloux, et lapidèrent le corps à l'envi, dans des transports de rage. Puis, le dégageant des pierres qui le couvraient, ils jetèrent dessus le reste du bois. Les deux corps des martyrs de Jésus-Christ brûlèrent toute la nuit, et il n'en resta guère le lendemain que la cendre. Les chrétiens n'osaient venir à la recherche des ossements. On répandit quelques jours après, dans tout ce lieu, les cendres, des os et des fragments mal consumés. Des fidèles en ramassèrent, dit-on, certains débris, et les enterrèrent au cimetière de Bab-el-Oued, on ne sait en quelle place.

Le père Garao était âgé de soixante-quinze ans. On rapporte qu'au moment où il expira l'on vit une colombe monter au ciel de l'endroit de son glorieux martyre. »

Le récit navrant du père trinitaire fut le dernier de cette soirée. On se retira pénétré. La nature même semblait faire silence à ces graves souvenirs. Cependant la brise de la nuit apportait par instants les sons lointains et fugitifs d'une guitare et de castagnettes. Une voix mélancolique jetait au vent des strophes interrompues, et l'oreille attentive distinguait la cadence d'un boléro... Savez-vous, ô gais Castillans, danseuses andalouses, ce que vos ancêtres ont souffert en ces lieux ?

SEPTIÈME SOIRÉE

Esclaves et martyrs (suite).

« Hier soir et les jours précédents, vous avez plusieurs fois prononcé le nom de martyr, mon révérend père ; est-ce qu'on peut considérer comme martyrs tous les esclaves chrétiens mis à mort par les musulmans ?

— Le titre de martyr, Alfred, a un sens plus ou moins strict, et il n'est pas inutile, en effet, de nous expliquer à cet égard, pour éviter entre nous toute fausse interprétation.

Dans le sens liturgique et rigoureux du terme de martyr, on ne peut appliquer ce titre qu'à ceux auxquels l'Église l'accorde par un jugement, et qui ont souffert la mort pour la doctrine de Jésus-Christ. Ainsi, ces chrétiens que nous avons vus verser leur sang plutôt que d'embrasser le mahométisme, mais dont l'Église n'a pas inscrit le nom au catalogue des saints et des bienheureux, ceux-là ne doivent pas être appelés martyrs, selon cette première signification, et l'on ne peut leur attribuer les honneurs du culte réservé à ceux que l'Église place sur les autels.

Mais, dans le sens littéraire du mot, nous avons le droit d'honorer du nom de martyr celui qui meurt évidemment pour la cause de Jésus-Christ et pour garder le titre de chrétien. Martyr signifie témoin : or, quel témoignage plus complet que celui que l'on signe de tout son sang? Les renégats convertis et les esclaves immolés en Barbarie par les musulmans, n'avaient qu'une parole à prononcer contre le Christ et pour Mahomet, et leur vie était sauve. Ils sont donc réellement morts martyrs de Jésus-Christ.

— Ces définitions, mon père, sont bien suffisantes pour que l'on interprète notre langage dans un sens légitime. Veuillez donc continuer à dérouler le martyrologe des bagnes de l'Afrique.

— Mohammed Ier, fils de l'ancien pacha d'Alger Salah-Raïs, avait succédé, en 1567, au pacha Hassan II, fils de Kheïr-ed-Din. Sous son règne mourut à Alger un homme de mer d'un courage remarquable, Jean Gasco, natif de Valence, où il avait sa femme et ses enfants.

Désireux de servir Dieu et S. M. Charles V, et d'acquérir de l'honneur en travaillant à sa propre fortune, il se rendit à la cour d'Espagne, et demanda au roi les moyens nécessaires pour tenter un exploit aussi brillant qu'utile. Gasco s'offrait à pénétrer au port d'Alger, pour y brûler tous les vaisseaux qui s'y trouveraient. Son désir et ses idées plurent au monarque. L'affaire fut examinée au conseil de guerre, et l'on renvoya le marin au vice-roi de Valence, qui devait lui fournir ce qu'il fallait pour son entreprise. Gasco, encouragé par les éloges et les promesses de Charles-Quint, présenta ses lettres au vice-roi.

Il put armer deux brigantins, l'un de quatorze bancs, l'autre de quinze. Il choisit pour les monter des rameurs vigoureux et de vaillants soldats; puis il partit de Valence dans les premiers jours d'octobre 1567. L'époque était bien choisie; car, à l'entrée de l'hiver, les navires se trouvaient réunis en plus grand nombre au port d'Alger. Gasco, favorisé par un beau temps, arriva rapidement en vue de cette ville. De jour, il reconnut la terre; mais il se tint au large, pour que ses brigantins ne fussent pas signalés.

Il était près de minuit, heure où s'oublie la vigilance des gardes. Jean Gasco avait distribué les rôles à ses compagnons : on accosterait les navires ennemis, et l'on se hâterait d'y allumer l'incendie avec les pots à feu et les matières inflammables préparées dans ce but. Pour lui, sautant vite à terre, il irait au bastion de la Marine, et, pour preuve de sa vaillance, il y laisserait son poignard encloué. Il braverait ainsi les Turcs, qui montent la garde toute la nuit au bastion et sur le môle.

Les brigantins s'avancent, entrent dans le port sans être entendus, mettent l'éperon sur des navires attachés au môle et désarmés; Gasco est à terre, il touche au bastion, frappe trois coups de son poignard à la porte, et l'y laisse enfoncé. Ses compagnons lancent les pots à feu remplis de poudre; mais nulle part l'incendie ne s'allume. Plusieurs sautent sur les galiotes pour exciter la flamme; et à ce moment les gardes de la marine des Maures, endormis sur quelques navires, se réveillent, reconnaissent les chrétiens, et poussent le cri d'alarme. La ville est en rumeur et sur pied.

Gasco, dans les ténèbres, a rejoint ses compagnons; il les exhorte à de nouveaux efforts. Fatalité ! le feu refuse de prendre. Gasco revient sur ses pas, tue à coups d'épée plusieurs des gardes qui criaient à l'ennemi, et se rembarque avec *trois chrétiens qui dormaient dans le port par ordre de leurs maîtres.*

Lorsqu'il se crut assez au large pour n'être pas vu d'Alger, il se mit à réfléchir. Le courage et la volonté ne lui manquaient pas, disait-il, pour tenter de nouveau, dans deux ou trois jours, la même entreprise.

De son côté, le pacha Mohammed apprenait le danger que sa marine et sa fortune avaient couru. Il fit venir quatre corsaires, leur ordonna d'armer en hâte quatre galiotes, de poursuivre en diverses directions, à toutes rames et à toutes voiles, les bâtiments chrétiens, et de ne pas revenir sans lui ramener du moins un d'eux.

Le corsaire Dali, rénégat grec, fit route vers le nord, et il aperçut avant midi les deux brigantins. Ceux-ci l'avaient vu également, et, soupçonnant qu'ils étaient poursuivis, ils prirent la fuite. Les Turcs leur donnèrent la chasse avec furie; et comme une des galiotes filait aussi rapide qu'un poisson, elle atteignit enfin celui des brigantins qui restait en arrière. Les forces des navires étaient trop inégales : après quelques coups de feu, les chrétiens furent faits prisonniers. L'autre brigantin avait pris de l'avance, et il put se sauver. Les Turcs furent ravis d'apprendre qu'ils avaient entre les mains Jean Gasco, chef de l'expédition. Mohammed, impatient, attendait leur retour; le 14 octobre, ils lui présentèrent Gasco et ses hommes. Pour frapper d'épouvante les chrétiens, le pacha ordonna aussitôt de dresser une potence à l'endroit où ce capitaine avait débarqué, de l'y pendre par le talon du pied gauche, et de le laisser mourir dans cette affreuse position.

Le condamné fut donc ramené à la Marine, où la potence était déjà prête, et, selon l'ordre du pacha, on l'accrocha par le talon à un long croc fixé au gibet. Un Turc, de ceux qui avaient pris et saccagé le brigantin, y avait trouvé la lettre du roi d'Espagne aux vice-rois de Valence et de Majorque, par laquelle Sa Majesté prescrivait de fournir à Gasco les moyens nécessaires à son expédition. Cette lettre, attachée au talon et au croc par lesquels le chrétien était pendu, devint un sujet de risée pour les Turcs et les Maures. Le patient souffrait des douleurs atroces; mais il invoquait notre Seigneur et la Vierge Marie.

Il endurait ce supplice depuis une heure, lorsque des capitaines corsaires, trouvant injuste le genre de mort qu'on lui avait infligé, allèrent trouver le pacha pour obtenir une révocation de la sentence. Ils lui représentèrent que, selon l'usage, les hommes de guerre cherchaient à faire tout le mal possible à l'ennemi et à brûler ses navires, sans mériter pour cela des châtiments extraordinaires; qu'ils brûlaient eux-mêmes chaque jour et détruisaient des vaisseaux chrétiens, et qu'il convenait de ne pas donner à leurs adversaires une raison de les traiter avec cette cruauté, s'ils venaient à être pris à leur tour. Celui qui insista le plus sur ces raisons fut Dali, le renégat grec auteur de la capture du brigantin.

Mohammed ordonna donc, à contre-cœur, de décrocher Gasco et de le conduire à son bagne. Là, les chrétiens lui prodiguèrent, pour le guérir, tous les soins dont ils étaient capables. Il fut traité avec la charité la plus tendre par le digne Contreras, habile chirurgien espagnol, qui était alors captif à Alger, avec deux autres gentilshommes au service de don Martin de Cordoue. Ils servaient d'ôtages pour ce seigneur, en attendant qu'il eût achevé de payer sa rançon. Gasco et ses amis rendaient grâces au Ciel de ce qu'il était délivré d'une mort terrible et imméritée; mais le Seigneur ne permit pas que leur contentement fût de longue durée.

Deux jours s'étaient à peine écoulés, quand des Maures qui s'étaient enfuis de Valence (il en arrivait tous les jours de l'Espagne en Barbarie) propagèrent le bruit que les chrétiens attribuaient à la crainte du roi d'Espagne l'ordre que Mohammed avait donné d'épargner Jean Gasco : le pacha, disait-il, ne pouvait pas tolérer qu'on portât une semblable atteinte à sa réputation. Mohammed, à cette nouvelle, entra en colère; les Tagarins l'aigrirent de plus en plus, et firent si bien, qu'il commanda de rattacher au fer de la potence l'infortuné Gasco. Ils s'empressèrent d'exécuter la sentence avant qu'elle fût divulguée, dans la crainte que les corsaires n'eussent le temps de renouveler leurs réclamations. Mais ils dépassèrent le sens des paroles du pacha, et, au lieu de pendre Gasco par le talon, ils l'élevèrent à la cime du gibet, d'où ils le firent retomber sur le croc, qui lui traversa le ventre de part en part. La blessure était mortelle; il expira sans prononcer une parole et sans pousser un cri.

Telle était l'irritation de Mohammed, excitée par les Tagarins, qu'il défendit sous des peines graves de descendre et d'ensevelir le supplicié. Le corps resta plusieurs jours au croc; il fut mangé par les oiseaux de proie, et tomba en lambeaux putréfiés, jusqu'à ce que des chrétiens en enlevèrent secrètement les derniers restes, qu'ils enterrèrent au cimetière de Bab-el-Oued. Jean Gasco pouvait avoir trente-huit ans.

— Quels sont donc, révérend père, demanda Carlotta, ces Maures que vous avez appelés Tagarins ?

— On donne ce nom aux Maures qui passaient de l'Espagne en Barbarie, pour éviter la domination des rois chrétiens de la Péninsule, et suivre en toute liberté la religion musulmane. Ils étaient nombreux dans toutes les villes du littoral d'Afrique, et se distinguaient par la vivacité de leur haine contre les chrétiens, et surtout, nous le disions, contre ceux d'Espagne. Je puis vous en citer un nouvel exemple : il appartient encore au règne du pacha Mohammed, qui gouverna quatorze mois.

Une frégate sortit du port de Cherchel, et se dirigea vers l'Espagne pour piller sur la côte. Les Maures qui la montaient étaient presque tous de ces Tagarins, qui formaient en bonne partie la population de Cherchel. Sur la plage de l'Alméria, ils enlevèrent un chrétien très-estimable qui habitait la ville du même nom. Il était de la milice qui veillait sans cesse à la défense de cette ville, et s'appelait Jean de Molina. Les corsaires, ayant déjà pris d'autres chrétiens sur ces côtes, jugèrent leur capture suffisante et rentrèrent à Cherchel.

Lorsque les navires reviennent de course et abordent en quelque lieu, les habitants accourent, les uns pour vendre des rafraîchissements, d'autres pour acheter du linge ou des habillements, d'autres enfin, attirés par la curiosité, pour voir les captifs et le butin. Les Maures de Cherchel vinrent donc à la frégate. Deux d'entre eux apprenant que Jean de Molina était d'Alméria, lui demandèrent s'il aurait par hasard quelque nouvelle d'un de leurs parents, fait prisonnier depuis trois ans près de cette ville.

« Notre parent, lui dirent-ils, était né à Grenade; il connaissait parfaitement la côte et le pays. Il servait d'espion à des pirates qui exerçaient leur métier sur le littoral espagnol. Un jour il débarqua avec dix à douze autres, Maures et Turcs, au cap de Gate, à onze milles d'Alméria; il les conduisit à un endroit où il passait continuellement du monde, et où il était facile de faire capture. Mais ils furent poursuivis par des soldats sortis d'Alméria, qui les prirent tous, excepté deux assez heureux pour regagner le navire.

— J'ai très-bien connu votre parent, répondit Jean de Molina sans penser à l'imprudence de ses paroles; j'étais avec les soldats qui l'ont arrêté.

— Savez-vous ce qu'il est devenu?

— Il fut conduit comme les autres à Alméria, continua le captif avec la même simplicité. Là, des Maures et des chrétiens le reconnurent; car six ans auparavant, lorsqu'il ne s'était point encore réfugié en Barbarie, ils l'avaient vu à Grenade et s'étaient trouvés en relations amicales avec lui. Le corrégidor, premier officier de justice, informé des faits, le fit venir en sa présence, puis emprisonner sous bonne garde. Il avait appris d'ailleurs que ce Maure, s'étant rendu coupable d'un assassinat, avait quitté Grenade en y laissant sa femme et ses enfants. Il l'envoya peu après dans cette dernière ville, et instruisit le tribunal du roi. Le Maure fut condamné à être pendu, bien qu'il eût mérité une mort plus cruelle : car au crime d'assassinat il avait ajouté celui de l'apostasie et celui d'avoir servi d'espion et de guide aux corsaires. »

Les Maures ne firent point d'attention aux motifs qui avaient déterminé cette sentence. Ils s'irritèrent comme si leur parent n'avait été puni que pour son titre de musulman, et ils brûlèrent du désir de le venger sur Jean de Molina lui-même. Ils dissimulèrent cependant à cette heure, et répétèrent d'abord à leurs familles ce que Jean de Molina leur avait dit. Partout on approuva leur projet de vengeance, et l'on prit l'engagement de leur fournir l'argent nécessaire pour les mettre à même d'acheter le captif au capitaine et aux Maures, dont il était la propriété.

La frégate quitta le port de Cherchel et se rendit à Alger : l'affluence des acheteurs amenait en cette ville la plupart des prises; car il y avait des chances de s'en défaire plus avantageusement sur un marché si fréquenté. Le départ du navire fut bientôt suivi de celui des Maures qui en voulaient à Jean de Molina. Ils arrivèrent par terre à Alger, trouvèrent des marchands tagarins favorables à leurs vues, et obtinrent la victime pour trois cent soixante-cinq doubles, ou cent cinquante écus. Ils donnèrent des arrhes, ramenèrent le chrétien à Cherchel, et l'enfermèrent dans la maison d'un tagarin, leur ami. Le prisonnier avait une grosse chaîne aux pieds, et il ne pouvait parler à aucun chrétien.

Les deux Maures qui l'avaient d'abord interrogé, se rendirent ensuite, accompagnés de plusieurs des principaux tagarins, près du pacha Mohammed, pour obtenir l'autorisation de mettre à mort le prisonnier. Ils exposèrent les faits sans aucun respect de la vérité.

« Le roi d'Espagne, dirent-ils, traite les Maures d'une manière si tyrannique, que non-seulement il les force à embrasser le christianisme, mais qu'il les fait mourir cruellement, s'ils ont le malheur de se retirer en Barbarie pour assurer leur salut. C'est ainsi qu'une justice cruelle a frappé récemment un de nos parents à Grenade. On espère par ce moyen décourager ceux qui seraient tentés de suivre son exemple. »

Ces paroles, prononcées d'un ton astucieux, excitaient l'indignation du pacha; ils continuèrent à jouer leur rôle.

« Votre Altesse ne l'ignore pas : une frégate, qui revient de la course, a pris un chrétien espagnol qui s'avoue l'un des auteurs de l'arrestation de notre parent, et c'est lui qui a causé sa perte. Par le culte d'Allah, pour l'honneur de Sidna-Mohammed, (que la paix soit sur lui!) et pour la confusion des chrétiens, nous vous supplions de nous laisser venger cette perte par la mort de ce prisonnier. »

Le pacha le leur accorda sans difficulté; ils s'en retournèrent joyeux et triomphants. Puis, combinant un prétendu sentiment religieux avec la sordide avarice qui caractérise les Maures, ils s'arrangèrent de façon à obtenir en aumônes plus d'argent qu'ils n'en avaient dépensé pour acheter Jean de Molina. Voici comment ils s'y prirent : le vendredi suivant, jour spécialement consacré au culte chez les musulmans, comme le dimanche chez les chrétiens et le samedi chez les juifs, ils tirèrent Jean de Molina de la prison où il était à la chaîne, et le promenèrent dans la ville, les mains liées, un bâillon à la bouche. Plusieurs Maures marchaient derrière lui pour le surveiller, d'autres le précédaient, un plat à la main. Le cortége passa devant les portes des mosquées, aux heures de la prière et des audiences des juges, et circula dans toutes les rues en demandant l'aumône.

« Donnez, donnez-nous pour acheter ce chien de chrétien que nous voulons brûler vivant ! »

Puis ils stimulaient la piété et la générosité des musulmans, en leur répétant la mensongère histoire qu'ils avaient fabriquée. Le captif, bâillonné, subissait la calomnie sans pouvoir y répondre. Il entendait demander l'aumône nécessaire pour payer le bois qui devait le consumer. On lui mettait sous les yeux les horreurs de la mort; les injures, les coups de pied, les soufflets, les coups de poing derrière la tête, pleuvaient sur le malheureux, ou plutôt sur le bienheureux confesseur de Jésus-Christ. On le poussait dans tous les sens; les enfants de la plus vile populace lui arrachaient des cheveux et des poils de la barbe en faisant des huées : c'était un spectacle à fendre le cœur.

Mais, ô puissance admirable de la grâce ! la patience du captif demeura inaltérable. Autant que le bâillon et les liens le permettaient, il prenait l'attitude de la prière, et il levait les yeux au ciel, montrant qu'il se résignait à la volonté de Dieu.

C'était le 20 août; les Maures, aidés de renégats qui voulaient paraître zélés musulmans, avaient recueilli assez d'aumônes. De cet argent ils acquittèrent la dette de l'achat du captif; puis ils firent porter une grande quantité de bois sec près de la tour du phare qui s'élevait alors sur un îlot à l'entrée du port.

A trois heures du soir, Jean de Molina, toujours garrotté et bâillonné, fut amené à la Marine. Le concours des spectateurs était si grand, que la circulation devint difficile sur la voie publique; les cris et le tumulte de la foule ébranlaient le ciel.

Le martyr s'avançait avec calme, et l'on voyait qu'il portait Dieu dans son cœur. Ses regards, de temps à autre, cherchaient dans la foule quelques chrétiens reconnaissables à leurs vêtements, et il leur disait d'une voix distincte, malgré le bâillon :

« Chrétiens mes frères, priez Dieu pour moi ! »

On arriva au lieu du supplice. Les Maures firent mettre le feu à un énorme bûcher, d'où la flamme lança bientôt ses langues dévorantes. Ils jetèrent sur le sol le confesseur de Jésus-Christ, doux comme l'Agneau de Dieu, et muet, à son exemple, sous la main de ses bourreaux. Ils l'attachèrent par les pieds et par les mains avec une forte corde. Quatre Maures le prirent, le balancèrent, et le plongèrent vivant au milieu du brasier. Le serviteur de Dieu rendit l'âme sans faire de mouvement et sans dire une parole. Il avait environ trente-sept ans. Le corps fut réduit en cendres, à l'exception de quelques restes d'ossements. Ils avaient disparu le lendemain, soit que des chrétiens les eussent emportés à la dérobée, soit que les Maures les eussent jetés à la mer.

— Nous croyons, mon révérend père, dit Mme Morelli, que ce Jean de Molina est un véritable martyr ; car il n'a été immolé qu'en haine du christianisme, et il a rendu jusqu'au dernier soupir témoignage à notre sainte religion. Il est regrettable que Rome n'ait pu connaître suffisamment de tels faits : l'Afrique moderne compterait certainement des martyrs canonisés.

— Peut-être, ajouta M. Morelli, la Providence, dont la sagesse et les ressources sont infinies, manifestera-t-elle un jour à son Église quelqu'un de ces martyrs ensevelis dans l'oubli ; l'Église couronnerait dans la personne de celui-là leur phalange héroïque.

— Il faut y comprendre, poursuivit le vieillard, un chrétien de Raguse, mis à mort en 1572 par ordre d'Ahmed Ier, Arabe d'origine et gouverneur d'Alger. Pour garantir cette place contre toute surprise de la part des Espagnols, ce pacha travailla deux ans à fortifier le côté vulnérable de Bab-Azoun. Il fit raser le faubourg, abattre la porte, et construire sur un meilleur plan de nouveaux remparts. Le génie français transforme à son tour ces ouvrages, que les progrès dans l'art de la guerre rendraient aujourd'hui insuffisants. Arab-Ahmed surveillait les ouvriers la pique à la main; il y avait parmi eux beaucoup de Maures et d'esclaves chrétiens, qu'il traitait fort brutalement pour ne pas perdre la confiance des janissaires : car ils pouvaient le voir de mauvais œil à cause de sa qualité d'Arabe.

Au nombre des esclaves était le patron d'un navire de Raguse, capturé par des galiotes algériennes, au mépris du droit des gens et de toute notion de justice : la république de Raguse, en effet, payait alors un tribut au Grand Turc, et se reconnaissait en quelque sorte comme vassale, afin de pouvoir naviguer librement sous sa sauvegarde. L'esclave, digne homme et bon chrétien, savait de quelle flagrante iniquité il était victime. Voyant donc un jour, c'était le 15 ou le 16 avril, Arab-Ahmed s'approcher du fossé où il travaillait avec d'autres esclaves, il l'aborda, et lui dit :

« Hé quoi ! sultan, est-il juste qu'on me retienne ici en captivité, tandis que la république dont je suis citoyen paie au Grand Seigneur un tribut pour naviguer sous sa protection ? Est-il juste que je sois si maltraité et que vous me fassiez travailler si durement ?

— Ah ! tu n'es pas mon esclave, toi ? répondit le pacha en colère.

— De droit, je ne le suis pas; car je suis vassal du Grand Seigneur.

— Tu verras bientôt si tu es mon esclave ou non. »

A l'instant même il envoya chercher, par un chaouch, le gardien-bachi ou gardien en chef de ses esclaves, et lui donna des ordres en langue turque, afin que les chrétiens ne les comprissent pas. Le gardien-bachi appela le Ragusan, et l'emmena au port, sans lui rien dire. Ils montèrent avec trois Turcs dans une des barques amarrées d'ordinaire en cet endroit, et s'éloignèrent du port à la distance d'un bon trait d'arbalète. Les musulmans lièrent alors les pieds et les mains au chrétien, lui attachèrent une grosse pierre au cou, et le jetèrent dans les flots; il ne reparut plus.

Je dois signaler cet Arab-Ahmed, continua le père Gervais, comme un des pachas les plus inhumains qui se soient joués de la vie des chrétiens. Un mois après la mort du Ragusan, il ne rougit pas de se faire lui-même le bourreau de malheureux captifs. On lui amena deux jeunes hommes d'environ vingt-cinq ans, l'un né en Espagne, l'autre à l'île d'Iviça, et que les Arabes venaient d'arrêter à Cherchel, tandis qu'ils fuyaient d'Alger à Oran.

« Pourquoi, leur demanda le pacha, avez-vous pris la fuite?
— C'est le désir de la liberté qui nous a poussés, comme tant d'autres captifs : on se procure la liberté comme on peut. »

Le barbare les fit étendre par terre, et, d'une pique qu'il avait d'habitude à la main, il frappa l'Espagnol sur le ventre avec tant de force, que la pique se brisa. Il frappa de nouveau avec un bâton, et le patient expira sous les coups en invoquant le doux nom de Jésus. Il s'acharna ensuite sur l'esclave d'Iviça, et lui écrasa le foie et les entrailles jusqu'à ce qu'on le crût mort. On retira le corps pour l'enterrer; mais il y avait encore un souffle de vie. Le jeune homme survécut deux jours, et sanctifia sa mort par de grands sentiments de piété.

— Il n'est pas rare, dit M. Morelli, que les souverains musulmans aient agi comme Arab-Ahmed. Moulê-Abd-el-Melek, roi de Maroc en 1629, aimait les esclaves chrétiens et voulait qu'ils se fissent musulmans pour être rapprochés de sa personne; mais il était cruel dans l'ivresse. Il avait des lions dans un parc, et se plaisait à voir les chrétiens succomber en luttant contre ces animaux.

— Ce Romain ! interrompit Alfred.

— Il rouait de coups ceux des captifs qui ne voulaient pas céder à ses ordres en reniant la foi. Un jour il les réunit, prend son cimeterre, et jure qu'il tuera ceux qui oseront lui résister. Ils passent l'un après l'autre en lui baisant les pieds. Il fait mettre à mort ceux dont il exige l'apostasie et qui la refusent. Le père Cyprien, dominicain, passe et se dit Portugais.

« Ce sont des poules d'eau, fit Abd-el-Melek; laisse-le aller. »

Le père Jean Coural, augustin espagnol, s'avance et ne consent pas à renier. Abd-el-Melek, d'un coup de cimeterre, l'étend à ses pieds.

Le dominicain français Pierre Morel vient ensuite, et déclare qu'il est et restera chrétien. Le sultan le frappa de son cimeterre ; mais les blessures ne furent pas mortelles.

Puis il se précipita en furieux sur les chrétiens, sabrant au hasard jusqu'à ce que l'arme se brisât. Le commandeur de Rasilly et le père Dan constatèrent ce fait par le témoignage de plusieurs de ceux qui avaient été victimes. Moulé-Abd-el-Melek fut tué par un renégat qu'il voulait mutiler d'une manière ignominieuse.

— Il est probable, dit Alfred, que le père Comelin veut parler d'Abd-el-Melek, quand il raconte qu'un roi de Maroc fit jeter des esclaves chrétiens dans une fosse aux lions, à la sollicitation de ses marabouts. Voyant que les lions épargnaient les chrétiens, il ordonna de retirer ceux-ci et de jeter à leur place les marabouts, qui furent bientôt dévorés.

— Pour revenir au féroce Arab-Ahmed, reprit le père Gervais, il avait vu s'augmenter, en 1573, le nombre des esclaves chrétiens. L'un d'eux, N. Trinquette, Italien de naissance et cordonnier de son métier, convint avec plusieurs de ses amis qu'ils tenteraient de recouvrer leur liberté par la fuite. Ils devaient descendre, la nuit, du haut du mur qui s'étend vers la Marine, et ils s'empareraient dans le port d'un brigantin désarmé. Quarante esclaves entrèrent dans le complot. On était en décembre 1573, et la saison offrait des chances de salut. Les corsaires et patrons de navires hivernaient hors d'Alger, ou bien ils avaient désarmé leurs bâtiments. Ainsi les fugitifs auraient le temps de gagner du chemin avant qu'on pût leur donner la chasse.

Trinquette, par l'intermédiaire d'un chrétien dont le métier était de faire des rames, obtint, d'un autre esclave qui espérait recouvrer avec eux sa liberté, la promesse de livrer les clefs d'un magasin dont celui-ci était le gardien, et où l'on trouverait des rames et des agrès. Le jour fixé, le 28 décembre, arriva. Vers minuit, Trinquette et les chrétiens se trouvèrent prêts, à la muraille qui est entre la Grande-Mosquée, Djema-el-Kebira, et le magasin de rames. Les uns portaient sur les épaules des barriques d'eau, les autres des sacs de biscuit ; ceux-ci des cordages, ceux-là des pièces de gros bouracan, propres à servir de voiles.

Ils descendent. L'esclave dépositaire des clefs du magasin de son maître ouvre la porte et donne vingt rames très-bonnes, qui appartenaient à un brigantin semblable à celui qu'on devait prendre. On s'achemine vers le môle, dans le plus profond silence. Tout à coup des Maures et des Turcs s'écrient :

« Au secours ! au secours ! Les chrétiens s'enfuient. »

Le pacha, prévenu du complot, on ne sait comment, avait aposté ces sentinelles. Les esclaves, se voyant découverts, se sauvèrent de tous côtés au hasard. Mais douze, au nombre desquels est Trinquette, plus hardis que les autres, s'élancent dans le brigantin, démarrent, se garantissent comme ils peuvent des pierres qu'on leur jette, et se mettent en mer avec courage, animés par les exhortations de Trinquette. Déjà ils sont à deux grands milles du rivage; ils arborent pavillon au mât, tendent une voile, et voguent vers l'est, poussés par le vent.

Ils allaient ainsi, à la garde de Dieu, lorsque sa providence permit au mistral de se déchaîner. La tempête mugit, menaçant d'engloutir le brigantin, et les pauvres chrétiens se virent forcés, à leur grande douleur, de chercher le salut dans un port de la côte. Mais les vagues rejetèrent le navire brisé sur la plage, et ce fut par miracle qu'ils échappèrent à la mort. Les Arabes de ce pays avaient aperçu le bâtiment en péril, et ils étaient accourus sur le bord de la mer. Les naufragés furent pris et conduits à Alger. Le pacha fit rouer de coups, en sa présence, dix de ces infortunés, et il condamna aux ganches Trinquette et un de ses compagnons, jugés plus coupables. Cependant on le pria de se montrer moins sévère, et il consentit à ce que ces derniers, au lieu d'être mis à l'horrible croc, fussent attachés à l'antenne d'un navire et percés de flèches. De nouvelles supplications obtinrent une nouvelle commutation de peine, et les deux chrétiens furent pendus à l'endroit de la muraille qu'ils avaient choisi pour leur évasion.

Les sentiments pieux qu'ils firent paraître à la dernière heure édifièrent et consolèrent beaucoup les autres chrétiens, que cette perte affligeait d'ailleurs profondément. »

Mme Morelli suspendit quelques instants les récits du vieillard, que l'on devait craindre de fatiguer. Fatma, selon la coutume, servit le thé. Tout le monde remarquait un certain changement dans l'extérieur de la négresse. Soit qu'elle fût heureusement influencée par ces conversations du soir, dont elle recueillait une partie, tout en berçant le petit enfant confié à ses soins; soit plutôt que son éducation chrétienne, dirigée par Carlotta, eût fait des progrès notables, Fatma se transformait sensiblement. Son regard brillait d'une lumière plus intelligente; elle ne s'affaissait plus sur elle-même sans aucune dignité, et sa sollicitude pour la petite Marie paraissait supérieure à ce dévouement instinctif qui n'est pas rare dans les serviteurs de sa race, et qui ressemble trop à l'attachement du chien pour son maître.

On échangeait ces observations tandis qu'elle s'était retirée pour faire son service. Carlotta écoutait, pensive et silencieuse. La négresse vint reprendre l'enfant des bras de la mère, et l'on remit le bon vieillard sur l'inépuisable chapitre de ses souvenirs historiques et personnels.

« Le successeur d'Ahmed Ier, dit-il, fut Ramadan-Pacha, renégat sarde, dont l'entrée eut lieu à Alger en 1576. Il s'était enfui de Tunis trois ans auparavant, lorsque don Juan d'Autriche, frère du roi d'Espagne Philippe II, vint assiéger cette ville et l'occupa sans coup férir. Kairouan lui avait offert un asile, et les Algériens l'avaient eux-mêmes demandé pour gouverneur.

De son temps il y avait à Alger un renégat grec, nommé Asanico et fameux par ses cruautés. C'était pour lui un passe-temps de couper le nez et les oreilles à ses esclaves, et il les faisait monter ainsi mutilés sur sa galiote. Un printemps, il alla en course avec cinq autres navires. On se dirigea vers le couchant, et l'on fut en peu de jours hors du détroit de Gibraltar, dans les parages de Cadix. Les corsaires savaient qu'à une demi-lieue de cette ville, dans un endroit nommé Saint-Sébastien, et où le duc de Medina-Sidonia possédait un domaine, les chrétiens se trouvaient en grand nombre, occupés à la pêche du thon. Ils convinrent d'y débarquer avant le jour trois cents

Turcs chargés de les faire prisonniers. Asanico était parmi ceux qui descendirent à terre.

Le coup réussit parfaitement. Les chrétiens étaient sans inquiétude, endormis sur la plage; deux cents furent pris et conduits vers les galiotes. Mais un renégat du pays s'était enfui au débarquement des corsaires, et il avait donné l'éveil à Cadix. Des habitants sortirent en armes et attaquèrent les Turcs au moment où ils regagnaient les navires, de sorte qu'une grande partie de leurs captifs restait sur la plage. De plus, soit que la marée fût très-basse, soit que les galiotes fussent trop chargées, les Turcs s'aperçurent qu'elles touchaient le sable et n'étaient plus portées par les flots. A force de bras et d'épaules, ils s'efforcèrent de les retirer du rivage, pendant qu'une faible troupe des leurs contenait les chrétiens par des escarmouches. Quelques Turcs à terre furent faits prisonniers, et d'autres blessés. Cinq des bâtiments avaient réussi à se remettre à flot; mais la galiote d'Asanico ne put y parvenir. C'était la plus grande; elle avait par flanc vingt et un bancs; on s'y était réfugié en trop grand nombre, et les chrétiens dirigeaient sur elle leurs plus vigoureux efforts. Ils la tiraient d'un côté, les Turcs de l'autre. Asanico et ses compagnons étaient sans espoir. Ceux-ci, se jetant à la mer, atteignirent à la nage les autres navires; ceux-là, renversés sur les bancs, voulaient éviter les coups d'arquebuse. Enfin les chrétiens se rendirent maîtres de la galiote, des corsaires qui restaient, et d'Asanico lui-même.

Grande fut la joie des gens de Cadix : ils rendaient cent quarante chrétiens rameurs à la liberté. Ils n'avaient qu'un regret, c'était de voir s'éloigner les cinq autres galiotes. Elles furent bientôt hors de l'atteinte des grosses arquebuses et d'une pièce d'artillerie traînée de Cadix, qui leur envoyaient force projectiles. La galiote capturée fut mise en sûreté. Cadix en fête reçut la longue procession des esclaves délivrés et des Turcs faits prisonniers. Peu d'heures après, le corrégidor fut instruit des crimes d'Asanico. Les anciens captifs de ce renégat demandaient justice contre lui : ils montraient leurs oreilles, leur nez, leurs doigts coupés; les traces des blessures qu'il leur avait faites aux yeux et à la figure. Il fut condamné à la peine capitale, et l'on exposa sa tête à l'une des portes de la ville. Avant de mourir, il reconnut son erreur et ses crimes, se réconcilia pieusement avec l'Église, et donna les marques d'une sincère pénitence.

Or, au même temps, demeurait à Cadix un marchand, Grec aussi de nation, nommé Nicolo. C'était un assez bon homme, père de famille, et que faisait vivre une boutique de toiles et de quincaillerie. Il avait quelquefois visité et consolé dans la prison Asanico, son compatriote. Le malheur voulut qu'allant à Lisbonne pour son commerce, il tomba aux mains de corsaires algériens.

Désirant ardemment retrouver sa famille, dont il était l'indispensable soutien, il fit une convention avec un Maure d'Alger qui portait le turban vert de chérif. Celui-ci l'achèterait et l'amènerait à Tétuan, ville du Maroc plus rapprochée de l'Espagne. Là Nicolo donnerait pour sa rançon cinq cents doubles ou deux cents écus d'or d'Espagne. L'affaire était conclue ; ils devaient d'un jour à l'autre partir pour Tétuan. Mais voici qu'un des renégats pris à Cadix avec Asanico se sauve de cette ville, arrive à Alger, et reconnaît un jour, en passant, Nicolo, qui cousait un caban dans la boutique d'un tailleur chrétien. Il avait vu le marchand lorsqu'il visitait à la prison son compatriote. Animé d'une malice infernale, il dit aux renégats :

« Si vous désirez venger la mort d'Asanico, la chose est facile. Je me charge de vous indiquer l'auteur de sa perte. »

Ils accueillirent, on le pense bien, la proposition, et réclamèrent du pacha l'autorisation de punir le pauvre marchand. Ramadan-Pacha n'était pas plus scrupuleux que les autres gouverneurs : il abandonna le captif aux renégats. Le chérif maître de ce dernier le leur vendit au prix de cinq cents doubles. Le bienheureux Nicolo (nous pouvons l'appeler ainsi, car de ce moment va commencer son martyre) fut enfermé sur-le-champ dans le bagne du renégat albanais Mami-Arnaut, digne de commander à ces brigands, dont la cruauté tenait de la bête fauve. On lui riva aux pieds une longue et lourde chaîne.

Défense aux Maures comme aux chrétiens de lui adresser une parole ; défense de lui donner aucune nourriture.

C'était le 23 décembre, et les renégats avaient d'abord résolu de mettre à mort Nicolo le lendemain. Mais ils ajournèrent l'exécution au 25, réfléchissant qu'elle empoisonnerait la joie des chrétiens, qui célèbrent avec tant de bonheur la fête de Noël.

A peine ce beau jour commençait-il à luire que toute cette canaille, Turcs, Maures, renégats, se mit à hurler :

« Il faut brûler le chrétien ! Il faut brûler le chrétien ! »

Leur rage s'anima tellement, que nul des chrétiens n'osait sortir dans la rue : les coups de poing derrière la tête, les coups de pied, les soufflets les obligeaient aussitôt à la retraite.

Il y avait alors à Alger un religieux de la compagnie de Jésus, le révérend père de Torris, Castillan de nation. Il était venu racheter beaucoup de pauvres chrétiens avec les aumônes que le vaillant Louis de Quixada, l'ami de don Juan d'Autriche, avait léguées par testament. Révolté de la manière dont on se conduisait envers un innocent, il alla trouver le pacha, remontra fortement que l'on agissait contre la justice et l'humanité, et supplia Son Altesse de s'opposer à ces traitements barbares. Le père de Torris ne put tenir cette démarche si secrète que les renégats n'en eussent connaissance. Craignant que le pacha ne revînt sur sa parole, ils se rendirent au palais en grand nombre et y trouvèrent le religieux. Ils ne voulurent pas entendre à ses raisons, et crièrent que la décision du roi devait s'accomplir. Ils allèrent plus loin, et demandèrent que ce baba lui-même fût brûlé.

« Si l'on met à mort les renégats en Espagne, disaient-ils, c'est à ces babas qu'il faut l'attribuer. »

Ce n'était pas une mauvaise plaisanterie, mais une demande sérieuse ; et Mami-Arnaut, tout méchant qu'il était, voyant le danger que courait le père de Torris, s'approcha de lui, et, le couvrant de son burnous en signe de protection, dit aux renégats :

« Cet homme doit être à l'abri de toute injure, car il est ici le représentant du roi d'Espagne pour le rachat des captifs espagnols. Contentez-vous de punir le Grec. »

Le pacha fut du même avis, et les renégats s'en allèrent, jetant feu et flamme. Le père de Torris se retira également, effrayé de la cruauté de cette nation.

Le bienheureux Nicolo était instruit de la trame ourdie contre lui. Il bénissait le Seigneur de ce qu'il daignait le choisir pour glorifier son saint nom; il en recevait une surabondance de grâces pour soutenir le combat auquel il était appelé. Comme on marquait le jour de sa mort glorieuse à la fête de Noël, il s'y prépara saintement, et put se procurer le secours d'un confesseur : c'était un père de la Trinité, esclave lui-même, et qui plus tard s'enfuit à Oran. Nicolo passa le jour de Noël dans l'attente de ses bourreaux; mais ils avaient remis le supplice au lendemain, fête de saint Étienne, le premier martyr. Ils voulaient réunir en aumônes toute la somme qu'ils avaient dépensée pour acheter Nicolo; il était bon, d'ailleurs, à leur avis, qu'un très-grand nombre contribuassent à une œuvre si méritoire. Le 26, ils se donnèrent beaucoup de mouvement pour compléter la somme. Un renégat espagnol, natif de Murcie, nommé Morat, voyant la fête retardée parce qu'il manquait soixante doubles ou vingt-quatre écus, offrit la moitié de la somme, et alla mendier le reste, un bassin à la main, auprès de ses amis. Il obtint promptement ce qu'il désirait.

Vers midi, trente à quarante renégats, accompagnés de chaouchs exécuteurs de justice, se rendirent au bagne de Nicolo. On lui ôta la chaîne, et on le conduisit à Bab-el-Oued, avec le cortége accoutumé de la multitude des Turcs et des Maures. Les vociférations, les outrages, les coups de cette populace, les injures de cette tourbe d'enfants qui pullulent encore dans les rues d'Alger, et qui se disputent l'honneur de décrotter nos chaussures, ne troublèrent pas la paix et la gravité du martyr. Sur le lieu du supplice, on l'attacha à une ancre renversée, dont la tige était fixée en terre; on alluma le bois disposé en cercle autour de lui, et on le rôtit vivant. Il priait à haute voix, et souffrait avec une constance surhumaine. Au bout de trois quarts d'heure, il inclina la tête et rendit l'âme. Les renégats le lapidèrent, et les enfants rivalisèrent d'ardeur avec eux. Le feu dura toute la nuit, et le lendemain les chrétiens ne trouvèrent plus que des restes d'ossements. Ils les emportèrent, et les ensevelirent secrètement en leur cimetière.

« Si du moins les reliques de tant de martyrs, dit Mme Morelli, avaient pu être préservées ! Pensez-vous qu'on en eût retrouvé chez les chrétiens d'Alger au moment de la conquête ?

— Peut-être, répondit le trinitaire ; car il serait injuste de croire que l'on n'appréciait pas suffisamment la dépouille mortelle de ceux qui mouraient pour la foi. Au besoin, des faits merveilleux, pour ne pas dire miraculeux, auraient rappelé de temps à autre à la pensée des fidèles le caractère de ces reliques. Et cette réflexion me donne lieu de vous faire connaître un martyr de Tunis, Antonio di Pace, qui souffrit dans cette ville au mois d'avril 1650.

« Cet esclave, natif de Trapani, était âgé d'environ dix-huit ans. Sommé d'apostasier, il refusa de prononcer la confession de foi musulmane, *el-chehada*, et il fut crucifié comme l'apôtre saint André. On le lia sur la croix, et il y fut attaché par quatre clous. On lui déchira les épaules et les flancs, et on lui lança des pierres. Un des barbares qui le torturaient lui donna un grand coup de sabre sur la tête, avec l'intention de le tuer ; mais il survécut du samedi au mardi, sans cesser de proclamer les saintes vérités de notre foi. Le mardi au matin, on oignit de miel sa tête et son visage pour y attirer les mouches et rendre sa dernière heure plus douloureuse. Il expira chargé de mérites et pendant une oraison brûlante.

Les chrétiens esclaves obtinrent le corps du martyr et lui donnèrent une sépulture distinguée dans l'église Saint-Antoine, au cimetière de notre religion, ou peut-être dans l'église Sainte-Croix ; car on ne sait pas au juste où il fut immédiatement déposé par le père François de Ventimiglia, préfet apostolique de l'ordre des capucins.

Mais ce père le confia bientôt après à un navire français, pour le transporter à Rome. Alors il arriva quelque chose d'extraordinaire. Trois fois le bâtiment s'éloigna du port de la Goulette par un vent favorable et un temps calme, et trois fois la tempête le força d'y rentrer.

« Le préfet, soupçonnant un dessein particulier de la Providence, et quelque indiscrétion de la part du capitaine, fit débarquer la caisse qui contenait le corps d'Antonio di Pace et les instruments de son supplice. A l'ouverture, il s'aperçut qu'il manquait un des quatre clous. Il en demanda compte au capitaine, qui d'abord nia l'avoir pris, et qui ensuite, pressé par sa conscience, le restitua. La caisse fut replacée sur le bâtiment ; et cette fois il fit voile pour Rome sans éprouver de mauvais temps.

— Que sont devenues les reliques d'Antonio ? demanda M. Morelli.

— Je l'ignore, dit le moine. Les archives des capucins de Tunis m'ont révélé l'histoire de ce martyr. J'y ai vu une lettre des sénateurs de Trapani, qui fait le plus grand honneur à ces magistrats par la piété qu'elle respire. Ils y demandaient, au père général des capucins, à la date du 11 janvier 1740, une relation exacte du martyre de leur compatriote et des indications sur le sort de ses reliques. On ne put rien leur apprendre de Tunis, et moi-même j'ai fait des recherches inutiles à Rome et à Paris, pour savoir ce que sont devenus ces restes vénérables. »

Mme Morelli mit fin à la conversation, et l'on se retira.

Carlotta semblait toute préoccupée. A cette question : Trouverait-on à Alger des reliques des esclaves martyrs ? le religieux avait répondu : Peut-être ; et ce *peut-être* excitait les espérances et le zèle de la jeune fille.

HUITIÈME SOIRÉE

Esclaves et martyrs (suite).

« Vous êtes toute joyeuse ce soir, Carlotta, dit le père Gervasio en prenant sa place accoutumée, et dans le regard de Fatma elle-même j'entrevois un rayon de bonheur.

— Biççah, ia, sidi, ô Monseigneur, c'est vrai.

— Oh! oui, révérend père, répondait en même temps Carlotta, je suis heureuse aujourd'hui, j'ai trouvé des reliques d'un martyr de Barbarie!

— Réellement?

— Réellement, répondirent Alfred et Mme Morelli.

— Où donc? demanda le moine, prenant le reliquaire en forme de médaillon que lui présentait la jeune fille.

— Il est impossible, me disais-je, continua Carlotta, que les familles de Malte et de Mahon établies depuis longtemps à la côte d'Afrique n'aient pas conservé quelques ossements ou d'autres reliques de chrétiens martyrisés dans ce pays. Je me suis mise en quête, accompagnée de Fatma, et j'ai découvert enfin ce médaillon dans l'humble demeure du vieux pêcheur Luigi Galea. J'étais folle de joie quand ce bon Maltais consentit à me donner cette relique, bien qu'elle lui fût très-chère.

— Et d'où lui venait-elle?

— De son père, qui avait habité les régences de l'est. Mais il n'a pu nous indiquer une origine plus ancienne.

— Vous saurez peut-être quel est ce martyr, dit M. Morelli; l'inscription ne porte pas de nom propre.

— Nous lisons ces mots à demi effacés : DEL PADRE DI PERUGGIA, ajouta Mme Morelli.

— Ah! fit le trinitaire, je sais très-bien son histoire. Elle a été consignée par un père de la Merci dans l'ouvrage intitulé: *L'Esclave religieux et ses Aventures.* L'auteur, après avoir été huit ans esclave à Tripoli, fut délivré, et il ne crut pouvoir mieux témoigner sa reconnaissance au Seigneur qu'en entrant dans l'ordre de la Merci, pour se consacrer au salut de ceux dont il avait partagé les souffrances. Voici ce qu'il raconte du religieux de Pérouse, sans le désigner autrement.

Ce moine abandonna par dépit son couvent et sa famille vers l'an 1650. Il prit le turban à Tripoli, devint fort instruit dans la science arabe et fut nommé marabout de la mosquée du Château. Le pacha Mehemed lui conféra la charge de cadi et l'appela dans son conseil. C'est alors que l'évêque grec, de la famille des Justinien de Chio, dont nous avons parlé récemment et qui était esclave *incognito*, eut avec le renégat des entretiens sur la religion. Il toucha son cœur, lui fit verser des larmes, entendit sa confession, et lui donna pour pénitence, et comme moyen d'expier ses crimes publics, de se rétracter en présence du pacha et de toute sa cour, en foulant aux pieds le turban. Pour ne pas exposer la vie du prélat, le converti attendit son départ, qui eut lieu peu de jours après, et il se rendit au palais, revêtu de ses habits les plus magnifiques.

« Comment se fait-il, lui demanda le pacha, que tu n'as point paru depuis quelques jours?

— C'est que j'étais retenu par la retraite où Dieu m'a découvert la profondeur de l'abîme dans lequel je me suis précipité. J'abjure les impostures du Coran; il n'y a de vraie religion que la chrétienne; je suis prêt à soutenir pour elle tous les supplices imaginables. » A ces mots, il tire de la manche de son caftan un crucifix, exhorte ceux qui l'entendent à adorer un Dieu mort en croix pour le salut des hommes, puis jette par terre son turban en maudissant Mahomet.

Les Turcs présents voulaient le massacrer. Mehemed les retint en disant qu'il était fou. Le moine, sans s'émouvoir, jeta aux pieds du pacha une poignée de sultanis d'or:

« Voilà, dit-il, ce qui me reste d'un argent criminel: il servira pour acheter le bois qui doit me brûler, si tu ne veux toi-même en faire les frais. »

La ville fut bientôt en rumeur, et le pacha désespéra de sauver le chrétien. Le divan, ou conseil de justice, craignant une sédition populaire, exigea que ce coupable fût puni selon la rigueur des lois. On offrit vainement au converti le pardon et de nouveaux honneurs ; il persévéra, et fut condamné à être brûlé vif. On le conduisit au lieu du supplice, où il arriva couvert de crachats, contusionné par les coups de pierre et de bâton, mais sans rien perdre d'une sublime dignité. Là, il conjura les captifs de rester fidèles à leur foi, et, prenant ensuite la parole en arabe, il adjura les musulmans de reconnaître la fausseté de leurs croyances. Il rendit le dernier soupir en priant pour ses bourreaux. Son âme monta au ciel purifiée par le feu des souillures de l'infidélité. Les chrétiens recueillirent avec vénération les restes de ses ossements, et l'on assure que son cœur, respecté par les flammes, fut retrouvé intact et vermeil dans les cendres du bûcher.

Cette précieuse parcelle que vous possédez, Mademoiselle, a été sauvée sans doute dans cette circonstance.

— Révérend père, demanda Carlotta, les esclaves et les chrétiens francs qui résidaient en Barbarie font preuve de beaucoup de zèle pour sauver les restes mortels de leurs frères en religion ; n'était-ce point de leur part une œuvre périlleuse ?

— Ils s'exposaient véritablement à des sévices graves, et même à des peines rigoureuses, s'il s'agissait de suppliciés que le pacha condamnait à rester privés de sépulture. Mais s'il est vrai qu'ensevelir les morts soit une œuvre excellente et pour laquelle Tobie a mérité les éloges de l'Esprit saint, que ne doit-on pas faire pour préserver des reliques de la profanation ! Et n'étaient-ce pas souvent des reliques sacrées qu'on ramassait dans la cendre des bûchers ? N'était-ce pas une chair sanctifiée par le martyre qu'on détachait des crochets de fer fixés aux remparts ?

— Père, dit Alfred, depuis que vous avez si heureusement excité notre pieuse curiosité au sujet des esclaves, j'interroge les livres et les personnes qui peuvent nous communiquer des faits. J'ai ouï raconter aujourd'hui un brillant combat qui eut lieu sous le règne du pacha Ramadan, entre des corsaires et des esclaves chrétiens. Je prendrai, si l'on veut bien m'y autoriser, la liberté de reproduire cette histoire.

— Volontiers, mon ami.

— En février 1577, Kar-Hassan, corsaire d'Alger, originaire de l'Anatolie, se trouvait dans la rivière de Tétouan, avec deux navires qui lui appartenaient, l'un à vingt-deux bancs dont il était capitaine, l'autre à dix-neuf, commandé par Mami-Ramirey, renégat vénitien. Ce Kar-Hassan était cruel envers ses esclaves, et il s'en faisait gloire. Aussi la plupart avaient juré de saisir l'occasion favorable de s'emparer de son navire pour gagner un rivage chrétien. Les circonstances se prêtaient alors à la réalisation de ce projet : on pouvait en peu d'heures passer de la rivière de Tétuan à l'Espagne. Les esclaves résolurent de les mettre à profit. Voici les chefs du complot : ils avaient de dix-huit à vingt-six ans.

Janéto, né à Venise, charpentier.

Julien, Génois d'origine, maître d'hôtel du navire.

Maestro Marco, de Gênes aussi, marié en Sicile, fabricant de rames.

André de Jaca, Sicilien.

Marcello, né à Mancia en Calabre.

Ces hommes étaient déterminés à jouer leur vie pour la liberté. Le 4 février, Kar-Hassan donna le signal du départ. Mami-Raïs s'éloigna le premier. Kar-Hassan descendit le fleuve à son tour; mais le vent de la mer s'engouffrait à l'embouchure, et la galiote, qui était mâtée, éprouvait de l'obstacle à sa marche. Le capitaine vint de la poupe au milieu du pont, et commanda de démâter pour soulager le navire. A ce moment, Janéto darde un regard sur les confédérés. Il était compris. Il saisit la hache avec laquelle il travaillait d'ordinaire et la montra aux autres : c'était un contre-signal qui ne pouvait le trahir, puisqu'il tenait chaque jour cet outil dans ses mains. Il s'approche de Kar-Hassan :

« Capitaine, lui dit-il, ce n'est pas le moment de démâter. » Puis, levant, à ces mots, la hache à deux mains, il l'enfonce dans la poitrine du corsaire, qu'il étend à ses pieds. Marcello de Mancia se précipite, enfonce une broche de fer au ventre et aux tempes du brigand, et lui arrache la vie.

Cependant une lutte terrible s'engage à bord entre les Turcs et les chrétiens. Les Turcs, au nombre de plus de soixante, combattent armés de sabres et de coutelas. Les esclaves ont quelques épées livrées par le maître d'hôtel, des armes ravies à leurs adversaires, des broches, des pieux, et tout ce dont la fureur peut armer leurs bras. A travers le bruit du combat, ils entendent la liberté qui leur crie : Courage! et, cette voix doublant leurs forces, ils abattent rapidement les Turcs.

Plusieurs de ceux-ci se jetèrent dans le fleuve, chargés de sacs de réaux et d'or. Ce métal, qui est leur dieu, les noya, ainsi que sept ou huit marchands maures, empressés de se sauver à la nage. Il ne restait que cinq Turcs à la poupe et quinze à la proue. Ils se défendaient à outrance, appelant du secours à grands cris. Mami-Raïs entendit des clameurs, remonta le fleuve, et, sitôt qu'il put, attaqua les chrétiens à coups d'arquebuses et avec des flèches. Ceux-ci travaillèrent à couper le câble qui retenait l'ancre. Ils voulaient faire face à la galiote, et s'élancer vers la mer à la faveur du courant du fleuve impétueux. Mais les Turcs entravèrent cette manœuvre, et Mami-Raïs eut le temps d'arriver. Plusieurs de ses hommes sautèrent dans l'autre navire, et quelques-uns de ceux qui avaient gagné la rive revinrent à la charge. C'était une nuée de flèches, une grêle de coups d'arquebuses. Le sang coulait en ruisseaux. Les chrétiens, surtout les cinq chefs, se battaient comme des lions : Vaincre ou mourir! ce cri des braves était leur cri de guerre. Parmi ces héros, Juliano se distingue : il va et vient sur le pont, brandissant le sabre de Damas, orné d'or, qu'il a pris à Kar-Hassan.

Mais la victoire est souvent infidèle au courage : dix-neuf chrétiens gisaient frappés à mort ; d'autres sentaient la vie s'échapper par de larges blessures. Le reste dut se rendre. On les mit aux fers, et les Turcs songèrent de suite à la vengeance.

Ils prennent Janéto, qui a tué Kar-Hassan, lui coupent le nez et les oreilles, le pendent par les pieds au bout d'une antenne, et lui tirent tant de flèches qu'il en est hérissé. Ils le laissent ensuite tomber à la mer, et le tiennent sous l'eau un grand quart d'heure. A la surprise de tous, on le retira respirant encore et vomissant de l'eau. Il resta suspendu quelque temps encore à l'antenne et rendit l'âme à Dieu. Sa mort fut des plus édifiantes.

Les Turcs mirent ensuite à terre Juliano, et, dépouillant de ses vêtements ce vaillant jeune homme, enterrèrent dans le sable jusqu'à la ceinture son corps blanc comme l'albâtre. Puis ils le percèrent de flèches. Juliano fut courageux et fervent chrétien jusqu'à la mort. La mer reçut les dépouilles mortelles de ces deux héros.

Mami-Ramirey, le 5 février, partit pour Alger par un beau temps. C'est là qu'il devait continuer ses vengeances. Arrivé le 11, il s'empressa de raconter au pacha l'événement; et il obtint aisément la permission de punir à son gré les chrétiens qu'il jugeait les plus coupables. Il fit sans retard amener un cheval, lui attacha une corde au poitrail, et de l'autre bout on lia les pieds à André de Jaca. Le chrétien fut traîné de la sorte à travers la ville. Il était presque mort en arrivant à Bab-el-Oued. On avait planté dans la muraille attenante à la porte un pieu armé d'une pointe de fer à l'extrémité. Du haut du rempart on y jeta ce corps sanglant et déchiré. Le fer s'enfonça dans les flancs et les perça d'outre en outre. André mourut saintement. Les Turcs le privèrent de la sépulture en le lançant dans la mer.

Le Calabrais Marcello fut lapidé et brûlé le même jour, à Bab-el-Oued. Les Turcs dispersèrent la cendre de son corps.

Quant à Maestro Marco, il fut pendu au mât d'une saïque française qu'on radoubait dans le port. On l'y laissa deux jours; on le mit en morceaux à coups de pierres, puis on le fit tomber dans les flots où il disparut. Il ne montra pas moins de vertu que ses compagnons.

Mami-Raïs n'était pas satisfait. S'étant rendu à Constantinople avec la femme et les enfants de Kar-Hassan, ils se présentèrent au capitaine général de la mer, Euldj-Ali, et demandèrent, au nom de la justice, qu'il leur fût permis d'immoler encore des chrétiens amenés d'Alger sur deux galiotes. Mais Euldj-Ali, homme d'expérience et au courant des cas ordinaires de la guerre, trouva qu'à Tétouan et à Alger Mami-Raïs avait déjà passé les bornes.

« Regardez, dit-il en montrant son bras droit estropié ; voilà un bras que les chrétiens esclaves m'ont brisé en se révoltant autrefois sur mon navire. Ils m'ont fait de nombreuses blessures, en cherchant à me donner la mort pour recouvrer leur liberté ; ils m'ont tué beaucoup de Turcs dans une révolte, sur deux galiotes qui m'appartenaient. Eh bien ! je n'en fus pas surpris ; tout esclave cherche un moyen pour sortir de la captivité. Telle est la coutume de la guerre : le sort de Kar-Hassan est celui de bien d'autres. Ne pensez plus à votre demande, et laissez vivre ces pauvres chrétiens. »

— Plût à Dieu, s'écria Mme Morelli, que les corsaires eussent conservé en général le sentiment de la justice que ces paroles supposent !

— Le nom de Ramadan-Pacha, dit le père Gervais, m'a remis en mémoire l'histoire de Michel de Aranda et de ses compagnons ; elle sera toujours une des plus curieuses des bagnes de l'Afrique.

En juin 1576, et conséquemment sous ce même Ramadan, vingt Turcs et Maures sortirent d'Alger sur un brigantin à onze bancs. Ils prirent terre au golfe de Balaguer, vers le chemin qui va de Tortose à Cambrils et à Tarragone. Le jour commençait à luire ; ils cachèrent le brigantin dans une des criques nombreuses de cette côte, et s'embusquèrent non loin de la route. Vers huit heures du matin, neuf chrétiens, trompés par une fausse sécurité dont la faute revient aux gardes, s'en allaient dans la direction de Tarragone. Parmi eux se trouvait le frère Michel de Aranda, prêtre de l'ordre militaire de Montesa, qui professe la règle de Saint-Benoît. C'était un homme distingué et fort honorable du royaume de Valence. Les forbans tombèrent à l'improviste sur cette troupe, s'en rendirent maîtres, et se hâtèrent de regagner le large. Le 3 juillet, ils prirent encore quatre pêcheurs, et s'en retournèrent satisfaits en Barbarie.

Le 5, ils touchèrent au port de Cherchel, ville peuplée, comme nous le savons, de Maures d'Espagne. Un de ces fugitifs, nommé Caxetta et né au pays de Valence, s'approchant du capitaine au moment où il descendait à terre, lui demanda d'où il venait; sachant ainsi que le navire renfermait des chrétiens de Valence et de Catalogne, il aborda ces captifs et les pria de lui donner des nouvelles de son frère aîné, nommé Alicax, s'ils le connaissaient.

Or, ces deux frères avaient autrefois quitté en même temps le royaume de Valence, avec leurs femmes, leurs enfants et quelques parents. Ils étaient venus s'établir à Cherchel. Alicax avait l'expérience de la mer, et en particulier de la côte de Valence, où il avait exercé le métier de pêcheur. Il arma donc, avec d'autres Maures qui étaient dans des conditions analogues, un brigantin de douze bancs. Il enlevait beaucoup de chrétiens, qu'il vendait à Alger, et il portait des Maures de l'Espagne en Barbarie. Habile, courageux et habitué au succès, le corsaire avait fait peindre son bâtiment tout en vert; il l'avait orné de drapeaux et de pavillons échancrés, qu'on appelle gaillardets en terme de marine. Mais, moins que personne un corsaire ne doit l'oublier :

Les destins et les flots sont changeants.

Un jour, des galères d'Espagne rencontrèrent Alicax près des côtes de Valence et le firent prisonnier. Le seigneur d'Oliba, qui l'avait eu pour serf, apprenant cette capture, eût voulu le punir. Le corsaire lui avait causé plus de tort qu'à nul autre, en exerçant la piraterie sur ses domaines et en enlevant les serfs de ses terres. Mais les inquisiteurs du royaume de Valence retinrent le coupable sous leur juridiction; et il était dans les prisons du saint-office lorsque son frère s'informait à son sujet auprès des captifs conduits à Cherchel. Celui-ci s'adressa justement à Antonio Estevan, marié à la paroisse Saint-André de Valence, et qui le connaissait parfaitement, lui et son frère. Ils avaient pêché quelquefois ensemble. Le chrétien ne parla point du saint-office; mais il ne crut pas devoir dissimuler que le corsaire était en prison. Alors son interlocuteur, qui savait fort bien comment on procédait en Espagne à l'égard des captifs, se mit en colère.

« Pourquoi mon frère est-il en prison ? s'écriait-il. Pourquoi ne rame-t-il pas sur les galères comme les autres prisonniers ? J'en jure par Allah ! je vengerai mon frère, si on lui fait du mal ! »

Il aurait volontiers roué de coups les chrétiens du brigantin. Revenu à terre, il communiqua ses craintes à ses parents, et particulièrement à sa belle-sœur et à ses neveux. Ils pensèrent que le meilleur parti à prendre, c'était d'acheter un chrétien qui s'engagerait à obtenir son échange contre le prisonnier de Valence, et l'on convint de contribuer chacun pour sa part à cet achat. Caxetta, jugeant que le père Michel de Aranda était un personnage considérable pour lequel on n'hésiterait point à rendre son frère, partit avec le brigantin, afin d'acheter le religieux à Alger, où la vente des captifs devait se faire à la criée. Il révéla en chemin ses projets à Michel, lui promettant de le bien traiter s'il consentait à les favoriser. Le moine n'ignorait pas les faits graves qui pesaient sur Alicax, et il répondit à son frère :

« Je ne puis pas vous garantir la liberté de votre frère ; mais je m'engage à faire ce qui dépendra de moi pour l'obtenir. »

Le Maure n'était pas content de la réponse. Il acheta néanmoins Michel de Aranda pour six cent cinquante doubles ou deux cent soixante écus d'or d'Espagne, et durant un mois qu'il resta à Alger pour les affaires de son négoce, il ne cessa de lui réclamer la liberté de son frère. Le moine disait toujours :

« Je vous promets de faire tout ce que je pourrai dans ce but ; mais la chose ne dépend pas de moi. »

Le 15 août, jour de l'Assomption, le Maure monta sur sa mule pour retourner à Cherchel. Il espérait arracher par les souffrances au père de Aranda une parole de plus ; aussi le fit-il marcher à pied, derrière lui, et parcourir en deux jours, par une chaleur excessive, les vingt lieues qui séparent Alger de Cherchel. En arrivant, il le livra à la femme et aux enfants de son frère.

Alors, pour que le captif obtînt l'échange désiré, on le soumit à toutes sortes de peines. Il traînait une lourde chaîne, ne mangeait que du pain de son, travaillait nuit et jour, bêchant la terre, portant de l'eau, fendant le bois, enfin s'acquittant des plus durs services. Ajoutez à cela les injures inspirées par la haine profonde de ces transfuges contre les Espagnols. Le religieux supportait tout avec une résignation parfaite à la volonté de Dieu.

Il était depuis huit mois dans cette situation, lorsque des Maures de Valence apprennent aux habitants de Cherchel qu'Alicax a comparu devant le tribunal du saint-office, qu'il n'a voulu témoigner aucun repentir de ce qu'on lui reprochait, qu'il a persisté à dire aux juges : « Je suis Maure et le serai toujours, » et qu'enfin il a été brûlé vif à Valence.

Impossible de peindre la douleur et la rage qui éclatent parmi les Maures maîtres de Michel de Aranda.

« Ils ont brûlé, s'écrient-ils, notre chair et notre sang ! nous le jurons par Allah, nous ne mourrons pas sans en tirer vengeance ! »

Et ils conviennent de brûler publiquement le père Michel. Celui-ci apprend sur ces entrefaites qu'un navire de Valence vient d'arriver à Alger, avec une aumône de la couronne d'Aragon pour le rachat des captifs. Le révérend père Georges Olivar, commandeur de Valence, de l'ordre de la Merci, et quelques autres pères étaient chargés des négociations. Frère Michel présumait qu'on lui apportait sa rançon, parce qu'il en avait écrit à son monastère ; et comme ses maîtres étaient plutôt pauvres que riches, il espérait qu'ils céderaient à l'appât de l'argent. Il écrivit donc au père rédempteur, le priant, dans tous les cas, de l'arracher à un péril imminent pour sa vie. Le père Olivar lui répondit qu'il enverrait sur-le-champ la somme exigée pour son rachat ; car il tremblait à la pensée d'un malheur si menaçant. Frère Michel apprit donc à ses maîtres que les pères de l'Aumône étaient disposés à donner pour sa délivrance ce qui serait raisonnable et juste. Mais les Maures coupèrent court à toute proposition.

« Que parles-tu de liberté ? l'or du monde entier ne te sauverait pas de nos mains. Détrompe-toi. Alicax a été brûlé à Valence, tu seras brûlé ici. »

Ils l'abreuvèrent tellement d'outrages, que le moine jugea inutile d'insister, et demanda simplement à Dieu de conduire toutes choses pour la gloire de son saint nom. Ses maîtres décidèrent que le supplice n'aurait pas lieu à Cherchel, mais à Alger, où il ferait plus de bruit. Le 10 mai 1577, Caxetta, monté sur sa mule, traînait le père Michel à cette dernière ville. Les Maures d'Alger applaudirent. Ils tinrent un conseil pour aviser à donner à cette fête la plus grande solennité. Ils étaient d'avis qu'en cette circonstance il serait bon de brûler plusieurs chrétiens à la fois, surtout des babas, puisqu'ils conseillaient en Espagne de sévir contre les musulmans. En conséquence, ils proposaient à un renégat très-cruel, Morat-Raïs, originaire de Murcie, de leur vendre un prêtre de Valence, capturé à Saint-Paul par une galère turque.

Morat-Raïs s'y refusa, car il avait déjà fait des conventions pour le rachat de ce prêtre, et le père Georges Olivar le détournait d'une telle barbarie.

Le 17 mai, Caxetta et quatre des principaux Maures allèrent trouver le pacha, selon l'usage, pour obtenir le droit de faire mourir le père Michel. Ils exposèrent la cause avec une fourberie satanique, et revinrent transportés de joie et munis de l'autorisation. Les autres Maures exaltaient leur zèle. Ce fut dans toute la ville une recrudescence de brutalité contre les chrétiens; ils fuyaient à la vue d'un Maure. Le père Michel, tenu plus serré que jamais, ne put obtenir un confesseur; et c'est en gagnant un Maure qu'il écrivit, sur un billet, quelques lignes adressées à Valence, et où il réglait des affaires de conscience : encore ne sait-on ce qu'est devenu ce billet. Le père Olivar, pour arrêter cette sanglante tragédie, tenta vainement d'en apaiser les promoteurs par des prières et des offres d'argent. Il alla ensuite trouver le pacha, lui représenta l'innocence du père Michel, et le détourna de sacrifier ainsi la réputation d'humanité que l'Europe lui reconnaissait. Vains efforts ! Le pacha répond qu'il n'est pas le maître de s'opposer au vœu général exprimé par les Maures. Le père rédempteur se retourne enfin vers Mami-Arnaut, renégat albanais, chef des raïs. Il lui députe le père Geronimo, son compagnon, commandeur de Majorque, pour le conjurer d'empêcher un crime qui pourrait provoquer des représailles en Europe contre les corsaires. Mais le renégat lance au pauvre religieux des regards farouches, et le repousse en lui disant d'une voix formidable :

« Va, va, baba ! il faudrait brûler à la Marine, non-seulement celui-là, mais encore toi et ton compagnon. »

Le père se tut, et se retira.

Un Maure, appelé Iça-Raïs, ne partageait pas cependant les sentiments de ses coreligionnaires. Peu de mois auparavant, il était allé à Naples avec un sauf-conduit pour y suivre un procès. Il se plaignait de ce qu'on lui avait pris un navire et des captifs chrétiens, tandis qu'il négociait dans un port de Sardaigne, le drapeau de parlementaire arboré. Don Juan d'Autriche l'avait bien accueilli, et il n'avait rencontré partout que justice. Aussi, à la nouvelle qu'on allait immoler le baba chrétien, il dit hautement à qui voulut l'entendre que c'était là une intolérable méchanceté. Les autres Maures, transportés de colère, allèrent prévenir le pacha d'une telle hardiesse, réclamant avec force, pour l'honneur de Mahomet, que l'impie fût brûlé avec l'infidèle. Le pacha eut mille peines à les renvoyer, en leur promettant de punir Iça-Raïs.

Le 18 mai, le bois fut préparé sur le môle, et une ancre plantée en terre. On tira le père Michel du cachot, et on le conduisit à la maison du roi, pour le montrer aux janissaires et mettre la foule en émoi. L'on accourt de toutes parts : Turcs, renégats, Maures, Arabes, Kabyles, Zouaouas, enfants, poussent des cris d'une joie sauvage ; des Maures quêtent, un plat ou un mouchoir à la main, pour couvrir les frais de la fête. A cinq heures du soir, les chaouchs, tenant à la main leur bâton, ce digne instrument de la justice arabe, font marcher vers le môle le martyr de Jésus-Christ, bafoué, maltraité par la foule. On lui arrache les cheveux et la barbe ; on lui jette des pierres, des souliers, des immondices ; et, sans les bâtons des chaouchs qui retiennent le flot du peuple, il serait mis en morceaux avant d'arriver à la Marine. Le père, au milieu de ces loups furieux, conversait intérieurement avec Dieu, et appelait souvent Jésus à son aide.

Il avait pour vêtements une chemise et un pourpoint de toile, vieux et sales, un par-dessus d'étamine noire déchiré, une culotte également de cette étoffe mince et rapiécée, des bottes de cuir noir déjà vieilles : il portait cet habillement quand il fut capturé. Au sortir de prison, il était coiffé du chapeau de voyage ; mais les coups de poing le lui enlevèrent, et il arriva nu-tête à l'endroit du supplice. On l'attacha à l'ancre par une chaîne de fer, et on lui lia les mains avec de grosses cordes. Caxetta s'était distingué dans le trajet par sa rage ; maintenant il fait écarter la foule par les chaouchs, s'approche du martyr, dont le cœur et les yeux sont levés vers le ciel ; il épuise contre lui le vocabulaire si riche des injures arabes, et lui arrache les poils de la barbe, aux applaudissements des spectateurs. Puis, prenant des rameaux de bois sec, il y met le feu, et la flamme consume le reste de la barbe du saint homme, calme et silencieux. Ensuite il lui brûle les yeux et la figure ; et, ramassant une pierre grosse comme une forte grenade, il la lui lance à la poitrine. Ce fut comme un signal ; la multitude lapida le martyr avec furie, et il expira sous les pierres qui formaient un monceau autour de son corps. Alors on l'entoura de bois sec, et une grande flamme s'élança vers le ciel.

Le père Haedo se trouvait alors à Alger. « Nous qui étions sur les toits, dit-il, écoutant le tumulte et les cris de la multitude, nous apercevions ces flammes. D'un côté, nous étions tristes de voir et d'entendre blasphémer et poursuivre si cruellement l'honneur, la foi et le nom de notre Seigneur Jésus-Christ ; et, de l'autre, nous bénissions sa divine majesté de ce que ce glorieux saint combattait si admirablement. Nous nous représentions, au milieu de ces tourbillons de flammes et de fumée, son âme s'envolant droit au ciel et reçue par le Seigneur dans le chœur de ses anges. »

Le corps du martyr, engagé dans les pierres, n'était pas brûlé tout entier. Les Maures le remarquèrent, et, après avoir détourné cet amas de cailloux, recommencèrent la lapidation et rallumèrent le bûcher. Un d'eux souleva une pierre de *rahha*, ou moulin à bras, et la jeta en hurlant sur les cendres et les os qui brûlaient encore.

Le lendemain, à l'ouverture des portes de la ville, quelques chrétiens voulurent recueillir des reliques ; mais ils furent assaillis à coups de pierres, et prirent la fuite. Turcs et Maures poussèrent avec les pieds jusqu'à la mer les restes du bûcher. Cependant les pieux fidèles revinrent de nuit, tandis que tout dormait dans le port ; ils trouvèrent encore quelques débris ; ils enterrèrent les uns à l'endroit même du supplice, et gardèrent les autres par dévotion. Michel de Aranda, autant qu'on en pouvait juger, avait environ cinquante ans lorsqu'il souffrit le martyre.

— Quel martyre !

— Oui, Alfred, vos yeux humides me disent que vous en sentez la grandeur ; mais laissez-moi vous adresser les paroles de Cervantes dans son drame de la vie à Alger, *los Tratos de Argel*, lorsqu'il ajoute au récit de la mort d'Aranda :

> *Deja el llanto, amigo, ya,*
> *Que no es bien que se haya duelo*
> *Por los que se van al cielo,*
> *Sino por quien queda acá.*

« Essuie tes pleurs, ami ; ce ne sont pas ceux qui montent au ciel qu'il faut pleurer, mais ceux qui restent sur la terre. »

— Voilà certainement, dit M. Morelli, un fait digne d'être enchâssé comme un diamant dans les annales de l'Église.

— Oui, sans doute, dit Carlotta, et je voudrais que ces martyrs fussent connus en particulier par tous les fidèles de la nouvelle Église d'Afrique. Pouvons-nous hésiter à croire qu'ils n'en soient aujourd'hui les zélés protecteurs ?

— Déjà je me demandais, ajouta Mme Morelli, si ce n'est point à leurs prières, à leurs mérites, à ceux de tous les confesseurs de la foi qui ont vécu et qui sont morts dans les bagnes de Barbarie, qu'on doit attribuer la renaissance du christianisme sur ces plages.

— Je ne vois rien que de raisonnable dans ces pieuses conjectures, répondit le père Gervais ; et il faut bien se garder de croire que les premières causes des grands événements de l'histoire soient dans la tête des hommes d'État. C'est d'eux surtout qu'on doit dire qu'ils s'agitent, et que Dieu les mène.

Au temps où le père de Aranda fut mis à mort, il se passa encore à Alger quelques faits dignes d'être tirés de l'oubli.

En 1578, un soldat espagnol, nommé Cuellar, désertait de la garnison d'Oran et se rendait à Alger. Il fut pris par des Arabes, qui l'amenèrent au pacha.

« Comment, demanda ce dernier, as-tu quitté les tiens ?

— J'ai eu quelque désagrément avec un camarade, répondit le soldat, et je me suis enfui pour éviter le châtiment qui m'attendait.

— Eh bien ! il faut absolument te déclarer Turc.

— Je ne suis pas venu dans cette intention, mais pour me mettre au service de Votre Altesse.

— Si tu ne veux pas être Turc, tu seras mon esclave.

— Je ne m'attendais pas à cela de la part de Votre Altesse; mais s'il faut opter entre l'esclavage et l'apostasie, je choisis l'esclavage. »

On le conduisit au bagne.

Cuellar était un homme courageux et résolu. Il engagea dans un complot trente Espagnols de diverses provinces, captifs avec lui. Il s'agissait de s'emparer d'une frégate désarmée et de fuir en pays chrétien. Cuellar se chargeait de procurer des rames, quoiqu'elles fussent bien gardées.

Dans la nuit du 29 avril, les conjurés se réunissent en une maison attenante à la muraille de la Marine. Leur chef se glisse le long d'une corde, et, suivant le mur baigné par la mer, il parvient, sans être entendu, jusqu'au bastion voisin de la porte qui ouvre sur le port et sur le môle. C'est là qu'étaient les rames. Cuellar monte sur le mur, aidé de ses pieds et de ses mains. Il voit les rames, et les gardes qui dorment à distance. Deux chiens le flairent et aboient. Il revient par le même chemin à ses compagnons, et leur dit :

« Frères, tout va bien. Rendons grâces à Dieu. »

Puis il exposa ce qu'il avait vu et ce qu'il y avait à faire. Il s'adjoignit deux compagnons pour prendre les rames, et demanda un pain pour occuper les chiens et les empêcher d'aboyer.

Les trois esclaves glissent le long de la corde au pied de la muraille, et arrivent au bastion. Cuellar y monte seul ; les chiens aboient, il les apaise en leur jetant du pain ; il prend vingt-quatre rames, qu'il passe à ses compagnons. Puis il descend de l'autre côté du bastion dans la ville, va enlever un timon de galiote qu'il savait déposé entre deux portes, le charge sur ses épaules, et rejoint ses compagnons sans que ces escalades aient éveillé les gardes. Les autres chrétiens, avertis, descendent à leur tour par la corde ; ils portent des provisions, des voiles et des agrès pour le navire. La moitié d'entre eux était au bas de la muraille, lorsque ceux qui restaient en haut virent venir droit à eux une lanterne allumée. Ils s'enfuirent, laissant leurs bagages. Ceux d'en bas firent de même au signal d'alarme ; et le lendemain les Turcs découvrirent tous les objets qui trahissaient une tentative d'évasion.

Le Turc qui avait ainsi déconcerté les esclaves dit au pacha qu'un chrétien, qui avait été témoin de ces mouvements inusités, pourrait donner des renseignements sur le complot. Le pacha manda ce chrétien ; celui-ci céda à la menace du bâton, nomma quelques-uns de ceux qu'on recherchait, et signala Cuellar comme auteur de l'affaire. Cuellar comparut. Homme de tête et de cœur, il avoua ce qu'il avait entrepris ; il justifia ses actes par l'invincible désir de tout esclave pour la liberté, et par l'honnêteté des moyens qu'il avait mis en œuvre. Mais le pacha, peu touché de ces explications, lui fit donner la bastonnade par les chaouchs. Il stimulait lui-même leur ardeur, en leur criant :

« Frappez ! frappez ! Tuez ce chien ! »

Lorsque Cuellar sembla mort sous le bâton, deux chrétiens emportèrent le corps pour l'enterrer. Mais la victime avait encore un souffle de vie. Au bagne il se ranima, et ce fut trois jours après, le 2 mai, que ce vaillant chrétien, ayant reçu l'absolution de ses fautes et le saint viatique, rendit son âme à son Créateur. Il avait trente-cinq ans.

— Est-ce que les Arabes appliquent encore la bastonnade

avec cette cruauté ? dit Carlotta ; j'entends souvent parler de malheureux condamnés à cette peine.

— Il est rare, répondit le vieillard, qu'on l'applique jusqu'à ce que mort s'ensuive.

— Mais il est très-commun, ajouta Alfred, qu'on administre cinquante, cent, deux cents coups de bâton et plus. La justice en est prodigue. On ne peut guère gouverner les Arabes sans cet instrument. En général, l'Arabe est sensible à deux peines : le bâton et l'amende ; mais plus encore à l'amende qu'au bâton. Oh ! les douros ! Une fois que les douros sont en jeu, cela devient grave. La prison, c'est peu de chose. On s'en console par l'*In challah*, Il a plu à Dieu, ou le : *C'était écrit;* mais la formule est moins efficace pour guérir la douleur des douros perdus. J'ai assisté bien des fois à la bastonnade, je l'ai vu donner à des chefs indigènes, et j'avoue que les chaouchs travaillaient en toute conscience. Au cinquantième coup, le sang commençait à rougir le burnous. Souvent le patient compte lui-même les coups ; il dit à chaque fois que retombe le matrak : « *Allah ou Allah !* Dieu est Dieu ! » et il marque les dizaines en achevant la formule : « *Mohammed reçoul Allah !* Mahomet est son prophète. » Mais, pardon, révérend père, je vous détourne de votre sujet.

— Pas précisément, cher Alfred ; vous nous faites comprendre comment le bâton a joué si grand rôle, un rôle si cruel dans l'histoire de nos esclaves. Nous en avons encore un affreux exemple en 1579.

Le 25 mars, Mami-Arnaut, ce redoutable renégat albanais dont nous avons déjà parlé, sortit d'Alger pour aller en course. Il conduisait huit gros navires, et se proposait d'enlever un petit village de l'île Majorque : un renégat originaire de cette île avait promis le succès.

Le travail des rames est extraordinairement pénible à bord des corsaires ; les rameurs chrétiens y sont accablés de coups et de privations, et souvent ils expirent sur les bancs. Mami-Arnaut les épargnait encore moins que les autres raïs. Aussi avait-il coutume de dire lui-même :

« Je les mène à la mort. »

Au moment de ce départ trois chrétiens s'absentèrent de sa maison et se cachèrent : c'étaient Jean Gasco, Pedro Cosentino et Filippo Seciliano, tous trois dans la vigueur de l'âge. Ils n'avaient voulu qu'éviter le voyage en mer; car ils revinrent quatre jours après le départ du pirate. Son beau-père, quoique ennemi du nom chrétien, ne les maltraita point, et les envoya travailler dans une propriété de Mami-Arnaut lui-même. Le 12 juin, l'expédition rentra sans avoir atteint son but : on n'avait capturé qu'une trentaine de personnes. Quelques jours plus tard les trois chrétiens revinrent aussi de la campagne, et, selon l'usage des esclaves, allèrent baiser la main de leur maître; celui-ci change aussitôt de figure, et leur annonce qu'il va les tuer à coups de bâton. En effet, on leur lie les pieds et les mains. Jean Gasco subit le premier le supplice. Il est étendu la face contre terre, et des renégats le frappent à coups redoublés. Ses chairs se déchirent, la peau se gonfle d'ampoules, le sang ruisselle, et les renégats eux-mêmes sont touchés de compassion. Ils sont remplacés par d'autres quand leurs bras se fatiguent. Gasco appelait d'une voix rauque et faible :

« Jésus ! Jésus ! O Marie, Mère de Dieu ! »

Mais le fiel lui sortant par la bouche et le sang des entrailles, il resta muet et immobile. Les chrétiens qui l'enlevèrent pour l'enterrer reconnurent avec une sorte de stupeur qu'il respirait encore, et il ne mourut qu'au bout de sept jours dans le bagne des captifs.

Les deux autres esclaves attendaient le même supplice. On les frappa tellement au ventre, aux épaules, aux bras, aux cuisses, que leur corps se renfla et devint comme un tambour; puis le sang coula, de sorte qu'on se serait cru dans un abattoir. Lorsque Mami-Arnaut les jugea morts, et qu'il fut suffisamment repu de ce sanglant spectacle, on les emporta; mais il leur restait un souffle de vie. Ils expirèrent dans le bagne quelques jours après, et on les enterra, comme Gasco, à Bab-el-Oued.

— Ces années-là sont fécondes en martyrs, observa M. Morelli.

— Cela tient, répondit le vieillard, à ce que la guerre était très-vive entre les musulmans et les princes chrétiens, ceux du moins qui entendaient la voix de la papauté. L'Espagne, l'Italie, la maison d'Autriche et les chevaliers de Malte, faisaient leur devoir dans la Méditerranée et sur le Danube. Malheureusement les divisions qui régnaient en Europe ne permettaient pas de réunir les forces chrétiennes contre l'ennemi commun. Les pauvres esclaves souffraient d'autant plus que les hostilités inspiraient plus de craintes à leurs maîtres et augmentaient la détresse publique. Mais on doit leur rendre ce témoignage honorable qu'ils s'entr'aidaient dans les sentiments d'une charité mutuelle.

Ainsi, en 1579, la disette des subsistances fut si grande à Alger, que chaque jour des musulmans mouraient de faim dans les rues. Mais il n'y a pas lieu de croire qu'aucun des vingt-cinq mille chrétiens alors captifs en cette ville ait été réduit à cette extrémité.

Le renégat vénitien Hassan-Pacha, pour remédier au fléau de la famine, qui devenait plus terrible encore en s'alliant à celui de la guerre, réunissait de tous côtés des provisions à Alger. Il envoya une galère à Bone, le 10 juin, pour en rapporter des vivres. L'opération du chargement occasionna du désordre, parce que chacun des Turcs voulait embarquer les provisions achetées pour sa maison. Les chrétiens étaient cent huit à bord, et ils remarquèrent que les Turcs n'y étaient plus que douze ou treize. Un complot fut vite formé. Prendre les armes, se débarrasser de ces Turcs en tuant les uns, en forçant les autres à se jeter à la mer, ce fut l'affaire d'un instant. On n'épargna qu'un renégat catalan disposé à redevenir chrétien, et dont les intentions étaient bien connues. Maîtres du navire, les esclaves prirent le large, se moquant des Turcs, qui les voyaient avec douleur s'échapper de leurs mains. Ils arrivèrent en deux jours à Majorque, dont le gouverneur, chevalier Oms, les reçut avec bonté. Il traita surtout avec générosité le principal auteur de cette délivrance, qui, s'étant grièvement blessé, mourut, regretté de tous, trois jours après. Les captifs, libres dès lors, se partagèrent les dépouilles de leurs oppresseurs et le prix du navire, puis ils se séparèrent pour rentrer chacun chez eux.

Quarante-neuf d'entre eux arment un brigantin afin de se

rendre à Barcelone. Ils rencontrent deux frégates algériennes, et, malgré l'infériorité du nombre, les attaquent vaillamment. Déjà la victoire se prononçait pour eux, quand leur navire, incliné par une fausse manœuvre qui rejetait trop de poids d'un côté, rendit l'avantage à l'ennemi. Les Turcs dirigent leur prise vers Alger. Ils ont reconnu le renégat catalan; mais, pour le sauver, les chrétiens assurent qu'il n'était là que par force, et qu'on l'emmenait à Barcelone malgré lui. Le pacha fit pendre aux vergues, par les pieds, trois des fugitifs, ceux qu'il sut être les instigateurs du complot. Sébastien, l'un deux, réussit à se détacher, et se tint blotti à l'arsenal, dans une galère neuve, où on le découvrit après trois jours de recherches. Des chrétiens ont affirmé que Cola de Masara, pendu entre ses deux compagnons, délia avec ses dents les mains de Sébastien. Cola resta plus de vingt-quatre heures en cette position, et ensuite on le délivra. Mais Jean de Gênes fut percé de flèches. Il ne cessa d'invoquer, durant le supplice, Jésus et Marie. On acheva de le tuer à coups de fusil : une balle, traversant l'œil droit, lui brisa une partie de la tête; une autre lui fracassa les mâchoires, et il reçut au cœur le coup mortel.

Pour terminer par un dernier trait ce que j'ai recueilli sur cette époque, ajouta le vieux trinitaire, je mentionne brièvement une autre révolte moins heureuse que la précédente. Le 15 mai 1580, trois galiotes étaient à Caliba, au levant de la Goulette. Les chrétiens, saisissant le moment où la plupart des Turcs étaient descendus à terre, engagèrent un combat sanglant pour s'emparer de la seule des galiotes qui fût armée. Ils allaient triompher, lorsque des secours, arrivant du rivage à leurs adversaires, firent changer la fortune. On assomma les vaincus à coups de bâtons. Deux d'entre eux, conduits au rivage, furent liés dos à dos à une ancre de galère, et percés de flèches. On les entendit s'écrier : « Notre Dame, secourez-moi ! Notre Dame, soyez avec moi ! »

Les Turcs, voyant qu'ils vivaient encore, quoique inondés de sang, les couvrirent de rameaux secs, et les firent expirer dans les flammes. Ces deux jeunes gens avaient, l'un dix-huit ans, et l'autre vingt-deux.

NEUVIÈME SOIRÉE

Le rachat.

Fatma, chargée de préparer les siéges sur la terrasse, redescendit en annonçant que le sirocco soufflait. Ce n'était pas encore un vent dur et brûlant, mais seulement une haleine chaude, qui enveloppait le visage aussitôt qu'on s'exposait à l'air extérieur.

« Alors, dit Mme Morelli, on prendra le thé sous la galerie. »

Toutes les maisons mauresques ont la même disposition. Une cour carrée en forme le centre. Elle est ordinairement pavée de marbre blanc, et souvent une fontaine, jaillissant au milieu, versait ses eaux limpides dans une vasque de marbre, riche de sculpture et au galbe élégant. Cette cour est entourée d'une galerie à jour. Le plafond en est soutenu par des poutrelles de cèdre; des carreaux de brique peinte et vernissée dessinent, sur le pavé et sur les murs latéraux, des figures géométriques et des fleurons variés comme ceux du kaléidoscope. La même galerie se reproduit à l'étage supérieur, et c'est là qu'il convenait de passer la soirée pour s'abriter un peu contre le vent du désert.

Le père trinitaire et MM. Morelli, n'en ressentant que le souffle précurseur, montèrent sur la terrasse pour y passer quelques minutes. L'horizon présentait de toutes parts une beauté effrayante et grandiose. La mer était comme une nappe de bitume, et ses teintes noirâtres se confondaient, vers le nord, avec un ciel de plomb. Au couchant et au sud, d'immenses lueurs rouges, sanglantes, se projetaient au-dessus des montagnes; et à l'est, vers le cap Matifou, un vaste incendie, allumé dans les forêts par les Arabes ou par la foudre, éclairait les profondeurs lointaines et silencieuses de la nuit.

Le vent souffle à peine et par intermittence ; on dirait des soupirs émanant du sein de la nature oppressée, dévorée par des feux intérieurs, et menacée d'une convulsion. Quand le vent s'arrête, les feuilles inquiètes, détachées des arbres, tournoient encore et dansent en bruissant, sur le béton de la terrasse, comme si elles se mouvaient d'elles-mêmes. Nul autre bruit. Des peurs et des chimères vagues traversent l'espace.

« Que Dieu est grand ! dit le vieux moine.

— Oui, reprit Alfred, Dieu est grand... »

Ils restèrent quelque temps dans une contemplation muette, et leurs pensées ne rencontrèrent le sujet habituel de la conversation qu'au moment où ils abaissèrent leurs regards vers la ville, assoupie dans une atmosphère pesante.

« Voyez donc, révérend père, le minaret de la mosquée El-Djedid, il s'allonge dans l'ombre comme un spectre. Jamais cette mosquée ne m'a paru aussi monumentale que ce soir ; ces jeux d'une lumière fantastique, où se noient sa coupole et ses créneaux, lui donnent un aspect grave et religieux.

— C'est réellement la plus belle mosquée d'Alger, dit M. Morelli ; tout homme de bon sens en est encore à se demander pourquoi le gouvernement français n'en a pas fait une église. Elle est bâtie en forme de croix, et il n'y aurait presque rien à faire pour l'approprier au service divin. Placez un autel sous le dôme, des cloches dans la tour large et carrée du minaret ; vous avez un temple spacieux et empreint, par sa disposition et son style, des caractères de l'architecture chrétienne.

— Il serait d'autant plus convenable d'affecter cette mosquée au culte catholique, ajouta le moine, qu'elle est l'ouvrage d'un architecte génois, puni de mort pour prix de son travail. Les imans comprirent que ce plan cruciforme était un signe de dédain pour le mahométisme. Si l'on en croit la tradition, l'esclave chrétien aurait prononcé ces prophétiques paroles : « Lorsque les chrétiens viendront s'établir à Alger, ils auront une église. »

— Léon l'Africain, reprit M. Morelli, avait sans doute en vue la mosquée de la Pêcherie au xvie siècle, lorsqu'il disait :

« Entre les temples d'une élégante structure que renferme Alger, il en est un plus beau et plus vaste situé au bord de la mer. Du côté qui regarde le port, il est ceint d'une très-agréable galerie ouverte (*deambulacrum*), bâtie sur le rempart de la ville que le flot vient mouiller. »

— Quoi qu'il en soit, dit le père Gervais, les villes de Barbarie doivent aux esclaves beaucoup d'ouvrages d'art et d'utilité publique. Les fortifications d'Alger, les travaux importants de l'ancien port, les fontaines, autrefois si bien entretenues, sont en grande partie le fruit de leur travail. Je ne foule qu'avec respect cette terre de la Boudjaréa, de Mustapha, de Saint-Eugène, de Hussein-Dey. J'y vois ruisseler partout la sueur de nos frères.

— Sauf quelques vieilles industries, empruntées pour la plupart aux peuples conquis, les Arabes et les Maures d'Espagne n'ont rien qui leur appartienne en propre, dit M. Morelli. Je voudrais bien qu'un savant eût la patience de reprendre cette matière traitée de nos jours, avec une érudition si fausse et si dépourvue de critique, par des littérateurs. Alger musulmane n'eut jamais rien de grand que ses crimes. Sa marine même est l'ouvrage des chrétiens, esclaves ou renégats. »

En ce moment, Carlotta vint prier ces messieurs de rentrer à la galerie, où l'on avait servi le thé. Ils le firent d'autant plus volontiers que l'air s'embrasait graduellement.

« Ces vitres de couleur, ces barreaux de bronze taillé, ces colonnettes torses de marbre blanc, aux chapiteaux délicatement fouillés, continua M. Morelli en indiquant ces divers ornements de la galerie, ces briques vernissées mêmes, croyez-vous que ce soit une efflorescence de la civilisation sarrasine ?

— Mais je ne l'ai jamais pensé, interrompit Mme Morelli ; tout cela est italien. Je l'attribue aux esclaves, et surtout à ceux de mon pays, qui ont toujours été nombreux en Afrique. Malheureux Italiens ! continua-t-elle, combien sont morts sur cette terre où nous vivons libres et heureux ! L'Italie au reste a dû, elle aussi, faire de grands sacrifices pour le rachat de ses enfants ; car sa foi vive lui montrait l'étendue des maux de l'esclavage au milieu de l'infidélité.

— Notre saint-père le pape s'est sans doute occupé beaucoup du sort et de la rançon des captifs? demanda Carlotta en interrogeant le trinitaire.

— Oh! certainement, dit le religieux. Les papes ont encouragé partout l'œuvre de la rédemption, comme ils ont excité toujours les nations d'Europe à s'armer pour la répression des corsaires. Ils ont sévèrement interdit aux chrétiens le commerce qui fournissait des armes aux Maures et aux Turcs. Ce crime faisait encourir l'excommunication *ipso facto*; et l'impie qui en était frappé ne recevait l'absolution, même à l'article de la mort, qu'à la condition de consacrer à la terre sainte l'équivalent de ce qu'il avait fourni aux infidèles, en armes offensives et défensives, en métal, en bois de marine, en cordages, en denrées alimentaires. Il était ordonné de lire publiquement les noms de ces traîtres, les dimanches et les fêtes, dans les églises des grandes villes maritimes. Il était cependant permis aux esclaves de ramer sur les galères en course contre les chrétiens, de travailler aux chantiers de marine des corsaires, mais seulement s'ils y étaient contraints par les Turcs. Les papes ont toujours veillé aux moindres intérêts de la grande famille chrétienne; ils ont aussi racheté directement une foule de captifs.

Pour ne citer qu'un petit nombre d'exemples, en 1585, Grégoire XIII chargea d'une rédemption en Algérie les pères capucins Pietro de Plaisance, célèbre prédicateur, et Philippe de la Rocca Contrada, accompagnés de deux laïques, Giovanni Sanna et Luigi Giumius. Le père Pietro resta à Alger, où il mourut de la peste, en assistant les esclaves dans les maisons des Maures et sur les galères.

En 1586, d'autres capucins venus à Alger dans le même but, y trouvèrent beaucoup d'esclaves des deux sexes en péril d'apostasie, à cause des tourments qu'ils enduraient; plusieurs de ces infortunés portaient la chaîne depuis quarante ans. Les pères, au nom de Sixte-Quint, promirent au pacha quinze mille écus romains pour leur délivrance. Le pacha rendit les prisonniers sur la confiance que lui inspirait le nom du pape. Sixte-Quint se hâta d'envoyer la somme promise, et il eut la consolation de recevoir à Rome les deux cents captifs, au milieu du peuple ému d'un si touchant spectacle.

Les aumônes des souverains pontifes à la congrégation de la Propagande eurent souvent pour objet la rançon ou l'adoucissement du sort des esclaves, dans les missions que cette congrégation secourait.

— Je vois que le rachat des esclaves se faisait de diverses manières, dit Alfred, et les deux ordres des trinitaires et de la Merci n'ont pas seuls accompli cette œuvre de miséricorde.

— Non assurément, répondit le père Gervais. Voici les principales voies par lesquelles les esclaves arrivaient à la liberté : ils se rachetaient eux-mêmes, soit au moyen du pécule qu'ils avaient amassé au service de leurs maîtres, soit au moyen de la rançon que leur famille envoyait par l'intermédiaire du consul. Ou bien, ils étaient délivrés par les religieux des deux ordres rédempteurs, qui appliquaient à cette fin une portion des revenus de leurs couvents et les aumônes des fidèles. Les autres ordres ont été chargés d'ailleurs de bien des rachats, soit par de riches particuliers, soit par des associations de charité. Les franciscains, les lazaristes ont largement partagé nos travaux.

— On dit, père, que saint Vincent de Paul a été esclave à Tunis, interrompit Alfred.

— C'est vrai ; et l'Afrique a été le théâtre de sa charité et de celle de ses disciples. Ajournons à demain, si vous le voulez, ce qui les regarde.

Enfin, continua le vieillard, les négociations de rachats ont été confiées aussi à des laïques honorés de cette mission par leurs souverains.

— Certes, dit Alfred, ces laïques devaient être des hommes d'une remarquable vertu.

— Je puis vous faire connaître un de leurs modèles, mon ami, reprit le vieillard. C'était un homme simple, pieux et dévoué ; ce qui ne l'empêchait pas d'être encore un vrai gentilhomme et un homme d'esprit : don Diego de Torrès.

— J'ai entendu prononcer son nom quelquefois.

— Eh bien ! je vais le laisser raconter lui-même une partie de son histoire. Elle fera ressortir les épreuves que traversaient souvent ceux qui remplissaient les mêmes fonctions.

« J'étais, dit-il, dans la maison de François de Torrès, mon père, au pays de Campos, et n'avais que dix-huit ans, quand je fus tenté de voyager. Je découvris mon dessein à mon père, je lui demandai la permission de l'exécuter, et, ayant reçu sa bénédiction, je me rendis à Séville, en 1544, dans la pensée de partir d'Espagne à la première occasion. Là, je contractai des relations amicales avec Nicolas Nunez, qui avait son gendre Fernand Gomez en Barbarie. Fernand, en qualité de racheteur de prisonniers, servait dans ce pays le sérénissime roi don Juan, qui, pour récompense, lui donna la décoration de l'ordre du Christ. Nunez me persuada d'aller au Maroc pour aider son gendre en ses affaires. Encore que je fusse jeune, je pouvais lui succéder un jour, en me rendant capable de remplir sa charge.

« Je suivis ce conseil, qui ne m'a pas beaucoup enrichi ; car il est impossible qu'un homme qui va pour payer des rançons devienne riche, voyant devant ses yeux tant de misères auxquelles il faut remédier. En effet, mon prédécesseur était fort à l'aise quand il partit pour la Barbarie ; il est revenu avec une dette de sept mille ducats ; il en devait deux mille à Moulê-Arrani, fils du chérif, et cinq mille à Ibrahim et Isaac Cabeça, qui sont deux frères juifs. Toutefois je ne me repentirai jamais d'avoir marché sur les pas de cet honnête homme, parce que je pense avoir servi Dieu dans ma charge et expié une partie de mes péchés.

« Je m'embarquai à Cadix dans une caravelle, et avec un vent favorable nous arrivâmes à Mazagran. Le gouverneur Louis de Lorero me fit bon accueil, et au bout de trois jours nous suivimes la côte jusqu'à Saffie, où je débarquai. Puis je me dirigeai vers Maroc avec les marchandises que j'apportai. Mais les chaleurs étaient alors si grandes en Barbarie, que nous bûmes toute l'eau que nous avions, et fûmes forcés de creuser un puits dans le sable, afin de ne pas mourir de soif durant le chemin. J'entrai à Maroc le jour de la Fête-Dieu, et j'allai loger à l'Alhondiga, au quartier des chrétiens, où je fus bien reçu par Fernand Gomez. »

Ils s'occupèrent ensemble du sort des prisonniers, qu'une guerre perpétuelle entre le chérif et les présides espagnols amenait à Maroc. Le chérif avait alors à cœur de châtier Louis de Lorero, gouverneur de Mazagran. Dans une rencontre, celui-ci eut vingt-cinq hommes faits prisonniers, entre autres Lazare Martin, auquel il dut la vie. Le capitaine du chérif, fier d'avoir remporté cette victoire, se hâta d'envoyer à Maroc les têtes des chrétiens morts sur le champ de bataille. On les exposa sur la place du palais. « Je m'y trouvai ce jour-là avec plusieurs autres, pour savoir la cause de ce bruit, continue don Diego ; lorsque je la sus et que je vis le petit peuple qui accourait en foule à ce spectacle, je n'osai me hasarder à passer outre, et, prenant des rues détournées, je me retirai vers la douane. Mais, quelque diligence que je fisse, je ne pus y être sitôt qu'il n'y eût déjà de petits barbares occupés à rouler cinq têtes à la porte. Ils s'amusaient à les casser à grands coups de pierre, déshonorant les chrétiens par de piquantes injures. A cette vue, je me retirai dans la boutique d'un Maure qui était mon ami. Alors il sortit avec moi, nous ouvrit un passage, un bâton à la main, et me mena jusqu'à la porte de la Douane, où j'entrai par la poterne, et je mis avec moi les têtes qui étaient sur le seuil ; ensuite nous les enterrâmes avec beaucoup de tristesse. »

Fernand et Diego essayèrent de racheter Lazare Martin ; mais ce fut impossible : le chérif exigeait dix mille ducats.

Un an après, Lazare réussissait à fuir et à gagner Mazagran. Il s'était évadé de la basse-fosse où on le tenait enfermé, par une ouverture qu'un des captifs avait mis un an à pratiquer, au moyen d'un crochet de fer. Huit de ses compagnons arrivèrent avec lui au préside ; mais, pour ceux qui furent repris, on les fouetta et on leur brûla le ventre et le menton avec des torches ardentes, de sorte qu'ils n'avaient plus aucune figure d'homme. « On les eût fait mourir à force de coups, dit don Diego, si Fernand Gomez et moi n'eussions couru au lieu où l'on tourmentait ces pauvres chrétiens. Aussitôt que Fernand fut arrivé, comme il était aimé de ceux qui étaient chargés de les faire punir, il les pria d'avoir pitié de ces malheureux esclaves. On cessa de les maltraiter, et nous, nous ne songeâmes plus qu'à les faire panser. »

Diego succède à Gomez ; celui-ci rentre en Portugal avec des gentilshommes qui, depuis vingt-cinq ans, portaient des fers du poids de quarante livres. Un des premiers actes de Diego fut de prévenir le gouverneur de Mazagran, au moyen d'une dépêche écrite à l'encre sympathique, que le chérif méditait d'enlever la place par surprise. C'était jouer sa tête ; mais cet homme généreux n'hésitait point à le faire, pour le service de Dieu et de sa patrie. Il ne craint pas de reprocher au chérif, qui retient des prisonniers contre le droit des gens, la lâcheté d'un manque de parole. On le jette en prison contre toute justice. Mais son caractère énergique et franc lui concilie l'estime des princes maures eux-mêmes.

Animé d'une piété sincère, il tâchait de suppléer autant que possible au manque d'église et de prêtre à Maroc. Il fit tapisser une salle de sa demeure, y exposa des images apportées d'Espagne, alluma des lampes et des cierges, et établit la coutume de chanter le *Salve Regina* le samedi et les jours de fête en cet oratoire. Il fonda une confrérie de la Miséricorde. Les marchands qui en étaient membres tâchaient de soulager les esclaves.

« Quelque temps après vint le carême, dit-il ; et quand nous fûmes en la semaine sainte, je fis un petit autel en mémoire de notre rédemption. Je le fis de soie de diverses couleurs, avec douze degrés qui étaient couverts de satin blanc. Au milieu il y avait une pièce de velours noir avec force découpures de papier, vingt-quatre cierges de cire blanche et plusieurs bouquets de roses et d'œillets. Au pied des degrés il y avait, sur un oreiller, un crucifix couvert d'un voile noir, avec quatre cierges de la même cire. »

— Savez-vous, mon révérend père, interrompit Alfred, que les soi-disant esprits forts auraient mauvaise grâce à se moquer de ce *sacristain*-là ?

— Souvenez-vous, Alfred, que le courage s'accorde bien avec l'énergie de la foi religieuse, et la lâcheté avec l'impiété.

Diego de Torrès, dénoncé au chérif, défendit le droit qu'il avait de se conduire en bon chrétien, et on le laissa libre. A quelque temps de là, il passe de Maroc à Tarudant, où on le jette sans motif dans la fosse des esclaves. Elle était profonde de plus de douze toises; on y descendait par une échelle de corde, et l'on n'y recevait qu'un faible rayon du jour. Ses souffrances y furent extrêmes; mais il obtenait la patience en invoquant avec ses compagnons la Vierge Marie. Ils récitaient toutes les nuits le *Salve Regina* devant ses images. Diego resta là plus d'un an et demi. Il exerça ensuite son zèle à Maroc et à Fez, où il racheta plus de sept cents esclaves. Enfin, observant de près les ressources du pays et des chérifs qui venaient de s'y établir, il rédigea des mémoires secrets pour indiquer au roi son maître la manière de conquérir ces royaumes, où l'on ne comptait pas moins de soixante mille cavaliers.

— Nous aurions grand besoin, dit Alfred, des mémoires de don Diego de Torrès. L'intérieur du Maroc n'est guère mieux connu du gouvernement français que l'Afrique centrale; et pourtant, d'un jour à l'autre...

— Voilà ce que c'était qu'un racheteur d'esclaves au service du roi, dit en terminant le vieux trinitaire.

— Il faudrait maintenant, mon révérend père, reprit Mme Morelli, nous expliquer comment vous procédiez vous-même au rachat, quel était le prix d'un esclave, enfin passer en revue toutes les formalités de ces intéressantes négociations.

— Lorsque nos pères disposaient d'une somme suffisante, ils nous en donnaient avis à Alger. Nous obtenions du dey un passe-port pour eux, et bientôt l'étendard de notre ordre apparaissait en vue du rivage. La nouvelle circulait dans la ville, ranimait l'espérance au cœur des esclaves, et, il faut le dire, la cupidité dans celui des Turcs. Les pères se rendaient près du dey, baisaient le pan de sa robe, et offraient des présents en argent monnayé ou en objets d'orfévrerie. Ils lui annonçaient la valeur du chargement du navire en argent et en marchandises, et l'on faisait tout transporter au palais du dey. Celui-ci percevait trois et demi pour cent sur les valeurs, et douze et demi sur les marchandises. Ensuite les pères se retiraient dans une demeure qu'on leur assignait, et ils traitaient au moyen d'un drogman, souvent renégat.

Les esclaves, les Turcs, les Maures assiégeaient les religieux. Mais ceux-ci devaient agir avec discernement, pour n'être pas trompés. Tout d'abord ils payaient la rançon d'un certain nombre d'esclaves que le bey les obligeait à racheter; ils choisissaient ensuite ceux de leur nation, et, s'il leur restait des aumônes, ils délivraient encore d'autres captifs. Ces affaires étaient fort épineuses : un esclave menace d'apostasier, un autre se dit atteint d'un mal qui le tuera dans les fers; celui-ci s'appuie sur les longues années de sa captivité; celui-là sur les malheurs d'une famille qui l'attend. Les religieux, désolés d'être si pauvres, empruntaient alors à des juifs ou restaient en ôtage.

La rançon payée au propriétaire, il y avait encore d'autres droits à régler : dix pour cent à la douane, tant de piastres aux khodjas, tant au capitaine du port, tant pour étrennes aux soldats d'escorte qui avaient protégé les acheteurs depuis leur arrivée. On acquittait ces droits en boudjous (pièces de un franc quatre-vingts centimes), en rial-draham-segher (de soixante centimes) et autres monnaies du pays.

Il n'est pas facile de marquer le prix de rançon; car il a varié selon les temps, la valeur présumée des esclaves et la cupidité des propriétaires. Les pères trinitaires Mathurin, Jean de la Faye, ministre de la maison de Verberie, Henry le Roy, de celle de Bourmont, disent, dans leur relation de voyage au Maroc, en l'année 1723 et suivantes :

« Les chrétiens captifs au royaume de Maroc appartenaient tous au roi, qui n'accorde presque jamais leur liberté que quand ils sont invalides; encore exige-t-il des sommes exorbitantes. On a pu voir dans la relation précédente de l'un de nos pères, de l'an 1704, que pour des présents de la valeur de plus de quatre mille piastres, il ne leur accorda que douze captifs : on verra dans celle-ci que pour la valeur de six mille nous n'en avons pu retirer que quinze. »

La rançon des prisonniers vulgaires du beylik d'Alger, sans les droits, était de cinq à six cents rials, c'est-à-dire de trois cents à trois cent soixante francs. Si l'esclave n'était pas chétif, si son industrie était fructueuse pour le maître, ou si on le soupçonnait d'être d'une famille riche, la rançon montait à mille livres, et quelquefois bien plus haut. A la fin du XVIIIᵉ siècle, le bey de Tunis ne rendait guère un homme pour moins de trois cents sequins de Venise, ou trois mille six cents francs; une femme valait jusqu'à sept cents sequins, ou sept mille deux cents francs.

Et il fallait voir les vieux juifs, de grosses lunettes sur le nez, peser les écus avec plus de soin qu'un lapidaire en Europe ne pèse un diamant !

Encore s'il y avait eu constamment bonne foi de la part des musulmans dans ces marchés ! Mais on n'imagine pas quelles injustices, quelles odieuses chicanes venaient suspendre le départ et peut-être même rompre la convention.

— Cela n'étonne pas ceux qui ont fait des affaires avec les Arabes, dit M. Morelli; ces gens-là ne savent pas ce que c'est qu'une parole donnée. Vous achetez un cheval à un Arabe cent douros; l'affaire est conclue; vous ne quittez pas votre Arabe; vous arrivez avec lui devant la tente où est son cheval entravé; vous croyez qu'il va vous livrer l'animal; vous lui tendez le sac de douros :

« Voilà les cent douros, » dites-vous.

Mais notre homme s'est ravisé :

« Cent douros ! s'écrie-t-il. Sidi-Abd-er-Rhaman ! y pensez-vous ? une pareille jument pour cent douros ! Makâch ! »

Vous êtes stupéfait; mais il en faut prendre son parti. En vain vous représenterez qu'on était convenu de cent douros; l'Arabe en veut maintenant cent vingt. Il ne reste plus qu'à vous retirer; à moins que vous ne préfériez entendre un éloge enflammé des hauts faits et des brillantes qualités de la cavale. Écoutez; il s'en faut peu qu'elle ne descende en droite ligne de la jument du Prophète, d'El-Borak, à la crinière d'or et à la queue de pierreries.

C'est la même scène s'il s'agit d'un télis d'orge ou d'un œuf : l'Arabe est convenu de dix francs, il en veut douze; de cinq centimes, il en veut dix. Il nie devant le juge ce qui est écrit par le notaire.

— Combien de fois, reprit le trinitaire, n'avons-nous pas été déçus, après ces négociations toujours lentes comme le sont toutes négociations avec les Orientaux ! Que de tracasseries, que d'extorsions n'avons-nous pas subies !

Lorsque enfin il ne restait plus un nuage pour obscurcir le regard de la justice, pas un fil pour tendre un piége, nous et nos esclaves nous nous rendions en procession au palais du dey. Les captifs étaient dépouillés des haillons de la servitude, délivrés de l'anneau de fer qu'ils portaient au pied, si c'étaient des esclaves du beylik, et revêtus d'un manteau blanc, symbole d'innocence et de joie. Ils recevaient du divan le jeskeret ou certificat d'affranchissement, et nous prenions place à bord de notre navire, qui mettait aussitôt à la voile.

Oh ! sans doute, les esclaves que nous n'avions pas pu délivrer avaient le cœur bien serré en voyant le vaisseau cingler vers les rives de leur patrie. Mais les rachetés, ivres de joie, croyaient rêver, lorsqu'à leurs yeux s'éloignait la terre maudite, lorsque les contours de ces rivages, où ils avaient tant souffert, s'évanouissaient pour toujours dans la brume.

Et nous, le cœur partagé entre ces sentiments divers, nous nous prenions à sourire dans les pleurs.

— O mon père, quelles émotions ! dit Carlotta.

— Au débarquement, les scènes devenaient encore plus attendrissantes, lorsqu'une famille éplorée reconnaissait parmi nos captifs un père, un fils, un frère, un époux qui semblait revenir du tombeau. Après une séparation si cruelle, le bonheur de se revoir, quelquefois inattendu, allait jusqu'à l'ivresse et se traduisait par des démonstrations qu'on aurait prises pour de la folie, si la cause n'en avait pas été connue.

— Révérend père, je vais commettre une indiscrétion : Carlotta me récitait ce matin un sonnet de notre poëte Giuseppe Parini sur le retour des esclaves ; Alfred l'a traduit en français. Il ne vous sera pas désagréable d'entendre cette poésie.

— J'en serai charmé, Madame, répondit le vieux trinitaire, bien que je sois un pauvre juge en littérature.

— Pendant un séjour de cinquante ans en Afrique, dit M. Morelli, vous avez eu le temps, mon père, de devenir polyglotte, comme le deviennent nécessairement grand nombre de nos prêtres d'Algérie. Alger, c'est, pour la confusion des langues, une tour de Babel. »

Carlotta dit ces vers d'une voix harmonieuse : elle justifiait le goût de Charles-Quint, qui voulait parler français à son ami, italien à sa dame :

> Queste incallite man, queste carni arse
> D'Africa al sol, questi piè rosi e stanchi
> Di servil ferro, questi ignudi fianchi
> Donde sangue e sudor largo si sparse,
>
> Toccano alfin la patria terra; apparse
> Sovr' essi un raggio di pietade, e fianchi
> Mostransi ai figli, alle consorti, ai bianchi
> Padri che ogni lor duol senton calmarse.
>
> O cara patria! o care leggi! o sacri
> Riti! noi vi piangemmo alle meschite
> Empie d'intorno, e ai barbari lavacri.
>
> Salvate voi queste cadenti vite,
> E questi spirti estenuati e macri
> Col sangue del divino Agno nodrite.

Et Alfred reprit :

> Enfin, ils ont touché les bords de la patrie,
> Ces esclaves brûlés du soleil d'Algérie.
> Voyez ces pieds meurtris que les fers ont brisés,
> Ces flancs nus, de sueur et de sang arrosés.
>
> La charité sourit, et les chaînes affreuses
> Par miracle aussitôt quittent ces mains calleuses.
> Pères aux cheveux blancs, fils, épouses en pleurs,
> Par de tendres baisers apaisent leurs douleurs.
>
> O patrie adorée! ô religion sainte!
> Lois chères! loin de vous nous jetions notre plainte
> A la mosquée impie, au bagne ténébreux.
>
> Leur vie en durs travaux s'est longtemps consumée;
> Secourez-les, chrétiens! A leur âme affamée,
> Prêtres, distribuez l'Agneau mystérieux!

— Oh ! oui, mon ami, reprit le trinitaire, la charité répondait à l'appel de ce poëte chrétien ; elle n'abandonnait pas l'esclave sans ressources et encore éloigné des siens, lorsqu'il abordait au port désiré. La religion et la charité lui faisaient cortége jusqu'au seuil de la maison paternelle.

En Espagne, les pieuses cérémonies qui accompagnaient le retour des esclaves étaient très-pompeuses ; mais je préfère vous rappeler les usages propres à votre pays. Dans un de ses voyages à Tunis, en 1635, le père Dan racheta quarante-deux Français, entre lesquels un vieillard de Rouen, Noël Dubois, qui avait passé trente et un ans dans les bagnes. Il se rendit avec ces esclaves à Paris, traversant en procession Marseille et les grandes villes situées sur sa route. Les confrères et pénitents de la Trinité qui se trouvaient dans ces villes marchaient devant les esclaves ; ceux-ci s'avançaient deux à deux, revêtus du scapulaire de notre ordre et tenant dans leurs mains des chaînes brisées. Pour la plupart, sans doute, elles étaient plus qu'un symbole : en était-il un seul qui ne les eût jamais portées ?

« Nous entrâmes à Paris par la porte Saint-Antoine, dit le père Dan, et nous fûmes solennellement reçus par les religieux de notre couvent des Mathurins, qui vinrent à notre rencontre avec les cierges allumés.

« Deux archers de la ville, ayant hoquetons et hallebardes, et deux bedeaux avec eux marchaient à la tête de la procession. Quatre-vingts confrères de Notre-Dame de Bonne-Délivrance les suivaient pieds nus, deux à deux et revêtus de leurs aubes. Ils avaient chacun une couronne de laurier sur la tête, et en main un gros cierge de cire blanche, où, dans un ovale qu'on y avait attaché, se voyait peinte une croix rouge et bleue entre deux branches de palmier. Les religieux marchaient ensuite, séparés en deux chœurs et suivis d'un assez bon nombre d'archers de la ville en même équipage que les premiers.

« A cette dévote troupe en fut jointe une autre de quarante jeunes enfants, qu'on faisait attendre devant l'église des religieuses de Sainte-Marie. Ils avaient de petits rochets de fine toile, avec une branche de laurier en main et une guirlande sur la tête. Près d'eux était un corps de musique composé de plusieurs excellents chantres de Notre-Dame et de la Sainte-Chapelle. Comme ils eurent pris leur ordre tous ensemble, ils furent droit à la porte Saint-Antoine pour nous y recevoir, nous et les captifs rachetés.

« Cependant il n'est pas à croire combien se trouva grande la foule de peuple qui accourut de toutes parts pour voir cette procession, dont les rangs se déroulaient depuis la porte Saint-Antoine jusqu'à notre église des Mathurins, dans l'ordre suivant :

« Les exempts de la ville marchaient les premiers, suivis de quatre archers et de deux trompettes.

« Un archer portant le grand guidon de camelot blanc, où était peinte une croix rouge et bleue, avec les armes de notre saint-père le pape et celles du roi.

« Deux autres trompettes, ayant, comme les premiers, des banderoles de camelot blanc, avec une grande croix rouge et bleue, bordées de frangettes rouges, blanches et bleues, et les cordons de même, selon l'ordinaire des guidons et des bannières de l'ordre.

« Deux bedeaux, qui devançaient la croix, après laquelle venaient les confrères de Notre-Dame de Bonne-Délivrance, habillés comme nous l'avons dit et suivis du premier chœur des religieux.

« Les quarante jeunes enfants dont nous venons de parler. L'un d'eux portait un guidon de taffetas blanc, où étaient peints à genoux deux anges tenant une croix rouge et bleue, avec ces mots pour devise : REDEMPTIONEM MISIT POPVLO SVO ; et à ses côtés il y avait deux autres enfants tenant le grand cordon du même guidon, auprès duquel étaient aussi deux archers.

« Le chœur des musiciens, suivi du dernier chœur des religieux.

« Les quarante-deux captifs rachetés. Le premier, accompagné de deux frères convers de notre ordre, portait une bannière de damas blanc, où étaient peints d'un côté un ange revêtu de l'habit de l'ordre, tenant avec les bras croisés les chaînes de deux esclaves qui étaient à ses genoux ; de l'autre, des religieux qui rachetaient ces esclaves d'entre les mains des Turcs.

« Un autre captif, au milieu de ses compagnons, se faisait remarquer par un guidon qu'il soutenait, et où étaient peintes les armes de l'ordre : une croix rouge et bleue, orlée de huit fleurs de lis en champ d'azur et timbrée d'une couronne royale.

« Les révérends pères députés pour la rédemption des captifs et leurs associés, suivis de plusieurs archevêques.

« Voilà quel fut à peu près l'ordre de cette procession triomphante. Elle se rendit en notre église, où le saint sacrement était exposé. A son entrée les trompettes et les orgues se firent entendre à l'envi. Alors notre révérend père général, revêtu de son habit ordinaire, avec l'étole par-dessus, ayant reçu les captifs, qu'il embrassa l'un après l'autre et qui furent rangés près de l'autel, fit les prières accoutumées en cette cérémonie. »

Cependant les bannières et les guidons furent exposés autour du grand autel, et le *Te Deum* solennellement chanté en musique. Un éloquent sermon fut ensuite prononcé en présence de hauts personnages de l'Église et de l'État, et de plusieurs dames de condition.

Le lendemain, la même procession se rendit du couvent des Mathurins à Notre-Dame et à Saint-Nicolas-des-Champs. Les esclaves, rentrés au monastère, y reçurent les sacrements de la Pénitence et de l'Eucharistie. On les pourvut d'habits, d'argent et d'un certificat de rachat pour les aider à regagner leurs pays.

Sur la route ces voyageurs étaient assistés par les confrères de la Sainte-Trinité.

Après la mort de saint Jean de Matha, la confrérie des trinitaires, réalisant l'idée de notre fondateur, s'était établie dans le monde catholique pour recueillir des aumônes qu'elle versait entre les mains des rédempteurs, et pour conduire les captifs après leur délivrance jusqu'au dernier terme de leur voyage.

La plupart des esclaves témoignaient à Dieu leur reconnaissance pour la liberté qu'il leur avait rendue, par des actes publics de religion ou de charité. Ils allaient en pèlerinage à quelque sanctuaire de la Vierge, et y suspendaient les chaînes ou les vêtements de la servitude. Les églises d'Espagne conservent encore les ex-voto de ce genre.

— Il en est de même de plusieurs églises en Italie, interrompit Mme Morelli ; je me souviens particulièrement d'avoir vu, dans la sacristie du pieux sanctuaire de Montenegro près de Livourne, les vêtements de la servitude offerts à la sainte Vierge par une jeune fille rachetée de l'esclavage. C'est une touchante histoire du commencement de notre siècle.

Cette jeune fille, enlevée par des corsaires barbaresques aux environs de Livourne, fut vendue à un riche musulman. Il l'enferma dans son harem, et la remit aux mains des femmes impures qui en avaient le gouvernement. Le chagrin et les angoisses de la pauvre Livornaise n'avaient de comparables que la foi vive et l'amour de la chasteté qui l'animaient. Par bonheur elle ne perdit point courage ; elle leva les yeux et soupira vers Celle dont le nom béni ne fut jamais invoqué en vain ; elle s'abandonna sans aucune réserve à la protection de la Reine des vierges. La paix et la confiance descendirent dans son âme et lui communiquèrent une force invincible. Prosternée devant Dieu, elle le priait ardemment, et sans cesse elle invoquait la Mère de Jésus :

« O bonne Vierge ! obtenez-moi la grâce de Dieu ; gardez-moi pure, chaste, fidèle à ma foi ; je vous promets en retour mon amour et ma reconnaissance. »

Des vœux si conformes à la sainteté et à la volonté de Dieu devaient être exaucés. Trois fois la jeune esclave, protégée par le Ciel, se vit en danger de subir l'ignominie qu'elle redoutait plus que la mort ; trois fois elle en fut préservée comme par miracle. Elle continuait cette vie de prière, quand elle apprit d'un esclave qu'un chrétien venait d'arriver pour racheter des victimes de la piraterie. Elle réussit à faire passer à ce libérateur, par-dessus les murs du jardin, un billet où elle disait son nom, son pays et son long martyre. C'était le moyen dont notre Seigneur voulait se servir pour l'arracher à son malheur. Elle fut aussitôt rachetée et ramenée à Livourne.

Les transports de reconnaissance dont elle fut saisie en découvrant de la mer le sanctuaire de Montenegro sont inexprimables. Dès le commencement de son esclavage la généreuse enfant de Marie avait fait vœu, si elle recouvrait la liberté en gardant le trésor de son honneur, d'accomplir à ce saint lieu un èlerinage d'actions de grâces.

A peine débarquée, elle ne cherche point ses parents les plus chers, mais s'achemine vers ce temple célèbre, bâti sur la colline et dédié au Seigneur sous l'invocation de la sainte Vierge. Elle monte à genoux la pente escarpée; elle arrive toute ensanglantée, mais tellement transportée par les sentiments de foi, d'amour et de reconnaissance, qu'elle est insensible aux douleurs du corps. Après une longue oraison, où elle remerciait avec tendresse une si douce mère, un Dieu si bon, elle suspendit à l'autel ses vêtements de Mauresque, comme un trophée de la grande victoire de Marie et de la grâce divine. Vous pourriez les voir encore à la chapelle de Montenegro. »

La fin de ce récit fut troublée par l'orage, qui commençait à éclater sur la ville. Un livide éclair déchira la nuée; Carlotta et Mme Morelli se signèrent.

« Et toi aussi, Fatma ? dit Alfred. Je vois bien que le zèle de ma sœur porte ses fruits. De catéchumène tu deviendras bientôt néophyte. »

La négresse répondit par un sourire, bien qu'elle n'eût pas compris sans doute les derniers mots d'Alfred. Le jeune marin, accoutumé aux ouragans des tropiques, monta sur la terrasse comme il eût fait sur le tillac de son navire, pour regarder le ciel et la mer. Les ténèbres étaient profondes, le vent courbait la tête des palmiers de Sidi-Abd-er-Rhaman, et les lames déferlaient avec furie sur la grève.

Alfred aimait la mer quand elle est douce; mais il l'admirait surtout dans ses terribles colères. Le regard perdu à l'horizon, il murmurait en ce moment les paroles de David : « *Mirabiles elationes maris, mirabilis in altis Dominus !* Les élancements de la mer sont admirables; Dieu, dans les hauteurs des cieux, est plus admirable encore... »

On ne se retira qu'après une prière pour les navires exposés à la tempête.

DIXIÈME SOIRÉE

Les lazaristes. — Expéditions modernes contre les corsaires.

« Eh bien ! mon révérend père, dit M. Morelli, vous avez promis de nous parler aujourd'hui de saint Vincent de Paul et des lazaristes.

— Nous y tenons beaucoup, ajouta le jeune marin. Les lazaristes et leur fondateur, c'est la France.

— Je crois que saint Vincent de Paul nous racontera mieux que personne l'histoire de sa captivité à Tunis, dit le père Gervais. L'air est si doux et si calme ce soir, qu'il ne troublera pas la flamme d'une lampe ; et j'ai apporté la vie du saint prêtre, écrite par Abelly, afin que nous lisions cette intéressante lettre où Vincent confie à un ami des secrets que son humilité voulait plus tard ensevelir dans un éternel oubli.

Vincent était déjà prêtre, et il avait vingt-neuf ans, lorsqu'il se rendit de Toulouse à Marseille pour recueillir une part d'héritage qui lui avait été léguée. Au moment de revenir par terre à Toulouse, un gentilhomme de Languedoc avec lequel il était logé l'engagea à retourner avec lui par mer jusqu'à Narbonne. On était en juillet 1605. Vincent agréa la proposition, et nous allons voir ce qu'il en avint. »

Carlotta et la négresse étaient descendues dans les appartements ; elles apportèrent un léger guéridon et une lampe allumée.

Le religieux ouvrit le livre d'Abelly et le passa à Carlotta, en la priant de lire à haute voix la lettre écrite le 24 juillet 1607 par Vincent, délivré alors de l'esclavage. Elle est adressée à son ami M. de Commet. Carlotta fit ce dont on la priait :

« Je m'embarquai pour Narbonne, pour y être plus tôt et pour épargner, ou, pour mieux dire, pour n'y jamais être et pour tout perdre. Le vent nous fut autant favorable qu'il fallait pour nous rendre ce jour-là à Narbonne (qui était faire cinquante lieues), si Dieu n'eût permis que trois brigantins turcs qui côtoyaient le golfe de Lyon pour attraper les barques qui venaient de Beaucaire, où il y avait une foire que l'on estime être des plus belles de la chrétienté, ne nous eussent donné la charge et attaqué si vivement, que deux ou trois des nôtres étant tués et tout le reste blessé, et même moi, qui eus un coup de flèche qui me servira d'horloge tout le reste de ma vie, n'eussions été contraints de nous rendre à ces félons.

« Les premiers éclats de leur rage furent de hacher notre pilote en mille pièces, pour avoir perdu un des principaux des leurs, outre quatre ou cinq forçats que les nôtres tuèrent; cela fait, ils nous enchaînèrent, et, après nous avoir grossièrement pansés, ils poursuivirent leur pointe, faisant mille voleries, donnant néanmoins la liberté à ceux qui se rendaient sans combattre, après les avoir volés; et enfin chargés de marchandises, au bout de sept à huit jours, ils prirent la route de Barbarie, tanière et spelonque de voleurs sans aveu du Grand Turc, où étant arrivés, ils nous posèrent en vente avec un procès-verbal de notre capture, qu'ils disaient avoir été faite dans un navire espagnol, parce que sans ce mensonge nous aurions été délivrés par le consul que le roi tient en ce lieu-là pour rendre libre le commerce aux Français.

« Leur procédure à notre vente fut qu'après qu'ils nous eurent dépouillés, ils nous donnèrent à chacun une paire de caleçons, un hoqueton de lin avec une bonnette, et nous promenèrent par la ville de Tunis, où ils étaient venus expressément pour nous vendre. Nous ayant fait faire cinq à six tours par la ville, la chaîne au cou, ils nous ramenèrent au bateau, afin que les marchands vinssent voir qui pourrait bien manger et qui non, et pour montrer que nos plaies n'étaient point mortelles. Cela fait, ils nous ramenèrent à la place, où les marchands nous vinrent visiter tout de même que l'on fait à l'achat d'un cheval ou d'un bœuf, nous faisant ouvrir la bouche pour voir nos dents, palpant nos côtes, sondant nos plaies, nous faisant cheminer le pas, trotter et courir, puis lever des fardeaux, et puis lutter pour voir la force d'un chacun, et mille autres sortes de brutalité.

« Je fus vendu à un pêcheur, qui fut contraint de se défaire bientôt de moi, pour n'avoir rien de si contraire que la mer, et depuis, par le pêcheur, à un vieux médecin spagyrique (chimiste), souverain tireur de quintessences, homme fort humain et traitable, lequel, à ce qu'il me disait, avait travaillé pendant l'espace de cinquante ans à la recherche de la pierre philosophale.

« Il m'aimait fort, et se plaisait à me discourir de l'alchimie, et puis de sa Loi, à laquelle il faisait tous ses efforts de m'attirer, me promettant force richesses et tout son savoir. Dieu opéra toujours en moi une croyance de délivrance par les assidues prières que je lui faisais, et à la Vierge Marie, par l'intercession de laquelle je crois fermement avoir été délivré. L'espérance donc et la ferme croyance que j'avais de vous revoir, Monsieur, me fit être plus attentif à m'instruire du moyen de guérir de la gravelle, en quoi je lui voyais journellement faire des merveilles; ce qu'il m'enseigna, et même me fit préparer et administrer les ingrédients. Oh! combien de fois ai-je désiré depuis d'avoir été esclave auparavant la mort de monsieur votre frère! car je crois que si j'eusse su le secret que maintenant je vous envoie, il ne serait pas mort.

« Je fus donc avec ce vieillard depuis le mois de septembre 1605 jusqu'au mois d'août 1606, qu'il fut pris et mené au Grand Sultan pour travailler avec lui; mais en vain, car il mourut de regret par les chemins. Il me laissa à un de ses neveux, vrai anthropomorphite, qui me revendit bientôt après la mort de son oncle, parce qu'il ouït dire comme M. de Brèves, ambassadeur pour le roi en Turquie, venait avec bonnes et expresses patentes du Grand Turc pour recouvrer tous les esclaves chrétiens. Un renégat de Nice en Savoie, ennemi de nature, m'acheta et m'emmena en son témat : ainsi s'appelle le bien que l'on tient comme métayer du Grand Seigneur; car le peuple n'a rien, tout est au sultan.

« Le témat de celui-ci était dans la montagne, où le pays est extrêmement chaud et désert. L'une des trois femmes qu'il avait était Grecque chrétienne, mais schismatique; une autre était Turque, qui servit d'instrument à l'immense miséricorde de Dieu pour tirer son mari de l'apostasie et le remettre au giron de l'Église, et me délivrer de mon esclavage.

« Curieuse qu'elle était de savoir notre façon de vivre, elle me venait voir tous les jours aux champs où je fossoyais, et un jour elle me commanda de chanter les louanges de mon Dieu. Le ressouvenir du *Quomodo cantabimus canticum Domini in terra aliena*, des enfants d'Israël captifs à Babylone, me fit commencer, la larme à l'œil, le psaume *Super flumina Babylonis*, et puis le *Salve Regina*, et plusieurs autres choses, en quoi elle prenait tant de plaisir, que c'était merveille. Elle ne manqua pas de dire à son mari, le soir, qu'il avait eu tort de quitter sa religion, qu'elle estimait extrêmement bonne, pour un récit que je lui avais fait de notre Dieu et quelques louanges que j'avais chantées en sa présence; en quoi elle disait avoir ressenti un tel plaisir, qu'elle ne croyait point que le paradis de ses pères et celui qu'elle espérait, fût si glorieux ni accompagné de tant de joie que le contentement qu'elle avait ressenti pendant que je louais mon Dieu, concluant qu'il y avait en cela quelque merveille.

« Cette femme, comme une autre Caïpha, ou comme l'ânesse de Balaam, fit tant, par ses discours, que son mari me dit dès le lendemain qu'il ne tenait qu'à une commodité que nous ne nous sauvassions en France; mais qu'il y donnerait tel remède, que, dans peu de jours, Dieu en serait loué.

« Ce peu de jours dura dix mois, qu'il m'entretint dans cette espérance, au bout desquels nous nous sauvâmes avec un petit esquif et nous rendîmes, le 28 juin, à Aigues-Mortes, et tôt après en Avignon, où M. le vice-légat reçut publiquement le renégat, avec la larme à l'œil et le sanglot au cœur, dans l'église Saint-Pierre, à l'honneur de Dieu et édification des assistants. Mondit seigneur nous a retenus tous deux pour nous mener à Rome, où il s'en va tout aussitôt que son successeur sera venu; il a promis au pénitent de le faire entrer à l'austère couvent des *Fate-ben-Fratelli*. »

— C'est tout ce qu'Abelly nous a donné de la lettre de saint Vincent, reprit le père Gervais. Il est regrettable que l'on n'en sache pas davantage sur la captivité du saint homme. Son humilité était si grande, qu'il chercha dans la suite à obtenir l'original de cette lettre pour la brûler; mais elle fut conservée à son insu. Du reste il ne voulut jamais entrer dans les détails de sa vie à Tunis, parce que sans doute il n'eût pu le faire sans parler à sa louange.

— Est-ce qu'on ignore, demanda Mme Morelli, où il a vécu à Tunis, et quel est le lieu où il résida comme esclave du renégat ?

— Je ne pense pas, répondit le père, que l'on sache rien à cet égard.

— Y a-t-il à Tunis, dit M. Morelli, quelque monument moderne du séjour de ce grand saint ? Il conviendrait, ce semble, que sa mémoire y fût perpétuée comme celle de saint Louis, en l'honneur duquel Louis-Philippe a fait bâtir une chapelle sur le point le plus élevé des ruines de Carthage.

— Certainement la France applaudirait à l'exécution de cette pensée, ajouta Alfred. Peut-être Ahmed-Pacha, le bey de Tunis, n'y opposerait-il aucun obstacle, car j'ai vu dans son salon le portrait de saint Vincent de Paul.

— Quoi ! s'écria M. Morelli, dans le salon d'un roi musulman ! et lorsque le Coran proscrit les images de l'homme !

— Oui, mon père, dans le salon d'Ahmed-Pacha. Qui eût prévu pareille chose, lorsque le pauvre esclave *fossoyait*, inconnu et méprisé, dans la ferme du renégat ? Du reste, Ahmed-Pacha, quelle que soit sa vie privée, n'est pas ennemi des chrétiens. Il honore les capucins missionnaires à Tunis et dans la régence ; il a placé à côté du portrait de saint Vincent de Paul celui de Mgr Fidèle Sutter de Ferrare, évêque de Rosalia, vicaire apostolique à Tunis.

— Les vues de la Providence, en conduisant Vincent au milieu des esclaves et dans un pays musulman, percèrent bientôt. Le saint prêtre n'oubliait pas les maux dont il avait été le témoin ou qu'il avait partagés. La tendresse de son cœur et sa charité le portèrent à travailler au soulagement des esclaves de Barbarie et à la conversion des infidèles. Il ne lui fut pas donné de retourner lui-même sur les bords africains ; mais il y établit les prêtres de la congrégation de la Mission, qu'il fonda en 1626, et qui s'installèrent en 1632 à Paris, au prieuré de Saint-Lazare. C'est de là que leur vient le nom de lazaristes.

Louis XIII, rendons-lui cet hommage, eut l'initiative dans

l'établissement des lazaristes en Afrique ; du moins les sentiments de ce pieux roi se rencontrèrent merveilleusement avec ceux de Vincent de Paul. Il faut nommer ensuite M*me* la duchesse d'Aiguillon, qui fit de grandes charités pour la mission d'Alger.

Le roi, désirant assister les esclaves, ordonna au saint prêtre d'envoyer plusieurs de ses missionnaires en Barbarie, et lui remit à cet effet une somme d'environ dix mille livres. Vincent, pour les employer de la meilleure manière possible, consulta les derniers traités entre la France et les Turcs. Le Grand Sultan s'était montré depuis longtemps déjà favorable à la France.

En 1628, il écrivait à Alger : « O mes serviteurs de la milice d'Alger, vous avez autrefois vécu en frères avec les Français, et toutefois il vous est arrivé depuis de les traiter comme ennemis. Quelques pervers ont commis des hostilités contre le droit et la justice. Je veux maintenant que le passé soit aboli, et que vous teniez à l'avenir les Français comme frères et amis. »

Le divan et la milice répondaient : « Nous désirons que cela soit, et nous voulons tous obéir au commandement de notre empereur, dont nous sommes les esclaves. »

Le roi de France écrivait de son côté : « Comme par la lettre que j'ai reçue de mon très-cher et parfait ami l'empereur des musulmans (que ses jours soient heureux !) il me témoigne son intention, qui est que nos sujets vivent en bonne intelligence, je le désire aussi de même, et cette paix me sera fort agréable. »

Les articles du traité assuraient la sécurité des navires français, et condamnaient les violences exercées à Alger contre les jeunes garçons chrétiens pour les faire musulmans.

Le roi de France pouvait avoir, dans les villes maritimes, un consul chargé de protéger les marchands et les esclaves ; et chacun de ces consuls avait droit d'entretenir un chapelain auprès de lui.

Vincent de Paul entrevit dans cette dernière disposition un moyen d'introduire ses prêtres sur ces rivages inhospitaliers, où les Turcs ne souffraient guère que les rédempteurs. Il obtint d'abord de M. Martin, consul à Tunis, la permission de lui envoyer un prêtre qui ne lui serait point à charge. M. Julien Guérin, accompagné du frère François Francillon, fut, en 1645, le premier lazariste qui mit le pied en Barbarie. Après deux ans d'un laborieux ministère, il se voyait accablé par le bien qu'il avait à faire. Il alla trouver le bey, et lui demanda l'autorisation de s'adjoindre un nouveau prêtre. Le bey y consentit, et Vincent de Paul envoya Jean le Vacher, qui arriva au commencement de 1648, tandis que la peste, la guerre et la famine désolaient Tunis.

Les deux prêtres se dévouèrent dans les bagnes et dans toute la ville, au milieu des pestiférés. M. le Vacher, atteint par le fléau, revint du bord de la tombe. M. Guérin succomba. Le consul le suivit peu après, et le bey ordonna au père le Vacher de gérer le consulat. Vincent n'approuvait pas qu'un de ses prêtres remplît cette fonction séculière ; il fit envoyer, à la place du lazariste, Huguier, procureur au Châtelet ; mais les Tunisiens ne l'agréèrent pas ; il revint en France, fut reçu par Vincent dans la congrégation de Saint-Lazare, et alla mourir de la peste à Alger, en 1663, au service des esclaves. M. Martin Husson, pieux avocat, succéda en 1653 au père le Vacher.

Celui-ci s'adonna au ministère spirituel des esclaves avec un redoublement d'ardeur. En 1655, le bey l'exila à Biserte, comme coupable d'empêcher les chrétiens d'embrasser le Coran. Le père arrivait à Biserte en même temps que deux barques chargées d'esclaves. Il obtint du raïs qu'ils fussent un moment délivrés de leurs chaînes, et il leur administra le sacrement de pénitence. Rappelé à Tunis, il fut de nouveau persécuté : le dey s'en prit à lui de ce qu'il ne pouvait obtenir en France que par contrebande des toiles à voiles. Les lois du royaume en défendaient l'exportation, et d'ailleurs le saint-siége excommuniait quiconque fournissait aux musulmans des moyens de guerre contre les chrétiens. Cependant M. le Vacher ne fut pas banni, et il dut même reprendre la charge de consul en 1657, lorsque le bey chassa M. Husson, auquel il reprochait des prises faites sur les Turcs par les Florentins. En 1652, il avait obtenu de la congrégation de la Propagande un décret qui lui donnait juridiction sur tous les prêtres de Tunis, esclaves ou libres. Il resta vingt ans dans cette ville en qualité de vicaire apostolique, et, en 1672, il alla faire sa résidence à Alger, où Vincent de Paul avait aussi établi les lazaristes dès l'an 1646.

Alger, avec ses vingt mille esclaves et son fanatisme sans bornes, avait encore plus besoin de ces missionnaires que Tunis, où il y avait six mille esclaves et moins de férocité. Grâce au zèle de Vincent, le nouveau consul, M. Jean Barreau, partit avec MM. Nouëli, le Sage et Dieppe. Nuit et jour, en 1647 et 1648, ces trois prêtres assistèrent les esclaves durant une horrible contagion. Tous les trois succombèrent, martyrs de la charité. M. Dieppe, durant son agonie, le regard attaché sur le crucifix qu'il tenait à la main, répétait sans cesse les paroles du Christ : « *Majorem hac dilectionem nemo habet ut animam suam ponat quis pro amicis suis.* Personne ne peut avoir un plus grand amour que de donner sa vie pour ses amis. »

Philippe le Vacher, frère de Jean le Vacher, qui était à Tunis, succéda aux missionnaires morts à Alger. Le consul, M. Barreau, fut plusieurs fois emprisonné et maltraité par les pachas. Ces tyrans se vengeaient sur lui de tout ce qu'ils reprochaient aux chrétiens d'Europe hors de leurs atteintes. En 1657, par ordre du pacha Ibrahim, il reçut tant de coups de bâton sous la plante des pieds, qu'il tomba en syncope; il ne fut reporté au consulat qu'après avoir promis de payer douze mille livres pour un débiteur marseillais. Mais le pacha voulait être payé de suite, et le consul, n'ayant que cent écus, allait être de nouveau torturé et peut-être mis à mort, si les esclaves eux-mêmes, par une charité vraiment héroïque et au-dessus de tout éloge, n'avaient satisfait le pacha en donnant pour le consul le pécule qu'ils avaient ramassé pour leur propre liberté. On apprit en France cette action admirable. Vincent dédommagea les captifs au moyen d'aumônes; et, en juin 1661, lorsque M. Barreau fut rappelé à Paris, il rentra en France accompagné de soixante-dix esclaves rachetés par lui et par M. Philippe le Vacher.

— Est-il possible que la France ait souffert une telle conduite de la part des pachas? dit Alfred.

— Je ne sais ce qui me frappe le plus, de la faiblesse de la France, de la brutalité de cet Ibrahim, de l'héroïsme des esclaves, ajouta M. Morelli.

— Il n'est donc pas permis, révérend père, d'exprimer un doute sur l'inique châtiment infligé au consul ?

— Hélas ! Madame, rien de plus conforme à l'histoire. La France, l'Angleterre, la Hollande, achetaient la paix avec la Turquie. On adressait des plaintes à la Porte, qui désavouait les pachas et leur faisait des reproches, mais tout en partageant les prises des corsaires. Et savez-vous ce que les Algériens eurent un jour l'audace de répondre au sultan : « Si l'on prétend nous gêner par des traités avec l'empire ottoman, il ne nous reste qu'à brûler nos vaisseaux pour nous faire chameliers. »

Cependant ils avaient dès longtemps excité en Europe une indignation qui devait tôt ou tard se traduire par une guerre. En 1617, une flotte française sous les ordres de M. de Beaulieu, met à la voile pour aller ruiner Alger. Tout se borne, à cause du mauvais temps, à la destruction de quelques navires. L'amiral Mansel et une flotte anglaise ne furent pas plus heureux. En 1638, les Vénitiens attaquèrent la flotte d'Ali-Pichini, qui dévastait les côtes de l'Adriatique et menaçait Notre-Dame-de-Lorette ; ils tuèrent quinze cents Turcs et Maures, et délivrèrent seize cents esclaves chrétiens qui servaient sur les galères ennemies. Deux ans après, les Algériens reparaissaient avec soixante-cinq vaisseaux de course, sans compter les navires qui desservaient les côtes de la régence. Vous comprenez comment, en 1657, ils osèrent bâtonner le consul de France.

— Et l'on doit avouer, observa M. Morelli, que l'injure était faite à toute la chrétienté ; car le consul de France était chargé de protéger toutes les nations européennes à Alger, sauf les Anglais.

— Et le consul d'Angleterre, croyez-vous qu'il fût mieux traité que celui de France ? A cette époque il était au bagne et travaillait à la charrue avec les esclaves ! Ruyter, le grand amiral hollandais, obtenait avec peine le rachat de quelques esclaves, et consentait à la visite des navires de sa nation par les corsaires.

Enfin Louis XIV, qui avait à cœur de mériter le surnom de Grand, ne put tolérer cet excès d'avanies dont on couvrait la France et l'Europe. En 1664, le duc de Beaufort s'empara de Djidjelli, qu'on eut le tort de ne pas conserver ; et en 1665 il détruisit une escadre algérienne à la Goulette, et signa en 1666 un traité qui fut un instant respecté des corsaires.

Mais Hadj-Mohammed-Treck, le premier roi d'Alger qui porta le titre de dey, et son gendre Baba-Hassan, recommencèrent les hostilités. Baba-Hassan déclare ouvertement la guerre à la France en 1682. Louis XIV envoie contre Alger Duquesne. L'amiral fit usage des bombes. C'était la première fois qu'on s'en servait sur mer. La ville fut affreusement ravagée; mais le mauvais temps obligea les Français à la retraite. Duquesne reparut l'année suivante (1683). Le bombardement commença, et fut si terrible, que le père Jean le Vacher fut envoyé par les Turcs pour négocier. On accorda à Duquesne la remise des esclaves français; puis Mezzomorto, chef de la marine, et un raïs, furent livrés en otage. Mais Baba-Hassan ne pouvait consentir à payer un million cinq cent mille francs d'indemnité. Mezzomorto obtient de retourner à terre comme pour l'y décider; mais il le fait poignarder, se déclare son successeur, et fait feu contre les Français de toute son artillerie, en annonçant à Duquesne qu'il mettra les chrétiens à la gueule des canons si la flotte continue à se servir de bombes.

Or, les Anglais jouaient dans tous ces événements un rôle déshonorant, qui est trop souvent le leur dans l'histoire. Ils avaient acheté la paix, en 1682, en abandonnant aux Algériens trois cent cinquante bâtiments de commerce et les esclaves anglais enfermés dans les bagnes.

Au moment où Duquesne reprit le bombardement contre Mezzomorto, un Anglais influent, voyant des linges qui séchaient sur la terrasse du père le Vacher, fit croire aux Algériens que le consul faisait des signaux à la flotte. Aussitôt on se rua sur la demeure du vénérable lazariste, accablé par l'âge, les fatigues et les infirmités qu'il avait contractées à la peste de Tunis. L'éléphantiasis enflait ses membres. Les forcenés, qui conservaient encore quelques égards pour son caractère religieux, le portèrent dans sa chaise le dos tourné vers la mer, et conduisirent cette innocente victime à la mort qu'ils voulaient lui faire souffrir sans aucune formalité. Car, l'ayant mené sur le môle, ils chargèrent un canon de poudre, et, après avoir mis le serviteur de

Dieu à la bouche, toujours assis dans sa chaise, ils lui firent mille indignités ; enfin ils mirent le feu au canon, et sacrifièrent ce saint homme à leur rage et à leur désespoir. Le canon creva ; mais il avait eu tout l'effet que ces malheureux en avaient attendu, car il consuma la plus grande partie de la victime. Les restes de son corps et de ses habits furent ramassés par les chrétiens, qui les conservèrent comme de précieuses reliques, il y eut même des Turcs qui en voulurent avoir, pour se ressouvenir d'un homme dont les vertus et la rare prudence les avaient charmés pendant sa vie.

— La pièce de canon qui servit au supplice du père le Vacher, et qu'on surnomma *la Consulaire*, était énorme, dit Alfred. Elle a été transportée en France, et j'ai vu ce trophée à Brest, sur la place d'armes.

— Vingt-deux autres chrétiens, reprit le trinitaire, furent ainsi mis en pièces à la gueule du canon. Un jeune de Choiseul y est amené ; le coup va partir, lorsqu'un raïs, autrefois prisonnier et qui a reçu du jeune homme les traitements les plus humains, le reconnaît et se jette sur lui pour le sauver ; mais les Algériens poussent au comble la barbarie, et le même coup fracasse les deux hommes, qui se tenaient embrassés !

Le désastre était grand dans la ville et dans le port, lorsque Duquesne, n'ayant plus de bombes, fit lever l'ancre et se retira.

Tourville ramena la flotte devant Alger en 1684, et Mezzomorto signa la paix le 25 avril, en rendant les esclaves. Deux ans plus tard, les corsaires violaient le traité, et le consul de France, M. Piolle, était mis au bagne. Le vice-amiral d'Estrées recommença, en 1688, l'œuvre de destruction tentée par Duquesne, et lança dix mille bombes sur la ville. Les Algériens répondirent en plaçant à la gueule de leurs canons le père lazariste Michel Montmasson, originaire de Savoie, ancien curé de Versailles, le consul Piolle, un religieux, sept capitaines et trente matelots. D'Estrées, que l'indignation transportait hors de lui, fit égorger dix-sept Turcs, dont les cadavres furent lancés vers le port sur un radeau, et il revint à Toulon. Mezzomorto ne demanda la paix qu'en 1689, et Chaaban, son successeur, persévéra dans les bonnes relations avec la France. Les Algériens se tournèrent contre les Espagnols, qu'ils chassèrent d'Oran en 1708; mais cette ville fut reprise, en 1732, par Philippe V.

Pendant le xviii° siècle, malgré les renouvellements des anciennes conventions, les faits de piraterie de la part des Algériens contre les nations d'Europe furent innombrables. La flotte de Danemark échoua, en 1770, devant Alger. Vingt-deux mille hommes, amenés par O'Reilly, en 1775, sur celle d'Espagne, ne débarquèrent que pour se faire battre; et en 1792, deux ans après un épouvantable tremblement de terre qui renversa Oran, les Espagnols évacuèrent cette ville, et les Algériens y entrèrent.

L'Europe entière était donc abaissée encore au siècle dernier devant les corsaires d'Alger. Et cet abaissement était accepté, car il avait pour signe des tributs fixes à payer au dey, ou des présents à faire officiellement lors de l'installation des nouveaux consuls. Alors même que les traités ne rendaient pas ces présents obligatoires, on ne laissait pas de les offrir.

La France avait obtenu la situation la moins déshonorante. Notre commerce était représenté par la compagnie royale d'Afrique, héritière des établissements qu'on appelait les *Concessions françaises d'Afrique*, et où nous faisions la pêche du corail. Le plus ancien de ces comptoirs est le Bastion de France, fondé près de la Calle, en 1561. Il y avait une chapelle voûtée, dédiée à sainte Catherine. Au-dessus de cette chapelle étaient des chambres pour les chapelains, et l'hôpital s'élevait entre ce bâtiment et un jardin. Lorsque les bateaux corailleurs n'étaient pas inquiétés, on comptait sept à huit cents Français au Bastion de France, dont on ne voit plus que les ruines. Nous eûmes d'autres maisons au cap Nègre, à la Calle. Mais, tout en payant de fortes redevances pour ces concessions, nous y avons souffert bien des outrages et des injustices; elles recevaient le contre-coup de nos guerres avec Alger. Aussi furent-elles abandonnées et saccagées à diverses reprises.

Avant la révolution, la France offrait encore des présents au roi-corsaire pour l'installation de ses consuls; mais elle n'y était pas tenue, et elle avait affranchi comme elle de toute redevance légale les États de l'Église.

Le Portugal et Naples payaient par an vingt-quatre mille piastres, sans compter les présents.

La Toscane, vingt-trois mille piastres au renouvellement des consuls.

La Sardaigne faisait des présents analogues.

L'Autriche, quoique exemptée par la Porte, se ménageait par des cadeaux les faveurs du dey.

La Hollande, les États-Unis, l'Angleterre, la Suède et le Danemark payaient de fortes sommes à chaque changement consulaire, et de dix en dix ans, au renouvellement des traités.

Quant à ma chère Espagne, mal lui en aurait pris de ne pas se montrer généreuse. En juillet 1791, lorsque Hassan-Pacha succéda au dey Mohammed, notre vice-consul don Miguel de Larrea s'empressa d'offrir les cadeaux d'usage. Vous pouvez voir le procès-verbal de cet acte officiel aux archives du consulat d'Espagne, où je l'ai lu récemment. Le total de l'offrande monte à la valeur de cinq mille trois cent quatre-vingt-douze écus de cinq francs.

Au dey :

Un caftan d'or.	120 écus.
Un anneau, *anillo solitario*.	700
Un autre en diamants et en forme de rose. . .	500
Une plume en diamants et en émeraudes. . . .	700
Une paire de pendants d'oreilles en diamants et en rubis.	320
Une rose en diamants, pour la femme du dey. .	2200
	4540

Au khasnadji, premier ministre, ou ministre des finances et de l'intérieur.

Un caftan d'or.	36 écus.
Un anneau.	300
Deux pièces d'étoffe. . .	60
	456

A l'agha, ou ministre de la guerre.

Un caftan d'or.	96 écus.
Un anneau.	300
	396

On était trop heureux que ces messieurs voulussent bien, en échange de si jolis deniers, accorder leurs bonnes grâces à l'Europe.

— Et que devenaient donc, révérend père, les esclaves chrétiens durant cette période moderne, ou depuis que les dignes prêtres de Saint-Lazare avaient réussi à s'établir en Afrique?

— Nous avons vu, Madame, deux pères lazaristes, Jean le Vacher et Montmasson, martyrs du devoir, comme d'autres de leurs confrères le furent de la charité. L'Algérie et la Tunisie, depuis 1651, formaient un vicariat apostolique gouverné par un lazariste, qui résida, depuis 1672, à Alger.

Les conséquences de la révolution française ont mis fin à l'exercice d'une charité qui depuis un siècle et demi ne se démentait pas.

— Les trésors de cette vertu, dit Mme Morelli, sont inépuisables au cœur des fils et des filles de saint Vincent de Paul.

— L'Algérie en est témoin chaque jour, ajouta M. Morelli. Le zèle qui se déployait dans les bagnes agit aujourd'hui dans les hôpitaux et dans les prisons, au grand séminaire de Kouba, dans les orphelinats et les écoles.

— Il est probable, révérend père, dit Carlotta, que les lazaristes nous ont gardé la mémoire de quelques martyrs comme l'ont fait les religieux des autres ordres établis en Afrique.

— Assurément, ma fille; vous pouvez ouvrir de nouveau le livre d'Abelly, où vous lisiez tout à l'heure, et vous y trouverez plusieurs histoires intéressantes. Prenez connaissance de cette lettre de M. Guérin, un des premiers lazaristes que saint Vincent de Paul envoya en Afrique. »

Et la jeune fille lut ainsi :

« Deux Anglais se sont convertis à notre sainte foi, qui servent d'exemple à tous les autres catholiques. Il y en a un troisième qui n'a que onze ans, l'un des plus beaux enfants qu'on puisse voir et un des plus fervents que l'on puisse souhaiter, et d'ailleurs grandement dévot à la sainte Vierge, laquelle il invoque continuellement, afin qu'elle lui obtienne la grâce de mourir plutôt que de renier ou offenser Jésus-Christ : car c'est le dessein de son patron, qui ne le garde que pour lui faire renier la foi chrétienne et qui emploie toutes sortes de moyens pour cela. Si on pouvait nous envoyer deux cents piastres, nous le retirerions de ce danger, et il y aurait lieu d'espérer qu'un jour, avec la grâce de Dieu, ce serait un second Bède, tant il a d'esprit et de vertu; car on ne voit rien en lui qui tienne de l'enfant. Il fit profession de la foi catholique le jeudi de la semaine sainte du carême dernier (1646), et communia le même jour, ce qu'il réitère souvent. Il a déjà été battu deux fois de coups de bâton pour être contraint de renier Jésus-Christ. A la dernière fois, il dit à son patron, pendant que celui-ci le frappait :

« — Coupe-moi le cou, si tu veux ; car je suis chrétien et je ne serai jamais autre.

« Il m'a plusieurs fois protesté qu'il est résolu à se laisser assommer de coups plutôt que de renoncer à Jésus-Christ. Toute sa vie est admirable en un âge si jeune et si tendre. »

— On pourrait ajouter à cet exemple, dit M. Morelli, celui d'un renégat protestant de la Rochelle, Soliman-Raïs. En 1621, ce corsaire redoutable fut pris aux îles d'Yères par M. de Beaulieu, commandant la galère *la Guisarde*. Il était forçat depuis cinq ans, lorsque la grâce lui donna le désir d'embrasser la religion catholique. Il obtint d'être échangé contre un Marseillais de distinction, esclave à Alger. Les habitants de cette ville éprouvèrent une grande joie du retour du fameux Soliman, et on lui confia bientôt un beau navire. Il le charge de Turcs, de renégats et d'esclaves, et se met en mer. Il relâche à Sousa, non loin du port, fait descendre les Turcs, et déclare aux autres qu'il va fuir en terre chrétienne. Au cri de : Liberté ! on enchaîne les Turcs encore à bord, et le grand maître de Malte accueille peu après le raïs et ses compagnons. Soliman se fit instruire, abjura ses erreurs, reçut du grand maître de Vignacourt le grade de *chevalier de Grâce de la Religion*, et, couvert de gloire par maints prodiges de valeur, mourut enfin frappé d'un boulet dans un combat contre les Turcs de Rhodes.

— Si Mademoiselle veut poursuivre sa lecture, une lettre d'un autre lazariste nous révèlera d'autres fruits de salut obtenus par les missionnaires. »

Et Carlotta continuait :

« Nous ouvrons dans ce pays une grande moisson, qui est encore accrue à l'occasion de la peste; car, outre les Turcs convertis à notre sainte religion, que nous tenons cachés, il y en a beaucoup d'autres qui ont ouvert les yeux à l'heure de la mort, pour reconnaître et embrasser la vérité de notre sainte religion. Nous avons eu particulièrement trois renégats, lesquels après la réception des sacrements sont allés au ciel; et il y en eut un, ces jours passés, lequel, après avoir reçu l'absolution de son apostasie, étant à l'heure de la mort environné de Turcs qui le pressaient de proférer quelques blasphèmes, comme ils ont accoutumé de faire en une telle occasion, n'y voulut jamais consentir; mais, tenant toujours les yeux vers le ciel et un crucifix sur son estomac, il mourut dans les sentiments d'une véritable pénitence.

« Sa femme, qui avait, comme lui, renié la foi chrétienne, et qui était religieuse professe, a reçu pareillement l'absolution de sa double apostasie, y ayant apporté de son côté toutes les bonnes dispositions que nous avons pu désirer. Elle demeure à présent retirée dans sa maison sans en sortir, et nous lui avons ordonné deux heures d'oraison mentale chaque jour, et quelques pénitences corporelles outre celles de sa règle; mais elle en fait beaucoup plus par son propre mouvement, étant si fortement touchée du regret de ses fautes, qu'elle irait s'exposer au martyre pour les expier, si elle n'était point chargée de deux petits enfants, que nous avons baptisés, et qu'elle élève dans la piété, comme doit faire une mère vraiment chrétienne.

« Il est mort encore un autre renégat près du lieu de notre demeure, lequel a fini sa vie dans les sentiments d'un vrai chrétien pénitent. J'attends de jour à autre quelques Turcs pour les baptiser. Ils sont fort bien instruits et grandement fervents en notre religion, m'étant souvent venus trouver la nuit en secret. Il y en a un entre les autres qui est de condition assez considérable en ce pays. »

— A cette époque, reprit le P. Gervais, deux enfants d'environ quinze ans, l'un Anglais, l'autre Français, se trouvaient esclaves à Tunis dans deux maisons rapprochées. Le Français convertit au catholicisme l'Anglais, qui était protestant. Des marchands anglais proposèrent à ce dernier de le racheter; mais, fortifié par M. le Vacher dans son attachement à la vraie foi, il préféra rester esclave, parce qu'il y voyait plus de sûreté pour sa religion.

Les maîtres brutaux de ces deux enfants les assommaient de coups, parce qu'ils refusaient d'apostasier. Un jour le petit Français fut tellement frappé, qu'il resta comme mort. En ce moment l'Anglais s'introduisait furtivement auprès de son ami, ainsi qu'il le faisait souvent pour s'encourager mutuellement à la persévérance. Le voyant dans cet état, il l'appela par son nom : « Je suis chrétien pour la vie, dit le petit Français en reprenant ses sens. »

L'Anglais, à cette parole, se met à baiser les pieds meurtris et sanglants de son cher compagnon. Des Turcs le voient et lui demandent :

« Que fais-tu là ?

— J'honore les membres qui viennent de souffrir pour Jésus-Christ, mon Sauveur et mon Dieu. »

Les barbares le chassèrent en l'injuriant.

Guéri de ses plaies, le Français, allant voir un jour son ami, le trouve à son tour étendu sur une natte de jonc et brisé de coups. Il s'approche sans craindre le patron ni d'autres Turcs qui étaient présents, et dit au jeune Anglais :

« Lequel aimes-tu mieux de Jésus-Christ ou de Mahomet ?

— J'aime Jésus-Christ seul ; je suis chrétien et veux mourir chrétien. »

Les Turcs se fâchent contre le Français ; l'un d'eux tire son couteau et s'avance en le menaçant de lui couper les oreilles. Le Français saisit lui-même le couteau, se coupe une oreille, et la tenant toute sanglante devant ces barbares, il leur dit :

« Voulez-vous encore l'autre ? »

On lui arracha le couteau des mains, et leurs maîtres, désespérant d'abattre ces jeunes héros, les laissèrent tranquilles. L'année suivante, ils moururent de contagion, et allèrent recevoir au ciel la récompense de leur foi.

Il y aurait beaucoup à dire si l'on voulait reprendre tout ce que les lazaristes firent pour le soulagement, pour le salut de l'âme et du corps des esclaves.

Nous les voyons sauver de la servitude des prisonniers qu'on veut y plonger au mépris des traités; faire fleurir la piété dans les bagnes, en y établissant les saints exercices des paroisses de France; distribuer de petits rafraîchissements à ceux qui succombent sous le travail, à ceux qui scient le marbre, par exemple, aux rayons d'un soleil dévorant, et jusqu'à tirer la langue comme les chiens haletants; corriger les vices qui se déclarent dans cette foule d'hommes de tous pays; visiter, confesser, administrer les malades, le jour et la nuit; parcourir les campagnes pour y soutenir le courage des esclaves isolés et mourants de fatigue sur la glèbe; en un mot, s'exposer eux-mêmes aux avanies, aux coups, à la mort, pour le salut de leurs frères bien-aimés.

Ils n'épargnaient rien pour le rachat des captifs, et surtout des femmes, dont le sort était le plus à plaindre. Un d'eux l'écrivait à saint Vincent de Paul, et lui citant divers traits où la foi et l'honneur de ces infortunées étaient en grand péril, il disait :

« Il n'y a pas longtemps que pour en contraindre une de renier Jésus-Christ, ces cruels lui donnèrent plus de cinq cents coups de bâton, et, non contents de cela, comme elle était à demi morte par terre, deux d'entre eux la foulèrent avec les pieds sur les épaules avec une telle violence, qu'ils lui crevèrent la poitrine, et elle finit ainsi glorieusement sa vie en la confession de Jésus-Christ. »

Le même missionnaire montre assez que les lazaristes ne reculaient devant aucune démarche pour sauver un esclave, lorsqu'il dit :

« Nous avons ici un petit garçon de Marseille âgé de treize ans, lequel, depuis qu'il a été pris et vendu par les corsaires, a reçu plus de mille coups de bâton pour la foi de Jésus-Christ, qu'on voulait lui faire renier par force. On lui a, pour ce même sujet, déchiré la chair d'un bras, comme on ferait une carbonnade pour la mettre dessus le gril; après quoi, ayant été condamné à quatre cents coups de bâton, c'est-à-dire à mourir ou à se faire Turc, j'allai promptement trouver son patron, je me jetai trois ou quatre fois à genoux devant lui, les mains jointes, pour le lui demander; il me le donna pour deux cents piastres, et n'en ayant point, j'empruntai cent écus à intérêt, et un marchand me donna le reste. »

Pour le dire en terminant, ajouta le vieux trinitaire, il est infiniment regrettable que le dépôt des archives de Saint-Lazare ait été détruit. Si l'on en juge par ce qu'on sait des premiers temps de leur mission d'Afrique, les lazaristes ont fait un bien immense aux esclaves dans ce pays. Du vivant de saint Vincent de Paul, ils avaient dépensé près de cent vingt mille livres pour les secourir, et ils avaient rendu plus de douze cents de ces malheureux à leur pays et à la liberté.

Enfin, par un trait où se manifeste bien la tendresse de son âme, saint Vincent de Paul s'était chargé de payer le port des lettres des esclaves à leurs parents et des parents aux esclaves.

— Oh! s'écria Carlotta, il n'y a rien de plus beau ni de plus touchant dans la vie de saint Vincent de Paul.

— Nous sentons bien cela, dit Alfred, nous autres qui vivons presque toujours séparés.

— Une lettre! une lettre qu'on apportait à un esclave, disait de son côté M. Morelli, mais c'était un bonheur dont on ne peut se faire d'idée. Il n'a de comparable que celui des familles qui recevaient les réponses datées du bagne.

— Eh! mon ami, répliquait Mme Morelli, ne pouvons-nous pas en juger par ce qui se passe entre nous?

Alfred est aux Antilles. Le courrier arrive aujourd'hui. Nous sommes impatients. Personne ne peut vaquer à son ouvrage. On va, on vient pour savoir si le navire est signalé. Le voilà. Nous découvrons en mer son panache de fumée, que personne ne voit encore rien. C'est lui, c'est lui. L'impatience va croissant. On maudit la lenteur de l'administration des postes. Le facteur sonne à casser la clochette. Carlotta se précipite dans l'escalier. Elle court en apportant la lettre collée sur ses lèvres. C'est elle, quoi qu'on en puisse dire, qui arrache l'enveloppe et qui fait la lecture. Mais elle dévore si vite toutes les phrases que je n'entends rien, ni vous non plus, monsieur Morelli, bien que vous ayez mis vos lunettes pour mieux écouter.

Enfin une nouvelle lecture plus calme nous fait venir pour l'ordinaire les larmes aux yeux. Fatma elle-même est debout derrière nous, interrogeant nos visages, lorsqu'elle ne comprend pas la lecture.

Et cette scène se renouvelle autant de fois que le courrier nous arrive.

Jugez des émotions si douces, même dans leur violence, que la charité de saint Vincent de Paul a causées en payant les ports de lettres des esclaves. »

ONZIÈME SOIRÉE

Aventures de quelques esclaves. — Abolition de l'esclavage.

« Voyez donc, révérend père, disait Alfred, Fatma ne se prive de rien : une médaille de la Vierge en vermeil !

— Là, là, non, non; pas en cuivre : c'est de l'or.

— Comment, de l'or ?

— Oui, dit Carlotta, s'approchant avec M. et Mme Morelli; c'est de l'or; c'est moi qui lui ai donné cette médaille; je voyais du reste que Fatma la désirait ardemment. »

La négresse baissa la tête et resta silencieuse.

« Je le crois bien, répliqua Alfred. Est-ce qu'une négresse ne désire pas tout ce qui brille ?

— Ce n'est pas, je vous assure, l'éclat du métal qui lui cause maintenant le plus de plaisir.

— Je soupçonne, dit M. Morelli, que nous ne sommes pas éloignés d'un heureux dénoûment. Hier, Fatma me semblait fort émue tandis que nous parlions de saint Vincent de Paul et de l'impression qu'il avait fait éprouver à la femme de son maître.

— O sidi, vous sondez jusqu'au fond du cœur.

— C'est une bien intéressante aventure, si ce mot convient à la vie d'un saint, dit Mme Morelli, que cette captivité de saint Vincent de Paul à Tunis. Le hasard, ou, pour parler plus exactement, les accidents permis par la Providence ont dû conduire quelquefois en Barbarie des voyageurs dont la vie devenait un roman.

— Nous nous sommes entretenus des martyrs, ajouta Alfred ; mais parmi les esclaves rachetés, on rencontre sans doute des personnages qui ont un nom dans l'histoire, ou que leurs aventures mêmes ont fait connaître.

— Cette conjecture bien naturelle est parfaitement fondée, répondit don Gervasio.

— Il y a des hasards vraiment curieux, ajouta M. Morelli. Ainsi, révérend père, la captivité de votre Cervantès à Alger n'est-elle pas une histoire étrange ?

— Etrange et glorieuse pour le poëte, dit le trinitaire. Le monde ne sait point assez qu'il nous doit Cervantès, et par conséquent *Don Quichotte*.

— Veuillez donc nous raconter ce fait, dit Mme Morelli.

— Michel Cervantès, reprit le trinitaire, est né à Alcala de Hénarès, d'une famille noble, mais sans fortune. Dans son enfance, il était dévoré de la curiosité de lire. Ses premières études se firent à Alcala et à Salamanque. Il vint ensuite à l'école de Madrid, où il obtint l'estime et l'affection de son maître Jean Lopen. Le cardinal Giulio Acquaviva, envoyé par Pie V à Philippe I, s'attacha Cervantès à titre de page ou de *camerero*; il l'avait remarqué parmi les jeunes littérateurs qu'il admettait à sa table. Cervantès le suit en Italie, où ils se rendent en traversant, croit-on, le midi de la France. L'Italie, cette terre sacrée des arts, échauffe son génie précoce ; mais après quinze mois il quitte le cardinal pour s'engager dans les troupes espagnoles. Le 7 octobre 1571, à la bataille de Lépante, il est blessé de trois coups de feu, dont l'un lui brise la main gauche. Honorable souvenir qu'il rappelle plus d'une fois dans ses œuvres :

> Bien sé que en la naval dura palestra
> Perdiste el movimiento de la mano
> Izquierda.

« Ma blessure, dit-il ailleurs, je l'ai reçue dans la plus éclatante action qu'aient vue les siècles passés et que puissent espérer de voir les siècles à venir. J'aime mieux la garder avec le souvenir d'avoir été à cette journée prodigieuse, que de me trouver sain et sauf à la condition de n'y avoir point assisté. »

Il avait fait l'expédition de Tunis en 1573, et il s'était couvert de gloire, quand il obtint un congé pour revoir sa patrie. Muni de lettres de recommandation adressées à Philippe II par don Juan d'Autriche et don Carlos d'Aragon, vice-roi de Sicile, il s'embarque à Naples sur la galère *el Sol*, avec don Rodrigue son frère, soldat comme lui. Le 26 septembre 1575, l'escadre d'Arnaut-Mami rencontre la galère espagnole, qui, enveloppée à l'improviste, soutient un combat acharné avant d'amener pavillon. Cervantès échut en partage au capitaine Dali-Mami, renégat grec, homme avare et cruel. Les lettres dont son esclave était porteur allumèrent la convoitise du renégat. Il se crut en possession d'un personnage des plus éminents, et se promit bien d'en tirer une rançon considérable. Dans cette vue, il lui rendit la captivité très-dure, à force de vexations brutales et de privations excessives. Mais il avait affaire à une âme intrépide et fortement trempée dans la foi. Cervantès, sans attendre les secours qu'il pouvait espérer d'Espagne, médita les moyens de recouvrer la liberté par force ou par ruse.

En 1576, il tente de s'enfuir à Oran avec d'autres compagnons d'esclavage. Il gagne un Maure, qui s'engage à leur servir de guide dans cette route longue et périlleuse. Ce Maure, dès la première journée de marche, sent le cœur lui manquer ; il craint les châtiments qui le menacent s'il est arrêté comme traître ; il abandonne tout à coup les fugitifs, et ils sont obligés de revenir d'eux-mêmes à Alger, pour éviter un sort plus malheureux: Cervantès subit la colère de son maître, sans désespérer du succès pour une tentative nouvelle.

Cependant son vieux père, apprenant la captivité de ses fils, avait vendu tout ce qu'il possédait pour les racheter. Il leur envoya la somme qu'il avait pu réunir, et y ajouta même la dot de leurs sœurs, qui n'étaient pas mariées. Dali-Mami, couvant de l'œil ce trésor, n'y vit pas toutefois de quoi satisfaire sa soif, et il déclara que cela suffisait à peine pour la rançon de l'un des deux frères.

Michel exige que Rodriguez accepte sa liberté, et dans l'effusion de fraternels adieux, il le charge d'expédier un navire à un point convenu de la côte, afin de pouvoir lui-même s'évader. Dès lors il s'occupe de préparer sa fuite et celle des esclaves qui mettraient à profit cette belle occasion. Il s'assure le concours de l'esclave navarrais Juan, qui cultivait, à trois milles d'Alger, le jardin du caïd Hassan, renégat grec. El-Dorador, esclave renégat, natif de Melilla, s'engage à leur donner la main.

Or, il y avait dans le jardin du caïd une caverne où se rendirent, au nombre d'une quinzaine, les chrétiens qui devaient s'embarquer sur le navire attendu. « Ils y restèrent enfermés, dit Haedo, sans voir la lumière, les uns sept mois, les autres cinq, les autres moins. Michel les nourrissait au grand péril de sa vie. » Enfin le jour de la délivrance approche. Cervantès, le 20 septembre 1577, va rejoindre ses compagnons dans le souterrain, regrettant de ne pouvoir emporter son ami malade, le docteur Antonio de Sosa.

La frégate si ardemment désirée fut en vue d'Alger le 28, sous les ordres du marin Viana. Elle allait aborder vers minuit, lorsque des Maures passant par hasard l'aperçurent et se mirent à crier :

« Chrétiens ! chrétiens ! Barque ! barque ! »

Suivant une version, le navire ayant manqué son coup se retira, en renonçant à l'entreprise. Suivant d'autres, il revint le surlendemain ; mais l'équipage et Viana, descendus à terre, furent faits prisonniers.

Quoi qu'il en soit, Cervantès et ses compagnons étaient trahis.

Le renégat El-Dorador, effrayé de l'issue de cette tentative, se présente au dey Hassan-Agha et lui révèle le complot, en dénonçant comme plus coupable le R. P. Georges Olibar, de l'ordre de la Merci, commandeur de Valence, et qui était alors à Alger en qualité de rédempteur de la couronne d'Aragon. Mais lorsque tous les fugitifs furent arrêtés, Cervantès se déclara seul auteur du complot, et il appela sur lui toutes les rigueurs dont on menaçait ses complices.

— Quel noble caractère ! dit Alfred.

— Le caïd pendit pour l'exemple Juan le Navarrais. Cervantès fut rendu à Dali-Mami ; mais le dey Hassan l'acheta cinq cents écus d'or, autant pour s'assurer de sa personne que par spéculation. On peut voir la peinture du bagne de Hassan, où fut jeté Cervantès, dans le chapitre XI de *Don Quichotte*, épisode du *Capitaine captif*. Rien n'abattait la hardiesse de l'esclave. En 1578, il essaie de préparer une nouvelle évasion, et, pour nouer des relations avec Oran, il charge un Maure d'y porter une lettre. Mais on arrêta ce messager aux abords de la ville, et ce fut encore une déception accompagnée d'un redoublement de souffrances.

Ce qui est une cause de découragement pour les âmes vulgaires n'est souvent qu'un aiguillon pour les grands cœurs. Aussi, en 1579, ayant appris que le licencié Giron, renégat nommé Abd-er-Rhaman, et natif de Grenade, souhaitait d'abjurer son erreur et de retourner dans sa patrie, Cervantès le détermine à acheter de marchands de Valence une frégate, sur laquelle ils pourront s'enfuir avec d'autres esclaves. Ce projet échoua par le crime d'un traître, Juan Blanco de Pazo. Cervantès, la veille de l'embarquement projeté, s'était enfui du bagne à la maison de l'enseigne Diego Castellano, son ami. Mais à la nouvelle de la révélation du complot, il se livra lui-même pour ne pas compromettre Diego ; et quand le dey voulut l'obliger à nommer ses complices, il indiqua des esclaves rachetés de la veille, déjà en mer depuis quelque temps.

Hassan Agha fit renforcer les chaînes de cet homme indomptable. Cervantès médita cinq mois, sous le poids des fers, une conjuration formidable. Il ne s'agissait de rien moins que de soulever les vingt-cinq mille esclaves chrétiens dans Alger, et de s'emparer de la ville pour la remettre à Philippe II. Le plan fut habilement combiné. Cervantès, évadé de prison, était sur le point de le réaliser, quand il fut vendu par la trahison de plusieurs renégats. Traîné au palais du dey la chaîne au cou, et suivi de l'appareil du supplice, il étonne Hassan par la fierté de ses réponses, et le barbare lui laisse la vie sauve.

« Si le bonheur de Cervantès, dit Haedo, eût correspondu à son courage et à son adresse, aujourd'hui Alger serait aux chrétiens. Tous ses desseins tendaient à cela. » Le dey, de son côté, disait : « Quand je suis sûr du manchot, la ville et mes navires n'ont rien à craindre, je suis tranquille. »

Cependant le père de Cervantès, son frère Rodriguez et Andrea, sa sœur, n'épargnaient aucun effort pour obtenir sa liberté. Ils remirent trois cents ducats, dans cette intention, aux pères trinitaires Juan Gil et Antonio de la Bella. Le 29 mai 1580, ces rédempteurs arrivent à Alger. Hassan, disgracié, partait pour Constantinople, emmenant avec lui le plus précieux de ses captifs. Il n'y avait pas de temps à perdre. Les pères offrirent jusqu'à cinq cents écus d'or en échange de Cervantès. Hassan repoussa la proposition, et il exigea mille écus. Dans cette extrémité, les religieux eurent recours à un emprunt, et Cervantès descendit du vaisseau qui allait l'emporter chargé de chaînes en Orient. Il garda aux trinitaires une reconnaissance éternelle.

— C'est un sentiment que le monde, et particulièrement les amis des lettres, doivent partager, dit M. Morelli; car il est probable que, sans la charité de ces moines, Cervantès était perdu pour jamais, lui et les œuvres qu'il a composées depuis son retour en Espagne.

— On ne croirait pas, ajouta Alfred, que le créateur de Don Quichotte et de Sancho Pança, que l'écrivain le plus habile à manier la fine plaisanterie et à exciter le franc rire, ait éprouvé de si longues souffrances dans l'enfer des bagnes. Cela suppose en lui une riche et puissante nature.

— Les aventures de Cervantès, dit M. Morelli, sont une des pages les plus curieuses de l'histoire des esclaves en Afrique. La captivité de Mlle de Bourk ne serait pas moins intéressante pour les jeunes filles.

— Oh ! veuillez nous la raconter, mon père, dit avec empressement Carlotta.

— En 1719, le 22 octobre, la comtesse de Bourk, dans le dessein d'aller rejoindre, à Madrid, son mari, M. de Bourk, ambassadeur du roi en Espagne, s'embarqua sur une tartane génoise qui faisait voile de Cette pour Barcelone. Elle emmenait avec elle son fils, âgé de huit ans, sa fille, âgée de neuf ans et dix mois, l'abbé de Bourk, une gouvernante pour ses enfants, une jeune fille, qu'elle avait prise par charité chez des religieuses de Villefranche, et plusieurs domestiques : en tout onze personnes. Dix-sept caisses plombées renfermaient ses meubles et de précieux objets d'orfévrerie.

Le 25, un corsaire d'Alger de quatorze canons aperçut en mer la tartane, et détacha vers elle une chaloupe avec vingt Turcs armés, qui s'en rendirent maîtres. Ils se gorgèrent des provisions du bord, en pâtés, en vins et en eau-de-vie, et firent passer l'équipage génois sur le vaisseau corsaire, où on le mit à la chaîne. Le capitaine des pirates, hollandais renégat, déclara à Mme de Bourk qu'il ne pouvait se dispenser de la conduire à Alger, où le dey la remettrait au consul de France, avec les personnes de sa compagnie qui étaient sous la protection du même passe-port; et il la laissa libre de rester sur la tartane, où elle avait moins à craindre de l'équipage musulman. Par reconnaissance, Mme de Bourk donna sa montre au capitaine, et elle en offrit une autre au commandant turc chargé des manœuvres de la tartane à la remorque.

Les 28, 29 et 30, une violente tempête se déchaîna, brisa le câble qui liait les deux navires, et la tartane, sans boussole, dirigée par des Turcs sans expérience de la navigation, fut poussée par le caprice des vents et de la mer au port de Collo.

Le commandant envoya deux Maures à la nage, pour reconnaître à terre quel point l'on avait abordé. Les Kabyles, habitants de cette côte, craignaient que ce ne fût un vaisseau chrétien venu avec des intentions hostiles. Ils furent rassurés bientôt, et l'un des Maures rapporta au commandant les renseignements nécessaires pour prendre la route d'Alger. Celui-ci commit l'imprudence de ne pas lever l'ancre, et de couper le câble afin de partir plus vite. Un vent contraire jeta peu après le navire sur un rocher et le brisa. Mme de Bourk, qui était en prière dans sa cabine, fut noyée avec son fils et ses femmes de chambre. L'abbé et d'autres personnes qui s'étaient retirées vers la proue, s'accrochèrent à la carcasse du navire jeté sur le rocher. Un Irlandais nommé Arthur vit quelque chose qui se débattait dans les flots : il descendit, et trouva que c'était Mlle de Bourk. Il la retira, et la mit entre les mains du maître d'hôtel. Il s'élança ensuite à la mer, trop confiant dans son habileté comme nageur, et il disparut pour jamais sous les flots. L'abbé réussit à se cramponner au rocher en enfonçant son couteau dans une fente de la pierre, puis il gagna le rivage avec l'aide d'une rame flottante.

Les Kabyles attendaient sur la plage; ils s'emparèrent du naufragé, le dépouillèrent jusqu'à la chemise et le maltraitèrent inhumainement. Ils nagèrent bientôt à l'envi vers l'écueil où était Mlle de Bourk. Le maître d'hôtel la leur jeta; ils la reçurent par une main et par un pied, et la conduisirent sur la grève. En les voyant s'approcher, cette courageuse enfant avait dit : « Je ne crains pas que ces gens-là me tuent; mais j'appréhende qu'ils me fassent changer de religion : cependant je souffrirai plutôt la mort que de manquer à ce que j'ai promis à Dieu. » Le maître d'hôtel, une femme de chambre et un domestique ne tardèrent pas à rejoindre à terre l'abbé et Mlle de Bourk. Les Kabyles les dirigèrent vers un village de la montagne, en pressant leur marche à force de coups. Les malheureux naufragés teignaient de leur sang les sentiers raboteux. Ils portaient tour à tour la jeune demoiselle. Les habitants du premier *dechera* ou village qu'on atteignit dans la montagne, les accueillirent par des huées, et les chiens, innombrables comme vous le savez dans les tribus d'Algérie, hurlèrent contre les étrangers, mordirent le laquais et firent une profonde blessure à la femme de chambre.

— Est-il possible, ô Dieu ! s'écria Mme Morelli, qu'il y ait des hommes aussi féroces que les tigres et les panthères !

— Il est constant, dit Alfred, que tous les peuples barbares ont exercé sur les côtes de la mer ce qu'on a nommé le droit de naufrage. Ils pillaient les vaisseaux qui avaient le malheur d'échouer à leur portée ; ils réduisaient en esclavage l'équipage et les passagers, comme s'ils ne devaient ni justice ni pitié à quiconque ne leur est point uni par les liens du droit civil. Le christianisme a réformé ces mœurs chez les barbares du Nord ; il n'a pu le faire encore pour tous ceux de l'Afrique.

— Et d'ailleurs, poursuivit M. Morelli, on ne devait à ces Roumis que la mort ou l'esclavage. Les Kabyles se les partagèrent : l'abbé, Mlle de Bourk et l'hôtelier échurent au même maître. La pauvre enfant passa la nuit comme les autres, sur la terre nue, avec des habits encore mouillés de l'eau de la mer et l'esprit troublé de mille frayeurs.

Le dechera se composait d'une cinquantaine d'habitants, logés dans cinq ou six cabanes faites de boue, de roseaux, de branches d'arbre et de bouse de vache ; car, vous ne l'ignorez pas, les Kabyles de la montagne vivent dans de misérables maisons, mais non pas sous la tente, comme les Arabes des tribus. Plusieurs voulaient mettre à mort les chrétiens ; ils leur montraient le feu par menace, brandissaient les yatagans sur leur tête ou les couchaient en joue. L'un d'eux prit par les cheveux Mlle de Bourk, et lui posa sur le cou le fil de son sabre. Les enfants et les femmes ajoutaient des outrages à ces sauvages traitements.

Habiles plongeurs autant que légers et infatigables coureurs, les Kabyles retirèrent de la mer des ballots submergés et les cadavres qu'ils voulaient dépouiller. O horreur ! ils traînèrent sur la plage, à la vue du maître d'hôtel, le corps de Mme de Bourk, lui enlevèrent ses habits, et, pour avoir ses bagues, lui coupèrent les doigts avec des cailloux, de peur de souiller leurs couteaux au contact d'une chrétienne. Ils se firent ensuite un jeu de lancer des pierres sur ces cadavres enflés par l'eau et qui résonnaient sous leurs coups. Au partage du butin, ils vendirent pour cinq livres trois calices ternis par l'eau de la mer, et dont un seul valait au moins quatre cents livres. Ils laissèrent aux naufragés, sans en connaître le prix, quelques livres et une écritoire. Durant trois semaines de séjour en ce lieu, Mlle de Bourk écrivit trois lettres au consul de France à Alger ; mais elles ne furent pas remises. Le bey de Constantine fit sommer les Kabyles de lui envoyer les chrétiens dont il avait appris la capture ; mais on lui répondit par un refus et en bravant sa puissance, fût-elle accrue de toutes les forces du dey d'Alger. Tel est le caractère de ces hommes indomptables et qui jusque aujourd'hui n'ont pas courbé la tête sous le joug étranger. Ils envoyèrent les chrétiens à leur cheikh, en résidence à Koukou. Celui-ci, après une délibération de la *djema*, ou assemblée des principaux du village, les rendit à leurs premiers maîtres. Durant ces voyages, les infortunés se crurent plusieurs fois à deux doigts de la mort ; ils éprouvèrent des angoisses et des privations inouïes. Cependant les enfants se familiarisèrent peu à peu avec Mlle de Bourk, et lui procurèrent la douceur d'un peu de lait qu'on lui servait avec le pain.

Elle écrivit au consul une quatrième lettre, qui parvint au dey le 24 novembre. Celui-ci la fit remettre à M. Dusault. La jeune fille racontait avec simplicité, mais de manière à exciter les larmes, tout ce qui était arrivé : elle conjurait que l'on eût compassion de leur triste sort et qu'on vînt les secourir. Les pères Comelin, de la Motte et Bernard, de l'ordre de la Trinité, qui se trouvaient alors à Alger, offrirent leurs services. Mais ils n'avaient pas besoin d'animer le zèle de M. Dusault, qui connaissait d'ailleurs la famille de Bourk.

Il expédia une tartane française avec des provisions et une lettre du dey au grand marabout de Bougie, dont le caractère était respecté des Kabyles de cette contrée. Le marabout, ayant reçu les lettres et les explications nécessaires, monta à cheval, accompagné du drogman de la tartane, d'un marabout de Djigelly et de quelques Kabyles. Ils arrivèrent, à cinq ou six jours de Bougie, dans la montagne où étaient les chrétiens. Les Kabyles s'apprêtaient à se défendre de l'intérieur de la cabane où ils tenaient leurs prisonniers ; mais ils s'enfuirent lorsque les marabouts frappèrent à la porte : la malédiction des marabouts est plus redoutée en Kabylie que les forces d'une armée.

Les chrétiens, à ce tumulte, crurent leur dernière heure arrivée ; mais le marabout El-Kébir, s'approchant de Mlle de Bourk, lui donna la lettre du consul et dissipa leurs terreurs.

Le lendemain il manda les Kabyles qui s'étaient enfuis, et ils vinrent lui baiser les mains.

Toutefois il eut beaucoup de peine à leur faire comprendre qu'ils devaient rendre les chrétiens, parce qu'ils étaient Français, et que la paix régnait entre la France et le dey d'Alger. Il convint que les Kabyles n'étaient point sujets du dey; mais il fit observer que les côtes de Kabylie étaient néanmoins respectées par les navires de guerre français, à raison des traités avec les Algériens.

Nos esclaves, témoins de ces contestations, ne savaient pas s'il fallait espérer encore. Enfin les Kabyles consentirent à les relâcher, en exceptant Mlle de Bourk. Le cheikh voulait absolument la garder et la donner en mariage à son fils, âgé de quatorze ans : « Fût-elle fille du roi de France, disait-il, mon fils ne serait pas indigne de l'avoir pour épouse. »

Le marabout dut prendre le cheikh à part afin de combattre ses prétentions inflexibles. Il ajouta aux raisonnements des sultanis d'or qui leur donnèrent beaucoup de poids. Mlle de Bourk fut livrée avec les autres captifs, pour neuf cents piastres payables très-prochainement. Le marabout laissa un Turc en ôtage et des joyaux de ses femmes en garantie. Grande fut la joie des chrétiens quand ils prirent le chemin de Bougie, où la tartane les attendait. Ils logèrent, durant le trajet, dans les cabanes ou *tezaka* des Kabyles. Un soir, tout en préparant un sale plat de couscous aux marabouts, une de ces vieilles femmes, d'une laideur monstrueuse qu'on ne trouverait guère en pays chrétien, se déchaîna contre les montagnards qui n'avaient pas tué les captifs : « Elle l'aurait fait, s'écriait-elle, si ces Roumis étaient tombés entre les mains de son mari. »

A la vue de telles dispositions, les naufragés hâtaient de leurs vœux le moment où ils quitteraient cette terre inhospitalière. Ils s'embarquèrent le 10 décembre à Bougie, et le 13, à la pointe du jour, ils entraient au port d'Alger. Un coup de canon d'un vaisseau français signala leur arrivée impatiemment attendue. Ils furent reçus avec bonheur à l'hôtel du consul. M. Dusault, prenant par la main Mlle de Bourk, la conduisit à la chapelle, où elle entendit la messe, ainsi que ses compagnons d'infortune. On chanta ensuite un *Te Deum* d'action de grâces, et tous les chrétiens qui assistaient à la cérémonie avaient peine à retenir leurs larmes. Des Turcs et des Juifs qui s'étaient introduits dans l'hôtel parurent eux-mêmes touchés du spectacle dont ils furent témoins. « Nous tirâmes avec plaisir de nos caisses, dit le père Comelin, les neuf cents piastres (un peu plus de cinq mille francs), qu'on envoya à l'instant même chez les Juifs, afin de les blanchir, suivant le goût des Maures des montagnes. » M. Dusault y joignit des présents pour le grand marabout et les autres officiers qui lui avaient rendu un si bon office. Il en chargea le Maure qui était venu de la part du marabout et n'attendait que l'occasion de retourner à Bougie.

Ainsi furent délivrés de la captivité Mlle de Bourk et ses serviteurs. Ils louaient extrêmement la force d'âme de cette enfant, au milieu de l'infortune et des misères qui ne lui avaient point enlevé un certain air de noblesse et d'heureuse éducation. Dans sa foi vive et sa raison précoce, elle encourageait elle-même les autres à souffrir la mort plutôt que déroger à la religion de Jésus-Christ.

— On pourrait, dit le père Gervais, comparer cette héroïne au jeune Tobie, qui, emmené captif à Ninive, soutint ses compatriotes par ses exemples, et ne laissa rien paraître en ses actions qui tînt de l'enfance : *Quumque esset junior omnibus, nihil tamen puerile gessit in opere.*

Durant les premiers temps de ma résidence à Alger, continua le moine, on parla beaucoup de votre savant compatriote M. Arago, dont les aventures en Afrique sont également fort étranges. Il était occupé, en 1808, à mesurer, pour servir à la détermination de l'arc du méridien, la hauteur du clop de Galazo, la plus haute montagne de Majorque, lorsqu'une insurrection éclata dans Palma contre les Français. La foule s'imagina que les signaux de feux allumés sur la montagne par le savant avaient pour but de diriger l'escadre française. On se précipita au clop de Galazo afin de s'emparer du jeune homme; mais, prévenu à temps, il revêtit le costume du pays, et, comme il en parlait très-bien la langue, il trompa les exaltés qui le cherchaient. A Palma, ses amis ne trouvèrent pas de meilleur moyen pour sauver sa vie que de l'emprisonner au château de Belver. En s'y rendant, il faillit être exterminé par l'émeute. On ménagea ensuite son évasion, et il s'embarqua sur une chaloupe munie d'une provision de pain et d'oranges. Il fuyait avec M. Berlmy, officier d'ordonnance de Napoléon. La chaloupe échappa, grâce à son exiguïté, aux navires anglais qu'elle aperçut en mer, et, le 1ᵉʳ août, elle entra dans le port d'Alger.

Le 8, les fugitifs partaient pour Marseille sur un navire algérien, avec des passeports du consul d'Autriche. Le navire fut pris par un corsaire espagnol de Palamos et conduit à Rosas. Là M. Arago se trouva de nouveau dans un péril imminent, parce que la perfection avec laquelle il parlait l'espagnol le faisait regarder comme originaire d'Espagne et traître à son pays. Il ne pouvait d'ailleurs se déclarer Français. On le jeta dans un fort de Rosas, puis dans un souterrain où s'entassaient les prisonniers musulmans et chrétiens rongés de vermine.

Il réussit à faire connaître leur sort commun au dey d'Alger par une lettre. Celui-ci menaça la junte espagnole, qui gouvernait en Catalogne au nom de la nation, de déclarer la guerre à l'Espagne si l'on ne rendait le bâtiment capturé. Cette menace obtint un succès immédiat, et M. Arago fit voile sur le même navire de Rosas à Marseille.

Mais le mistral pousse avec furie le vaisseau sur les côtes de la Sardaigne, qui était alors en guerre avec Alger. On manœuvra pour s'en écarter. Après plusieurs jours d'une navigation malhabile, on découvrit qu'on était à Bougie au lieu d'entrer à Majorque. La saison ne permettait pas de naviguer sur la côte d'Afrique pour regagner Alger. M. Arago résolut de se déguiser en Arabe et de se rendre par terre en cette ville, sous la protection d'un marabout.

Il effectua heureusement ce voyage, que nous tiendrions presque aujourd'hui pour impossible. Mais, à son arrivée, une révolution éclate; un nouveau dey réclame de la France une dette prétendue, et, sur un refus, inscrit le consul français et tous vos nationaux sur le registre des esclaves, avec menace de les envoyer au bagne. M. Arago fut mis à l'abri de cet orage par le consul de Suède; et, lorsqu'on eut payé la rançon des Français, il s'embarqua de nouveau pour Marseille sur un corsaire algérien. Ce navire fut arrêté par deux frégates anglaises ; mais de fausses manœuvres lui permirent de s'échapper et d'entrer au port de Pomègue, où le futur secrétaire perpétuel de l'Académie des sciences vit enfin le terme de ses fabuleuses aventures.

— Hé quoi ! dit Alfred, sous l'Empire les Algériens osaient encore inscrire un consul de France au nombre des esclaves ?

— Oui, répondit le moine, et la course continuait au XIXe siècle, malgré les répressions et les expéditions nombreuses dont nous avons précédemment parlé. Ainsi Tunis, au commencement de ce siècle, retenait encore en esclavage toute la population de l'île sarde de San-Pietro, enlevée d'un seul coup, en 1798, au nombre de plus de neuf cents personnes ! Les corsaires firent cette capture durant la nuit, et ils entassèrent à fond de cale les hommes enchaînés, les vieillards, les femmes, les enfants, hurlant de terreur et de désespoir. Il fallut de longues négociations, l'intervention du consul de France pour les racheter, quatre ans et demi plus tard, et au prix de deux cent cinquante mille francs, non compris soixante-dix mille francs exigés comme rançon d'esclaves sardes enlevés en d'autres circonstances.

— Comment donc, demanda Mme Morelli, l'Europe a-t-elle mis fin à ces lamentables excès ?

— Au congrès de Vienne, répondit le religieux, l'Angleterre promit, en échange des îles Ioniennes, de protéger le commerce européen contre les Barbaresques. Elle obtint en effet quelques réparations à Alger, à Tunis, à Tripoli. Alger refusa, toutefois, de consentir à l'abolition de l'esclavage des Européens et à traiter les prisonniers comme ils le sont en Europe. Cette concession avait été faite dans les autres régences, malgré la rage des janissaires. Bientôt les Algériens mirent en prison le consul d'Angleterre ; à Bone, on massacra les corailleurs ; à Oran, des chrétiens subirent le même sort, et des corsaires pillèrent un village de Sardaigne, dont ils enlevèrent deux cents habitants. Ces atrocités ramenèrent devant Alger, le 27 août 1816, la flotte anglaise sous les ordres de lord Exmouth. Il envoya un parlementaire, qui revint sans réponse, et le feu commença.

Le bombardement causa de grands désastres dans la ville; mais la flotte souffrit beaucoup du canon des Turcs, et lord Exmouth fut heureux que le dey Omar consentît à signer la paix aux conditions proposées avant le combat : délivrance sans rançon des esclaves chrétiens, abolition de l'esclavage des Européens, et réparations diverses en excuses ou en argent. Les janissaires accusèrent Omar de lâcheté, bien qu'il se fût montré d'une grande bravoure pendant l'action, et il fut peu après obligé de tendre le cou au lacet que des conjurés lui présentèrent. C'était le 8 septembre 1817.

Ali-Khodja, monstre de luxure et de cruauté, lui succéda. Il se renferma dans la Casbah, où il mourut de la peste, en 1818, après avoir fait tomber plus de quinze cents têtes pour assurer sa puissance. Hussein, le dernier dey d'Alger, voulut, au mépris du traité de 1816 et des conventions antérieures qui l'engageaient vis-à-vis de la France, donner quelque satisfaction aux Algériens, qui souffraient et se plaignaient de la cessation de la piraterie. Bien que M. Deval, consul de France, eût consenti à porter de soixante mille à deux cent mille francs la redevance annuelle de la compagnie française pour la pêche du corail, les faits de piraterie recommencèrent par le pillage de bâtiments qui naviguaient sous pavillon français, et les infractions aux règlements maritimes se multiplièrent de façon à porter une grave atteinte à l'honneur de l'Europe comme à ses droits. En 1818, un brick français fut pillé par les habitants de Bone, et l'on ne put obtenir de réparation. En 1823, on viola, sous prétexte de contrebande, la maison du consul de France à Alger. On captura des bâtiments romains protégés par le pavillon français, et l'on s'empara de marchandises françaises sur des navires espagnols, où, suivant les traités, elles devaient être respectées.

La France, particulièrement insultée, le fut une dernière fois, mais d'une manière sanglante, le 27 avril 1827, dans la personne de son représentant. Le dey frappa M. le consul Deval d'un chasse-mouche en plumes de paon qu'il avait à la main. Ce fut l'occasion de l'expédition d'Alger, qui écrasa pour jamais ce nid de pirates. Charles X ne comprit peut-être pas toute l'étendue de la mission providentielle qu'il remplissait; mais la conquête d'Alger n'en est pas moins un magnifique adieu de la dynastie des Bourbons à la France : cette famille avait fait de trop grandes choses pour tomber autrement.

Que la France marche maintenant dans les voies où Dieu la pousse ! Qu'elle réalise, par des moyens en rapport avec notre temps, les desseins de saint Louis, d'Henri IV et de Napoléon ! L'abolition de la piraterie et de l'esclavage des chrétiens n'est qu'un premier résultat, le commencement d'une grande œuvre.

Déjà l'influence de la France et le respect mêlé de crainte qu'elle inspire sur ces rivages barbares, ont porté quelques fruits. Non-seulement les corsaires ont disparu, non-seulement l'esclavage des Européens a cessé, en vertu de lois portées par les princes musulmans eux-mêmes ; mais ces princes commencent à rayer du code infâme de Mahomet la consécration de l'esclavage en général. Si la mesure est encore incomplète, c'est que le temps et la prudence ont leur part dans ces réformes.

Le 8 août 1830, M. Matthieu de Lesseps, consul général, obtenait aisément, sous l'impression de la conquête d'Alger, une convention par laquelle Hussein, bey de Tunis, abolissait pour toujours dans ses États la course des pirates et l'esclavage des chrétiens ; et le neveu de Hussein, Sidi-Ahmed-Pacha-Bey, arrivant au pouvoir, en 1837, interdisait absolument la vente à l'enchère des esclaves de toute race, et fermait le marché où cet odieux trafic se faisait publiquement.

C'est le même pacha qui autorisa Louis-Philippe à ériger la chapelle Saint-Louis, sur l'emplacement de la citadelle de Carthage. On lui doit encore la destruction du Bordj-er-Riouss, dans l'île de Djerba, aux frontières des régences de Tunis et de Tripoli.

— Qu'était-ce donc ? dit Alfred.

— C'était une pyramide de trente pieds de haut sur cent trente de circonférence, et bâtie avec des crânes de chrétiens ; de là son nom de Bordj-er-Riouss (*la Tour des Têtes*). Selon le voyageur Paul Lucas, ce monument lugubre avait été construit par le cheik Arcan, conquérant de l'île sur la chrétienté. Je ne sais de quelle conquête Paul Lucas veut parler ; mais il est certain que les Espagnols auraient démoli cette pyramide, si elle eût existé au XVIe siècle, quand ils se rendirent maîtres de Djerba. Il est raisonnable de croire qu'elle date plutôt de leur expulsion, en 1660, lorsque Alvar de Sande, après un combat des plus héroïques dont l'histoire fasse mention, remit son épée à l'amiral turc Piali-Pacha.

Les hommes que Sande commandait se firent tuer jusqu'au dernier. Seul il resta debout et blessé, et il ne voulut se rendre qu'au pacha lui-même.

Les crânes et les débris des squelettes de ses généreux compagnons d'armes formèrent ce Bordj-er-Riouss, dont la base était en pierres de taille. En 1845, Mgr Fidèle Sutter, après une visite pastorale à Djerba, parla au consul français à Tunis de ce monument du triomphe des musulmans sur les chrétiens, et de l'impression pénible qu'il en avait ressentie. On fit des instances auprès du bey pour sa destruction. Elle fut décrétée en 1847. Le révérend père Gaetano de Ferrare, ministre capucin en résidence à cette île, recueillit les crânes et les ossements. On les transporta au cimetière chrétien, où ils furent déposés dans une grande fosse. Tous les chrétiens de Djerba assistèrent à cette cérémonie.

Parmi les os, on avait découvert une petite croix. Le père Gaetano, dans un voyage à Rome, en septembre 1849, la présenta au saint-père Pie IX, qui l'accepta volontiers comme un pieux et touchant souvenir.

— Ce soir, du moins, dit Mme Morelli, nous respirons librement.

— Il nous semble, révérend père, que vous nous enlevez un poids de dessus le cœur, ajouta Alfred ; nous avons vu, grâce surtout à la France après Dieu, la fin d'une grande calamité, la réparation d'un grand déshonneur, la punition d'une grande iniquité : l'esclavage des chrétiens en Afrique n'est plus qu'un souvenir.

— Et nous avons fait plus, dit M. Morelli, puisque nous avons donné l'exemple et le signal déjà suivi de l'affranchissement universel des esclaves dans les pays musulmans.

— El-hamdou lillahi, Rabbi, el-aalemyna, er-rahman, er-rahym ! — Louange à Dieu, maître de l'univers, le clément, le miséricordieux ! »

Fatma jetait cette exclamation au moment où la conversation finissait, et où l'on se retirait pour aller prendre le repos de la nuit.

« Tu n'oublies point, dit Alfred, les formules de prières musulmanes.

— Oh ! répondit Carlotta, cette formule est musulmane ; mais le cœur dont elle s'échappe ne l'est déjà plus. »

DOUZIÈME SOIRÉE

Les martyrs indigènes.

On était au dernier jour du mois de mai. Une brillante cérémonie, toute parfumée de fleurs et d'encens, venait de clore ce temps de fête consacré à la vierge Marie. Carlotta descendait les degrés rapides qui conduisent de la rue Bab-el-Oued dans l'ancienne mosquée aujourd'hui dédiée à Notre-Dame-des-Victoires. Elle était suivie de Fatma, chargée de tous ses bijoux d'argent et de corail. La négresse avait voulu accompagner sa jeune maîtresse, et prier aussi Lella Mariem. Par honneur pour la Vierge, elle s'était parée de ses plus beaux atours, et n'avait épargné ni le souak à ses lèvres rouges, ni le henné jaune à la paume de ses mains, ni le zebed ou le musc à son voile bleu.

Elles montèrent sur la terrasse, où déjà le vieux moine avait commencé ses récits.

« Les conversions au christianisme, disait-il, sont très-rares chez les Arabes, et la persévérance dans la conversion plus rare encore.

— A quoi donc attribuez-vous ce malheur, mon révérend père ? demanda Mme Morelli.

— La malédiction qui pèse sur les disciples de Mahomet, Madame, est encore un mystère pour moi. Toutefois, je m'explique jusqu'à un certain point leur endurcissement et leur peu de fidélité à la grâce. Le Coran est un livre qu'on présente à ces malheureux comme une révélation. Il est obscur et plein de contradictions ; mais sa forme est poétique, et il renferme une certaine somme de vérités religieuses qui peuvent satisfaire des esprits ignorants et apathiques. Or, j'ai remarqué que les missionnaires entament difficilement les peuples qui se rattachent à un livre. Les Hindous, par exemple, savent par cœur un code abrégé de morale, un symbole de croyances contenues en quelques vers ; et l'on éprouve d'invincibles obstacles à leur enlever ce livre. Il en est autrement lorsqu'on évangélise un peuple sauvage, sans littérature, sans traditions écrites.

Pour compléter cette première idée, je remarquerai que les musulmans ne sont ni des sauvages, ni des hommes arrivés, par la voie du progrès, de l'état sauvage à l'état barbare, mais plutôt des civilisés qui se meurent. Grenade, Fez, Tlemcen, Kairouan, vous n'avez jamais été aussi splendides ni aussi savantes que nos poëtes se l'imaginent ; votre civilisation, comme celle des Grecs ou des Romains du paganisme, a toujours été privée de certaines lumières essentielles ; mais la race qui vous peuplait est évidemment déchue. Elle a cependant l'orgueil des souvenirs ; elle se croit encore haut placée dans la famille humaine, et je conçois qu'elle ferme l'oreille à l'apôtre chrétien. On guérit difficilement celui qui ne se croit pas malade ; on ne purifie guère le sang corrompu dans les veines d'un vieillard agonisant.

Ensuite le musulman ne discute pas. Il coupe la tête à celui qui essaie de le convertir. En Algérie, la parole d'un chrétien est celle du conquérant qu'il déteste et qu'il évite ; nous avons peu de chances d'être écoutés là même où nous pourrions parler. De plus, la faculté d'enchaîner des idées ou de faire un raisonnement est excessivement faible chez les Arabes. Ils ne saisiront pas la démonstration la plus évidente de la vérité du christianisme. Et pour moi, je l'avoue, toutes les fois qu'il m'a été donné de parler religion avec leurs tholbas, j'ai été vraiment désespéré par le défaut presque absolu de sens logique qui se trahit dans leur conversation. Du syllogisme le mieux conditionné ils accordent tout excepté la conséquence.

Enfin, malgré certains dehors d'austérité, le mahométisme lâche la bride à la passion la plus impérieuse de l'homme. Les ablutions, le ramadan n'empêchent pas qu'il n'affranchisse la chair du joug de l'esprit.

Il est au contraire de l'essence du christianisme, continua le moine, de soumettre le corps à l'âme. Le musulman trouvera donc infiniment plus commode une religion qui flatte les sens et ménage les instincts brutaux de l'homme déchu. Si vous lui parlez mystères et spiritualisme chrétiens, il est sourd ou ne comprend pas votre langue.

En présence de ces cœurs avilis et de ces intelligences grossières, on s'est dit : Les ténèbres sont devenues trop épaisses, le mal du cœur est incurable. Et l'on s'est retourné vers l'enfance. Dans le christianisme, enfance est synonyme d'innocence et de pureté, de franchise et de simplicité. Il n'en est pas de même ici. La corruption est précoce, elle devance la raison. L'enfant n'a pas le bonheur d'être protégé par cet ange visible qu'on appelle une mère chrétienne. Aucune main ne tire le voile sur ce qu'il ne doit pas regarder, aucune voix n'impose silence à la parole qui enseigne le mal. L'enfant est livré de bonne heure aux influences perverses qui éteignent graduellement en lui le sentiment moral.

Réussissez-vous, avec la grâce de Dieu, à faire un instant triompher la croyance à la vérité chrétienne et à tourner la volonté d'un Arabe vers le bien, ne vous hâtez pas de vous réjouir; car l'inconstance de l'Arabe est extrême. Il change d'un instant à l'autre, sans raison, sans prétexte, et par une faiblesse naturelle, inouïe chez les nations chrétiennes. Je connais des prêtres en Afrique, et je suis de ce nombre, qui ont souffert d'amères déceptions en fondant quelque espérance sur l'avenir d'enfants arabes dont ils s'occupaient avec zèle. Ils se sont vite aperçus qu'ils étaient, sinon trahis par l'hypocrisie, du moins trompés par le vice d'une volonté infirme, mobile et jouet de tous les caprices. Je parle de faits assez nombreux, et je ne connais pas une exception.

— Révérend père, dit M. Morelli, il paraît que ces défections ne sont pas propres à notre temps, et le père Dan appréciait comme vous le caractère des petits musulmans.

« Tout ce que je viens de dire de la façon infâme dont ils sont accoquinés, écrit-il, nous est ici confirmé par l'exemple d'un certain Abd-Allah, que j'ai connu au Bastion de France en Barbarie. Le feu sieur Samson Napollon, ayant rétabli ce même Bastion et voyant ce même Arabe de bonne mine et qui promettait quelque chose d'extraordinaire, le voulut accoûtumer à nos mœurs et lui procurer quelque avancement en cas qu'il se résolût d'embrasser le christianisme. L'ayant pour cet effet amené en France, il lui donna des habits et de l'argent pour passer le temps, et lui fit voir les bonnes compagnies pour le dresser à la politesse. Déjà même il commençait d'y réussir assez bien et de parler *notre* langue, lorsque, après avoir séjourné quelque temps en France, le sieur Napollon l'y ramena, le croyant déjà tout accoutumé aux mœurs et à la conversation des chrétiens et résolu de ne plus vivre dans le libertinage des Maures et des Arabes. Mais le changement d'air ne change point les mœurs. A peine *fut-il* arrivé au Bastion, qu'il se trouva bien *étonné* de voir que, comme ces singes que l'on déguise de quelques habillements d'homme ou de femme, les déchirent par lambeaux au moindre caprice qui les prend, afin de se développer de l'embarras qui les gêne, notre Abd-Allah, tout de même, étant allé visiter un douar d'Arabes, qui est à l'entrée du Bastion, fut vu tout à coup jeter son chapeau par terre, poser ses habits à la chrétienne, se mettre pieds nus, et prendre un méchant burnous qu'il rencontra pour en couvrir sa nudité. Ce qu'il n'eut pas plutôt fait, que, pensant avoir rompu ses fers et ses chaînes, il dit à ses compagnons qu'il n'avait jamais goûté parmi les chrétiens un si doux contentement que celui de vivre en son pays à la manière des Maures et des Arabes. Ce qui lui est demeuré depuis si bien empreint dans l'esprit, qu'il n'a pas été possible de lui ôter jamais cette fantaisie, quoiqu'il mène encore à présent une vie si misérable et si gueuse, qu'à peine a-t-il seulement du pain. »

— Je connais plusieurs Abd-Allah de cette espèce, reprit le moine, et je sais qu'en général les Arabes sont très-attachés à leur manière de vivre, surtout ceux qui habitent la tente. Mais pour ce qui est des mœurs compatibles avec les doctrines chrétiennes, rien n'empêcherait qu'ils ne les conservassent après le baptême. Je conseillerais même au missionnaire d'adopter leur genre de vie, leur langue et leurs vêtements, laissant au temps le soin de transformer naturellement, sous l'action lente des idées chrétiennes, les usages, qui sont une barrière à la civilisation matérielle. Toutefois, ce goût prononcé pour une indépendance semblable à celle de la bête sauvage, n'est pas favorable au prosélytisme chrétien.

— Toutes ces observations, dit Alfred, nous feraient considérer comme miraculeuses les conversions dont vous nous avez parlé, et qui ont été opérées au moyen âge, par Raymond Lulle et des missionnaires franciscains.

— Je les tiens pour miraculeuses, en effet, répondit le vieillard, et je ne juge pas autrement celles qui appartiennent à des temps moins reculés.

— Est-ce qu'il y a eu des conversions remarquables, à l'époque moderne, chez les musulmans d'Afrique? demanda Carlotta.

— Il y a eu des musulmans convertis et même martyrisés pour la foi, dit le père Gervais.

— Oh! faites-les-nous connaître, mon père, continua la jeune fille en jetant un regard sur la négresse.

— Ce sera pour nos cœurs un soulagement, dit Mme Morelli, et le souvenir des martyrs indigènes adoucira peut-être celui des bourreaux musulmans.

— La grâce agit par des voies diverses, reprit le vieillard; elle s'est servie des religieux voués au service des esclaves pour amener à Jésus-Christ plusieurs infidèles. Les trinitaires Jean de Palmino, Didace, Jean Audruger, ont été ainsi les instruments de la Providence ; mais ils l'ont payé de leur vie : le premier fut scié ; le second fut déchiré avec des crocs de fer brûlant, et on arracha de sa poitrine son cœur palpitant ; le dernier subit diverses tortures, et mourut à la potence.

On doit citer le martyr cordelier Martin de Spolète parmi les apôtres modernes de l'Afrique. En 1530, il se rendit à la cour des Mérinides de Fez, et gagna plusieurs Maures à Jésus-Christ. Le beau-frère du roi Mohammed était ami des chrétiens et protégeait le moine. Il avertit frère Martin de retourner en Europe ; car ses prédications pouvaient lui porter malheur. Les rabbins juifs, que le moine avait confondus dans des conférences publiques, le représentaient au roi comme un homme dangereux et qui avait un démon. Frère Martin déclara qu'il ne cesserait de travailler au salut des infidèles, que les juifs étaient des fourbes, et qu'il s'offrait à entrer dans une fournaise ardente, pourvu qu'ils promissent de croire en Jésus-Christ si le feu ne lui causait aucun mal. Le roi et Moulé-Brahim, son beau-frère, assurèrent que dans ce cas ils se convertiraient eux-mêmes. Au jour marqué, le religieux s'agenouilla devant un crucifix, commanda aux barbares d'allumer le bûcher, puis, faisant le signe de la croix, il se jeta dans les flammes. Il se mit à genoux dans le feu, le visage tourné vers l'orient, et il y resta en oraison l'espace de trois *Credo* et de quatre *Pater*, que les chrétiens récitaient pour la conversion des infidèles. Mais au moment où il sortait du bûcher sain et sauf, un Maure le perça d'un coup de lance à l'estomac, et un autre le frappa d'une tuile sur la tête. Les esclaves recueillirent des reliques de son corps et de ses vêtements. Dieu permit qu'appliquées aux malades, elles leur rendissent la santé. Il paraît que le roi, trompé par les juifs, avait donné l'ordre de tuer le religieux comme un magicien. Mais ceux qui le tuèrent périrent peu après de mort violente, et le Ciel parut venger le martyr.

J'ai hâte d'en venir aux martyrs indigènes.

En 1437, l'infant don Fernand, fils de don Juan I, roi de Portugal, assiégeait Tanger. Le roi de Fez vint au secours de la ville, et investit le camp des chrétiens avec tant de succès, qu'il obligea don Fernand à capituler et à se livrer en otage. Il soumit ce prince à des traitements barbares, parce qu'on tardait à rendre Ceuta aux infidèles. Il le tenait enfermé dans une prison bâtie exprès sur les murailles qui regardent le nouveau Fez. Le captif y demeurait exposé au froid, au chaud, à l'humidité. Il succomba bientôt à ses souffrances, et le roi, furieux d'ailleurs d'un accident qui lui ôtait l'espoir de recouvrer Ceuta, fit attacher le corps aux créneaux du nouveau Fez, au-dessus d'une porte de la ville. La foule accourut pour le voir. Trois jours après, un Maure aveugle demanda qu'on le conduisît là où était *el ouled sultan nazarani*, le fils du roi chrétien, et qu'on le mit au-dessous du corps. Lorsqu'il y fut placé, il leva les yeux et reçut quelques gouttes du sang qui découlait de ce corps, et il se trouva subitement guéri de la cécité.

Il commença aussitôt à louer Dieu et à se déclarer chrétien. Ni le roi ni les juges ne purent ébranler sa fermeté; il jura de mourir dans la foi de Fernand. Il fut condamné à être traîné. Durant le supplice, les Maures lui jetaient des pierres, et l'appelaient par mépris : *Sidi el Cafer*, seigneur l'Infidèle.

Cependant ces mécréants eux-mêmes l'honorèrent après sa mort, et on lui fit une kouba au pied du nouveau Fez. Ils prétendirent que quelques nuits après ses funérailles plusieurs lumières avaient apparu au-dessus du tombeau. Les chrétiens, de leur côté, le considéraient comme un martyr. L'infant reçut la sépulture au quartier des juifs; mais ses restes ne furent transportés en Europe qu'en 1571. Cette année-là, le roi Alphonse V s'empara d'Arzille, et il échangea des prisonniers pour les os de don Fernand, qu'on déposa dans un monastère de Lisbonne.

En 1548, don Juan, roi de Portugal, nomma gouverneur de Mazagan Tristan d'Atayde. Celui-ci fit beaucoup de mal aux Maures dans les razias dirigées par un musulman qui s'était mis à son service, et qui demandait le baptême. On instruisait ce catéchumène. C'était un homme hardi, qui pénétrait aux marchés de Maroc et jusque dans le mesouar où s'assemblait le conseil du chérif; il y surprenait les secrets de l'ennemi et les apportait à Mazagan. Aussi le chérif avait-il promis une grande récompense aux Arabes qui le lui amèneraient.

En attendant que notre Maure reçût le baptême et un nom

chrétien, on lui donnait le nom du gouverneur, Tristan d'Atayde. Or, peu de temps avant le jour où il devait être baptisé, il sortit de Mazagan, et à la faveur des ténèbres enleva des chevaux dans un douar. L'un d'eux le trahit par des hennissements, tandis qu'il passait près d'un autre douar pour rentrer dans la place. L'alarme se répandit dans la tribu, et les Arabes réussirent à s'emparer de Tristan. Il comparut devant le chérif :

« Pourquoi, lui dit le roi, es-tu maintenant parmi les chrétiens, bien que tu sois Maure et sujet de mon empire ?

— Je suis, il est vrai, Maure de naissance, répondit Tristan ; mais j'ai voulu être chrétien, et suis devenu sujet du roi de Portugal. On m'a promis le baptême ; j'ai l'intention de vivre et de mourir dans la foi de Jésus-Christ, hors de laquelle il n'y a point de salut. »

A ces paroles, le chérif irrité ordonna de lui trancher la tête. La foule se pressait au lieu du supplice. On coupa lentement le cou à Tristan, pour lui laisser le temps d'apostasier, s'il le voulait. On lui criait :

« Invoque sidna Mohammed ! »

Mais il disait de toute sa force :

« O Jésus-Christ ! ô Notre-Dame ! Mon Dieu, je vous offre ma mort. »

Et, prenant dans la main son sang qui commençait à couler, il le jeta sur sa tête en disant :

« O Jésus, je me confie en votre miséricorde ; et puisque je n'ai pu être baptisé, j'espère que vous recevrez mon sang pour baptême. »

Le glaive acheva de le faire mourir. « Les Maures commencèrent à le maudire, continue don Diego de Torres, et les enfants à lui jeter des pierres et à lui chanter des injures, et aussitôt qu'il fut exécuté, on rapporta au tyran qu'il était mort chrétien. Pour nous, qui assistâmes au supplice, nous en rendîmes grâces à Dieu. »

Le chérif ne voulut pas permettre aux chrétiens d'enterrer le corps, et il commanda de l'abandonner aux chiens. Mais durant quatre jours que le martyr resta sur place, aucun chien n'en approcha. Diego le fit ensuite enterrer de nuit par le valet d'un musulman. Tristan serait mort crucifié, si le chérif n'eût aboli peu auparavant le supplice de la croix. La raison qui l'y détermina, c'est que les chrétiens saluaient les croix en mémoire de Jésus-Christ, et que les Maures craignirent de s'attirer les fléaux du Ciel, s'ils continuaient à employer cet instrument de supplice.

Voici un autre exemple d'une conversion bien plus extraordinaire : c'est celle d'un marabout martyrisé à Alger, à l'âge d'environ trente ans, le 14 ou le 15 novembre 1562. Hassan-Pacha, fils de Barberousse, avait repris le gouvernement d'Alger ; car le sultan de Constantinople ne l'avait point trouvé coupable du crime de trahison, dont on l'accusait, et il tenait compte au fils des éminents services du père. Hassan était à Alger depuis trois mois environ, lorsqu'un Maure qui vivait en solitaire vint en cette ville. Cet ermite habitait, au midi d'Alger, à la distance d'environ quinze milles, des montagnes où plusieurs musulmans menaient le même genre de vie. Il est à croire qu'en sortant de sa solitude il cédait à une inspiration divine.

En effet, peu de jours après son arrivée à Alger, il entendit des Maures qui se querellaient au delà de la porte Bab-Azoun, qui juraient par Mahomet, prophète de Dieu. Il se mit à les blâmer de ce jurement, et dit :

« Vous ne devez point appeler Mahomet prophète de Dieu ; il ne l'est pas. Et il n'y a qu'un seul Dieu, celui en qui les chrétiens croient et qu'ils adorent.

— Pourquoi parles-tu de la sorte ? répondirent les Maures, fort étonnés de ce langage. Fais attention à tes paroles.

— J'ai dit et je répète, poursuivit le solitaire avec un vif accent et une voix forte, qu'il n'y a d'autre Dieu que celui des chrétiens. »

A ces mots, les musulmans jetèrent de hauts cris, qui attirèrent d'autres Maures. On se saisit du coupable, et on l'amena au roi.

« Comment ? s'écria Hassan, as-tu dit vraiment qu'il n'y a d'autre Dieu que celui des chrétiens ?

— Oui, sultan, je l'ai dit, répliqua le Maure avec un grand courage, et c'est la vérité qu'il n'y a pas d'autre Dieu que le Dieu des chrétiens. »

Le roi et les Turcs demeurèrent surpris de l'entendre affirmer cela si énergiquement.

« Ainsi, reprit le pacha, tu es chrétien et non pas Maure ?

— Ce que j'ai dit, sultan, est la vérité ; il n'y a pas d'autre Dieu que le Dieu des chrétiens ; c'est là ce que je crois et ce que j'affirme. »

Le roi, le voyant si bien déterminé à soutenir sa foi, se mit à le traiter de chien, de cornu, de chrétien ; il l'appela Martin, lui disant qu'il n'était pas Maure, mais un Martin : il faisait allusion au nom de don Martin de Cordoue, alors capitaine général d'Oran, et qui peu auparavant avait été en son pouvoir captif à Alger. Furieux de ce qu'un Maure qu'il appelait Martin osait, en sa présence et publiquement, exalter le Dieu des chrétiens, il ordonna aux Maures et aux Turcs de le lapider vivant, puis de le brûler.

La crainte d'une mort si cruelle ne fut pas capable d'arracher au condamné une rétractation. Au contraire, joyeux de ce que Maures et Turcs commençaient à l'appeler Martin, nom qu'il acceptait volontiers, il s'offrit de grand cœur en sacrifice. On l'amena hors de la porte Bab-Azoun, à deux cents pas au delà, dans l'endroit où il avait repris les Maures qui se querellaient, et où l'on vendait de la chaux. Un nombre considérable de musulmans s'y étaient rendus. On lui lia les mains derrière le dos, et on l'attacha par la ceinture à une grosse pièce de bois. On lui lança ensuite une grêle de pierres qui lui cassèrent la tête et l'inondèrent d'un sang avec lequel, nous le croyons sincèrement, il fut baptisé. Il mourut avec courage, persévérant dans sa profession de foi. Les Maures et les Turcs, fatigués de le lapider, jetèrent sur lui une grande quantité de bois sec, brûlèrent le corps, et répandirent ensuite ses cendres de tous côtés.

— Révérend père, demanda Mme Morelli, sait-on de quel moyen la Providence s'était servie pour éclairer ce Maure des lumières de la vérité chrétienne ?

— Haedo, qui rapporte ce martyre, ne nous apprend rien à cet égard, répondit le religieux ; il est probable qu'il ne put rien découvrir sur cette question. Au reste, nous avons des exemples de coups extraordinaires de la grâce, qui frappent de jeunes musulmans et les portent à se déclarer d'eux-mêmes disciples de Jésus-Christ.

A la malheureuse bataille du 26 août 1558, où don Martin de Cordoue fut tué, dans les plaines de Mostaganem, par cet Hassan-Pacha, fils de Kheïr-ed-Din, un chrétien nommé Martin Forniel se trouvait parmi les prisonniers. Il était Maure de naissance, et de sang royal. Fort jeune encore, et cédant à l'inspiration de Dieu, il était venu de son propre mouvement à Oran pour se faire chrétien. Il fut bien accueilli par don Martin, gouverneur de cette ville. Il reçut au baptême, selon son désir, le nom du comte, qui l'aimait, l'invitait souvent à sa table, et qui enfin le conserva toujours à ses côtés.

Emmené à Alger avec les autres captifs, après la funeste journée de Mostaganem, il fut reconnu par beaucoup de Maures et de Turcs, et l'on sut publiquement qu'il avait été Maure, et qu'il était né de parents maures. C'est pourquoi Maures et Turcs travaillèrent plusieurs jours à le faire rentrer dans la secte de Mahomet, lui promettant de grandes richesses s'il y consentait, le menaçant, au contraire, de l'immoler au milieu d'horribles tourments s'il persévérait dans la foi de Jésus-Christ. Mais il répondait avec un courage invincible que rien ne le séparerait de la religion chrétienne.

Pendant que cela se passait à Alger, on ne tarda pas à savoir à Tlemcen, lieu de sa naissance, par des Maures et des Juifs d'Alger, que Martin Forniel était prisonnier avec d'autres chrétiens, qu'on s'efforçait de le rendre musulman, mais que les marabouts, les tholbas et le roi lui-même ne pouvaient le gagner ni par promesses, ni par menaces.

Sa mère, qui vivait encore, ses parents, qui étaient nombreux et tous personnes de distinction, résolurent de faire le voyage d'Alger, pour obtenir par leur présence ce qu'il avait refusé aux autres. Ils visitèrent bien des fois Forniel dans le bagne du roi, où il était enfermé, avec une chaîne aux pieds, comme tous les principaux esclaves. Raisonnements, sollicitations, promesses, tout fut mis en œuvre pour le rappeler au mahométisme. Sa mère, surtout, l'embrassait, versait des torrents de larmes, se frappait la poitrine, arrachait ses longs cheveux, se déchirait le visage, et, lui montrant le sein qui l'avait allaité, elle disait :

— Je t'en prie, mon fils, je t'en supplie, aie pitié de ta pauvre mère, délaissée dans sa vieillesse. Reviens à notre maison avec moi, et reprends la loi sous laquelle ont vécu tes aïeux.

La constance de Martin Forniel au milieu de ces discours fut admirable et digne d'une éternelle mémoire. Les chrétiens présents étaient attendris au fond du cœur, à la seule vue des pleurs, des soupirs de sa mère, de ses gestes expressifs; et, bien qu'ils ne comprissent guère la langue arabe, ils pouvaient à peine retenir leurs larmes.

Seul, comme un dur et solide rocher contre lequel viennent se briser avec fracas les vagues d'une mer en furie, Martin Forniel restait immobile, ferme, invincible. Pour toute réponse, il disait, avec un visage sévère, à sa mère et aux membres de sa famille :

— Je ne connais point de musulmans pour mère ni pour parents. Je suis chrétien; je veux vivre et mourir chrétien. »

Ces visites, ces conversations, cette désolation se prolongèrent; mais enfin la mère et les parents, voyant qu'ils travaillaient en vain, retournèrent à Tlemcen. Chaque jour on avait rapporté au roi ce qui se passait. Enflammé de colère et de rage, surtout parce que Martin Forniel méprisait les tourments dont il était menacé par les Turcs et les Maures, il résolut de lui faire subir une mort cruelle, épouvantable, et qui fît trembler tout le monde.

Dans ce dessein, le 24 novembre, il le fit tirer du bagne et amener hors de la porte Bab-Azoun, accompagné d'un grand nombre de Turcs et de renégats de sa maison. Le cortége s'arrêta. Un vil Maure, chargé de l'office de bourreau, s'avança un billot sur les épaules; il le mit devant Martin Forniel, et lui prit la jambe gauche en disant :

« Chien, montre cette jambe. »

Les Maures et les Turcs qui la tenaient ordonnèrent au patient de la poser sur le billot.

« Tu vas voir, dirent-ils, à quoi il te sert de t'obstiner à demeurer chrétien. Si tu manifestes du repentir, le roi te pardonnera; autrement nous devons te mettre en morceaux. Pourquoi vouloir mourir ainsi, misérable ? »

A tout cela Martin Forniel répondait avec un visage serein et une constance plus qu'humaine :

« Si vous pensez, vous autres, me détourner par vos menaces de rester chrétien, vous vous trompez beaucoup. » Et puis, élevant la voix : « Je suis chrétien, et dois mourir chrétien. »

Il avait déjà la jambe gauche étendue sur le billot. Les Turcs et les Maures, vomissant contre lui mille injures, ordonnèrent au bourreau de faire son devoir. Aussitôt celui-ci, avec la petite hache que portent ordinairement les janissaires, coupa la jambe au genou, non pas d'un seul coup, mais en frappant à diverses reprises.

Quelques Maures, pour empêcher le martyr de tomber, lui soutenaient le corps et les bras. Les Turcs dirent au bourreau :

« Tu as coupé à ce chien la jambe qui lui servait à monter à cheval, coupe de même le bras qui s'armait de la lance avec laquelle il combattait en faveur des chrétiens. »

En trois coups le bras droit fut tranché au coude. Le martyr de Jésus-Christ perdait des flots de sang, et l'on peut s'imaginer quel était l'excès de ses douleurs. Mais il souffrait avec un courage qui faisait l'admiration même des Maures, des Turcs et des renégats, accourus en foule à cet horrible spectacle. Pendant que trois ou quatre Maures le soutenaient, deux Turcs le déshabillèrent, ne lui laissant qu'une vieille culotte de toile, et l'on acheva sous ses yeux de préparer la potence. Alors on l'attacha par la ceinture avec la corde de la poulie, on l'éleva jusqu'à la cime du gibet, et on le laissa retomber de tout son poids sur les crocs de fer, qui lui traversèrent le flanc et retinrent le corps suspendu.

Au milieu de si atroces tourments, il ne perdit rien de son courage, car il appelait à grands cris notre Seigneur Jésus-Christ et sa glorieuse Mère :

« O Jésus ! ô Marie ! j'espère en vous. Souvenez-vous de mon âme dans cette extrémité. Chrétiens, soyez-moi témoins que je meurs pour la foi de Jésus-Christ ! »

Cette scène se passait devant une multitude d'infidèles et

de renégats, stupéfaits de voir, dans un si faible corps, une si grande constance et un tel héroïsme. Dans la populace, on poussait des cris à confondre le ciel et la terre : on déshonorait par des injures et des outrages le saint martyr de Dieu, et l'on vomissait mille blasphèmes contre le nom chrétien. Mais rien n'effraya celui qui, au milieu des tourments, s'offrait à son Dieu et à son rédempteur avec un si bon cœur et une volonté si parfaite. Il resta ainsi près de vingt-deux heures, ne cessant d'invoquer notre Seigneur Jésus-Christ. Enfin il rendit l'âme dans les sentiments de la plus vive dévotion. Il était âgé d'environ trente-trois ans. Les Turcs, pour inspirer plus d'effroi, ne voulurent pas que les chrétiens descendissent son corps du gibet. Il y demeura deux jours, et fut ensuite jeté dans la campagne aux oiseaux et aux chiens; mais quelques chrétiens le ravirent secrètement, durant la nuit, et l'enterrèrent en un lieu qui est resté inconnu.

— Voilà une mort prodigieuse, dirent à l'envi les auditeurs du père Gervais, et l'antiquité chrétienne ne nous laisse rien à envier.

— Tout ce récit est authentique, répondait le religieux. Haedo l'a publié à l'époque où les faits se sont accomplis, et il l'avait composé sur la déposition de témoins oculaires.

— Il faudrait que ces traits fussent connus des indigènes, ajouta M. Morelli. Peut-être sont-ils de nature à faire impression sur eux, ou du moins sur quelques-uns d'entre eux. »

Carlotta observait en ce moment sa chère négresse, qui semblait émue de ce qu'on avait raconté.

« Je ne puis vous laisser ignorer, reprit le vieillard, l'histoire non moins remarquable d'un Maure nommé Geronimo, qui fut martyrisé à la même époque.

Dans une des nombreuses reconnaissances que firent sur le territoire ennemi les cavaliers et soldats espagnols d'Oran, vers l'année 1538, ils prirent un jeune Arabe presque enfant, de bonne mine et plein de gentillesse. Quand on vendit à l'enchère, comme c'est l'usage à Oran, les prises dont on devait répartir la valeur, cet enfant fut acheté par le licencié Jean Caro, alors vicaire, et depuis élevé par son grand mérite à la charge de vicaire général de cette ville et de sa garnison. Grâce à une bonne éducation et à une instruction soignée, il fut bientôt chrétien, et reçut au baptême le nom de Geronimo. Il avait dépassé l'âge de huit ans, lorsqu'une peste se déclara dans la ville d'Oran et força la population à se retirer, pour vivre hors des murs et habiter la campagne sous des tentes et des pavillons. La vigilance s'étant alors relâchée dans la place, certains Maures qui y étaient captifs s'enfuirent une nuit, et enlevèrent avec eux Geronimo, le petit Maure, qu'ils remirent à ses parents.

Revenu à sa demeure et au milieu des siens, il reprit naturellement leurs lois et leurs mœurs, et vécut longtemps de la sorte jusqu'à l'âge d'environ vingt-cinq ans. Mais en l'année de notre Seigneur Jésus-Christ 1559, touché de l'Esprit saint, qui l'appelait à ce qui s'est accompli dans la suite, il retourna de sa propre volonté à Oran pour vivre en la foi chrétienne. Elle fut grande la joie qu'éprouva le vicaire général, quand il vit Geronimo, devenu homme, franchir le seuil de sa maison. Assuré de sa bonne intention et du repentir de son erreur, il le réconcilia avec la sainte mère l'Église, et le reprit dans sa demeure avec une vive tendresse. Et comme Geronimo était dès lors à l'âge viril, et courageux par caractère, ainsi qu'il en donna bientôt la preuve en plusieurs occasions, il le fit entrer avec paie dans les escadrons de campagne, où il servit à la grande satisfaction de tous. En outre, pour le rendre plus heureux, il le maria dans sa maison avec une jeune chrétienne, Mauresque d'origine et son esclave, et il les traita comme s'ils eussent été ses enfants.

Geronimo avait ainsi vécu dix ans au service du Seigneur et à sa pleine satisfaction, lorsqu'au mois de mai 1569, Anton de Palma, habitant et adalide ou chef de partisans d'Oran, obtint de don Martin de Cordoue, marquis de Cortès, qui était général d'Oran et de sa garnison, la permission d'aller dans une barque, avec quelques soldats, enlever des Arabes qu'on lui avait signalés à quelques lieues de la ville, sur le littoral. Anton de Palma monta dans sa barque avec neuf autres compagnons, nombre qu'il avait cru suffisant, et dans lequel se trouvait Geronimo, que l'adalide aimait et qui était de sa compagnie. Arrivés au lieu désigné, ils commençaient à débarquer un matin, quand apparurent deux brigantins qui venaient de Tétouan. Reconnaissant que c'étaient des Maures, et se voyant, eux chrétiens, en si petit nombre et dans l'impossibilité de se cacher selon leur désir, ils s'embarquèrent sur-le-champ et commencèrent à fuir à la rame, le plus vite qu'ils purent. Les Maures, qui aussitôt les aperçurent, les suivirent sans retard en leur donnant la chasse. Ils les gagnèrent si bien de vitesse, que les chrétiens, ne voyant d'autre moyen de salut, furent forcés d'atterrir. Mais cela leur servit peu, car déjà les deux brigantins avaient l'éperon sur leur barque. Les chrétiens sautent à terre ; les Maures y sautent en même temps et les prennent tous vivants, quoique Geronimo fût grièvement blessé d'une flèche au bras, et d'autres atteints en d'autres parties du corps. Seul, Anton de Palma leur échappa en gagnant à course forcée l'intérieur des terres. Mais à courte distance il tomba entre les mains d'Arabes, qui étaient de ce côté avec leur douar. Ils le firent prisonnier, et il a été racheté dans la suite.

Avec leurs neuf chrétiens captifs, les Maures partirent aussitôt, très-contents, pour Alger. Et comme c'est la coutume que les rois d'Alger, de dix chrétiens prisonniers, en prennent deux pour leur part, Geronimo et un autre échurent au roi, qui était alors Euldj-Ali, renégat calabrois, aujourd'hui amiral du Grand Turc.

Étant donc des esclaves du roi, Geronimo fut aussitôt conduit au bagne où ils logent. Comme le démon met sans cesse en œuvre ses artifices pour nuire aux bons, il fit qu'après quelques jours on sut les qualités et la naissance de Geronimo, qu'il était Arabe de nation, et comment et pourquoi il s'était fait chrétien. En conséquence, les gardiens du bagne le chargèrent d'une grosse chaîne, et ne lui permirent pas de sortir, même pour travailler, comme les autres esclaves le faisaient chaque jour.

Et puis plusieurs musulmans, principalement de leurs lettrés et marabouts, apprenant ce qu'avait été Geronimo, pensèrent qu'il serait facile de le ramener à leur secte et à leur doctrine. Beaucoup d'entre eux, par ce motif, allaient continuellement au bagne. Les uns avec les raisonnements qu'ils pouvaient faire, d'autres avec des promesses, et d'autres même par des menaces s'efforçaient de le persuader; mais toutes ces peines étaient inutiles et en pure perte; car, animé d'une foi vive et constante, le bon Geronimo leur répondait :

« Ne vous fatiguez pas : pour rien au monde, ni par menaces, ni par crainte, je ne cesserai d'être chrétien. »

Quelquefois, se voyant importuné à l'excès, il leur disait :

« Allez, à la garde de Dieu. »

Puis rejoignant les chrétiens, dont l'un rapporta le fait au père Haedo :

« Que pensent ces gens-là ! disait-il ; me faire musulman ! Non, je ne le serai pas, devrais-je en perdre la vie ! »

Les Maures, se trouvant ainsi désappointés par l'inefficacité de leur éloquence, se tournèrent, comme on dit, vers les mesures de rigueur; ils firent tout savoir à Aluch-Ali, en aggravant beaucoup l'affaire. Ils attribuaient la fermeté sainte du serviteur du Christ à l'entêtement, et ils requéraient pour lui en tout cas un châtiment tel, qu'il servît aux autres d'exemple et d'avertissement.

Le roi se mit dans une extrême colère en écoutant leur rapport; il les consola par de bonnes paroles, et conçut en son cœur un très-ardent désir de frapper le serviteur de Dieu d'une mort cruelle et éclatante. Plein de cette pensée, il alla ce jour même voir les travaux d'un bastion, ou fort, que l'on construisait hors de la porte Bab-el-Oued, vers le couchant, pour la défense d'un point de débarquement ou plage sûre, situé de ce côté, à peu de distance de la ville. Ayant longtemps examiné l'ouvrage et près de retourner à son palais, il appela un chrétien de ses maçons, maître Michel, Navarrais de nation, chef de certains piseurs qui travaillaient au fort :

« Michel, tu vois cette caisse, » dit-il en indiquant du doigt des planches montées pour le travail, mais où l'on n'avait point encore jeté de terre, « ne la remplis pas à présent; mais laisse-là libre et vide, parce que je veux y piser vivant ce chien d'Oran, qui refuse de redevenir Maure. »

Il dit, et retourna vers son palais. Maître Michel fit ce que le roi lui avait ordonné. Il ne tarda pas à quitter l'ouvrage, car il était déjà tard, et les autres chrétiens qui travaillaient au même endroit et qui appartenaient au roi, rentrèrent au bagne. A l'arrivée, Michel, s'affligeant du mal qu'Aluch-Ali voulait faire, alla de suite trouver Geronimo et lui conta, bien triste, ce qu'avait dit le roi, le conjurant de tout prendre en patience et l'exhortant à se préparer en bon chrétien à cette mort, qui était certaine, puisqu'il venait de préparer la sépulture de ses propres mains. Le bienheureux Geronimo ne perdit point courage en apprenant une pareille nouvelle; mais il répondit à maître Michel avec une grande force d'âme :

« Dieu soit béni de tout ! Que ces misérables ne croient pas me faire peur ou obtenir de moi que je cesse d'être chrétien ! Daigne le Seigneur se souvenir de mon âme et me pardonner mes péchés ! »

Quelques chrétiens, particulièrement ses amis, entendant ces paroles, se pressaient autour de lui, le consolaient comme ils pouvaient, et l'encourageaient à recevoir patiemment cette mort pour l'amour de Dieu. Il répondit à tous avec résolution :

« J'ai confiance dans le Seigneur, il me donnera la grâce et la force de mourir pour son saint nom. Je vous prie de me recommander tous à Dieu. »

Conformément à ce langage, et voulant se préparer en bon chrétien à ce combat, Geronimo s'empressa d'appeler un digne prêtre qui était là parmi les captifs du roi, et le pria de l'entendre en confession. Le prêtre y consentit de bon cœur ; et, entrant avec Geronimo dans l'église que les chrétiens possèdent là depuis longtemps, il entendit longuement sa confession, le consola et l'anima à recevoir cette heureuse mort.

Après cela, la nuit étant déjà venue, Geronimo se retira à son logement, et il passa presque toute la nuit à se recommander de tout son cœur à notre Seigneur, le suppliant de lui pardonner ses péchés et de l'aider de sa grâce. Un peu avant l'aurore, il alla à l'église, où vint en ce moment le prêtre qui l'avait confessé. Celui-ci célébra la messe, que Geronimo entendit avec beaucoup de dévotion, et lui donna en viatique la communion du très-saint corps de notre rédempteur Jésus-Christ. C'est de la sorte et avec ces armes invincibles de l'âme, que s'arma le bienheureux serviteur de Dieu, plein de confiance en elles, et il attendit l'heure où les ministres de Satan devaient le conduire à la mort.

Il n'était pas encore trois heures du jour, ou neuf heures, comme nous comptons en Espagne, lorsque trois ou quatre chaouchs, serviteurs du roi, entrèrent dans le bagne et demandèrent Geronimo, qui était à l'église, se recommandant à Dieu. Il se présenta de son propre mouvement à ces hommes, et aussitôt qu'ils le virent, ils commencèrent, selon leur coutume, à le couvrir brutalement de mille affronts et injures :

« Chien, juif, traître, pourquoi ne veux-tu pas être Maure ? »

A tout cela le serviteur de Dieu ne répondit pas même un seul mot. Les chaouchs le placèrent au milieu d'eux et s'acheminèrent vers le fort, ou bastion, dont nous avons parlé, où le roi l'attendait et où il devait achever son heureux martyre. Geronimo, arrivé à cet endroit, est conduit devant le pacha, entouré d'un grand nombre de renégats et de Turcs.

« Bre juppe (c'est-à-dire : Holà ! chien) ! pourquoi ne veux-tu pas être Maure ? lui dit le roi.

— Je ne le serai pour rien au monde, répondit le martyr de Dieu ; je suis chrétien et resterai chrétien.

— Eh bien ! répliqua le roi, regarde. » Et il lui montrait du doigt le lieu où étaient les planches à faire le pisé. « *Te tengo de entapiar vivo.* — Je veux t'enterrer vif.

— Fais ce que tu voudras, répondit le saint homme avec un extraordinaire et admirable courage ; je suis préparé à tout, et cela ne me fera point renier la foi de mon Seigneur Jésus-Christ. »

Alors le roi, voyant cette grande force d'âme et cette constance en la foi de Jésus-Christ, ordonna de détacher la chaîne que Geronimo portait à la jambe, de lui lier les pieds et les mains, de le mettre dans l'intérieur de la caisse à pisé qu'il avait fait réserver la veille, et de l'y enterrer vivant. Les chaouchs obéirent aussitôt. Geronimo, ainsi lié, fut étendu entre les planches. Un renégat espagnol de la maison de Hadj-Mourad, connu en pays chrétien sous le nom de Tamango, appelé Djafar par les Turcs, et qui avait été pris à la défaite de Mostaganem avec le comte d'Alcaudète, saute alors à pieds joints sur le martyr de Dieu, et, prenant en main un de ces pilons nommés *dames* qui se trouvaient là, il demande avec grande instance qu'on apporte vite la terre. On en apporta, et on la répandit sur le saint du Seigneur, qui ne disait rien et n'ouvrait pas plus la bouche qu'un doux agneau. Le renégat se mit à fouler des deux mains à grands efforts, multipliant ses coups violents et cruels. A cet exemple, d'autres renégats du nombre de ceux qui se tenaient près du roi, brûlant du désir de paraître Turcs sincères et zélés, se jetèrent aussi sur d'autres pilons, entassèrent la terre qu'on apportait, et, la foulant avec force et fureur, achevèrent de combler le vide de la caisse et de tuer le glorieux martyr du Christ.

L'âme de Geronimo, nous le croyons selon l'enseignement de notre divine foi, fut reçue du Seigneur au nombre de ses saints dans le ciel, où elle obtint la couronne et la récompense de cette sainte et glorieuse mort. Tout cela se passait en présence du roi et d'une foule innombrable de Turcs, de renégats et de Maures. Ils regardaient ce spectacle avec grand contentement et s'en repaissaient. Lorsqu'il fut terminé et le corps du saint homme enseveli dans ce sépulcre si noble, le roi retourna à son palais, disant en chemin :

« Vraiment, je ne pensais pas que ce chrétien recevrait la mort avec tant de courage. »

On était alors à la mi-septembre 1569, au 18 du mois, jour qui restera dans la mémoire et dans le cœur de ceux qui aiment la gloire de Jésus-Christ notre Seigneur. Les chrétiens qui travaillaient à la construction du fort délibérèrent ensuite s'ils retireraient de là le saint corps. Cela ne leur parut pas possible, parce qu'ils eussent été vus des Turcs et des Maures qui étaient là sans cesse comme gardiens. Et puis cela était moins convenable, car la mémoire de ce bienheureux martyr, de sa glorieuse mort et de son héroïsme, se conserverait beaucoup mieux, si son corps demeurait enterré là, en lieu si noble, si bien exposé aux regards, non-seulement des chrétiens, mais des aveugles Maures et Turcs, et surtout des renégats : en voyant un aussi excellent martyr de Dieu, ils seraient confondus et rougiraient de leur erreur et de leur fourberie.

On verra très-clairement dans les blocs de pisé de la muraille l'endroit où le corps saint est enterré, si l'on examine le bastion, parce que du côté qui regarde le nord, on aperçoit un bloc tout affaissé et comme ébranlé : c'est qu'avec le temps la chair du corps se consumant, la terre du bloc a éprouvé un tassement qui est parfaitement sensible.

« Nous avons confiance dans le Seigneur à cause de sa bonté, continue Haedo à qui j'emprunte ce récit, qu'un jour nous retirerons de cet endroit le corps de Geronimo, pour le déposer avec ceux de beaucoup d'autres saints et martyrs du Christ, qui ont consacré cette terre par leur sang et leur bienheureuse mort ; nous le placerons dans un lieu plus favorable et plus digne, pour la gloire du Seigneur, qui nous a laissé, à nous autres captifs, de tels saints et de tels exemples.

« Au moment de sa glorieuse mort, le bienheureux martyr Geronimo, d'après les apparences, pouvait avoir trente-cinq ans. Il était petit de corps et de peu d'embonpoint. Sa figure était maigre et son teint très-brun, comme celui de presque tous les Maures de cette contrée et de la Barbarie. »

ÉPILOGUE

Le trinitaire achevait ce récit, qui impressionnait vivement ses auditeurs, lorsque Fatma, quittant le kersi où elle était assise, se prosterne aux pieds du vieillard, baise le bord de sa robe monacale, et répète d'une voix étouffée par les sanglots :

« Père, je veux être chrétienne. »

Le vieillard la relève avec bonté ; et aussitôt Carlotta se jette en pleurant au cou de la négresse, qu'elle travaillait à instruire de l'Évangile avec tant de zèle et de patience.

« Oui, chère fille, répondit le vieillard, tu seras chrétienne. Notre Seigneur appelle tous les enfants des hommes à sa religion.

— Dieu soit loué ! disait de son côté Mme Morelli. Nos vœux et nos prières sont exaucés. Nous voulions que cette pauvre fille reconnût la vraie religion, et qu'elle se convertît sous la seule influence de la grâce.

— Eh bien ! Fatma, dit M. Morelli, tu étais pour nous, non pas une esclave, mais presqu'un membre de la famille. Désormais nous t'aimerons encore davantage. Carlotta te considère comme une sœur : tu lui as sauvé la vie du corps, nous sommes heureux que Dieu l'ait choisie pour te procurer le salut de l'âme.

— Mais, dis, Fatma, reprit Alfred, qui était loin de rester indifférent à cette scène, comment t'es-tu décidée ce soir à demander le baptême ?

— Je le désirais depuis longtemps, répondit la négresse encore tout émue ; mais je ne sais ce qui me retenait. Je souffrais, et mon âme était par moments comme l'oiseau dans les serres du faucon ; j'avais peur des djenouns ; je craignais les autres négresses ; mais je comprenais bien ce que m'enseignait lella Carlotta ; que la paix de Dieu soit sur elle ! Et j'entendais les récits du père chaque soir. Sa parole était aussi pénétrante que le parfum de l'ambre. Et tout à l'heure, à la djema de Lella Mariem, j'ai prié. Je regardais sidna Aïssa, son petit enfant qu'elle tient par la main sur la boule du monde; j'ai cru que la Vierge me parlait et me disait : « Fatma, sois chrétienne. » Et je ne savais pas où j'étais, quand lella Carlotta me prit par la main pour me dire qu'il fallait nous retirer. Et puis, lorsque j'ai vu mourir chrétiens Forniel et Geronimo, qui ont été Maures comme moi, mon cœur s'est gonflé; je n'ai pas pu hésiter, et je suis tombée aux pieds du père. Oui, je veux être chrétienne. »

Mmes Morelli prodiguèrent à Fatma les marques de tendresse; tout le monde fut dans la joie. On rendit grâces à Dieu, et dès le soir on s'occupait des préparatifs du baptême.

Je compléterai en peu de mots cette histoire. Fatma reçut au baptême les noms de Maria-Carlotta, qui étaient ceux des deux filles de M. Morelli, et l'on y ajouta celui de Geronima, en mémoire du martyr dont l'exemple avait été si efficace pour achever la conversion de la néophyte. Le père Gervasio lui administra le sacrement, et Mme Morelli voulut être marraine. Geronima portait au cou la croix d'or de la petite Marie, cette croix à laquelle, un jour, nous lui vîmes donner un furtif baiser. Le baptême fut célébré à Notre-Dame-des-Victoires, et depuis cette époque les personnes qui connaissent Fatma convertie peuvent juger de la puissance de la grâce et de la doctrine chrétienne, pour enrichir de la lumière de la civilisation et orner des charmes de la vertu une âme obscure, dégradée par le fétichisme et le Coran.

Rien n'est venu troubler le bonheur de la famille Morelli, qui habite Naples en ce moment. En 1854, le vieux trinitaire dom Gervasio Magnoso est allé recevoir au ciel la récompense d'une vie de soixante-dix-huit ans passée en grande partie dans les bagnes. Alfred fait honneur à la marine française par une conduite où se concilient admirablement les devoirs d'un fervent catholique et les hautes qualités d'un officier d'avenir. La négresse a suivi en Italie ses parents adoptifs.

Ils tressaillirent d'étonnement et de bonheur en apprenant,

au commencement de 1854, la découverte du corps de Geronimo, faite le 27 septembre 1853, lors de la démolition du fort des Vingt-Quatre-Heures, à Bab-el-Oued. Cet événement a causé dans le monde catholique une émotion trop vive et trop récente pour qu'il soit nécessaire de le raconter. Qui d'ailleurs n'en a suivi les péripéties dans la belle lettre adressée par Mgr Pavy, évêque d'Alger, à MM. les présidents des conseils de l'Œuvre de la Propagation de la foi?

Je dirai seulement que des faits, dont l'Église appréciera le caractère, et qui seront livrés dans le temps opportun à une entière publicité, permettent d'espérer dès aujourd'hui que Geronimo, déclaré *vénérable* par notre saint-père le pape Pie IX, sera un jour placé sur nos autels. En attendant, le corps repose à la cathédrale d'Alger, dans un tombeau de marbre qui porte cette inscription :

OSSA

VENERABILIS SERVI DEI GERONIMO

QVI

ILLATAM SIBI PRO FIDE CHRISTIANA MORTEM OPPETIISSE

TRADITVR

IN ARCE DICTA A VIGINTI QVATVOR HORIS

IN QVA INSPERATO REPERTA

DIE XXIII DECEMBRIS ANNO M DCCC LIII.

FIN

TABLE

Préface. 1
Introduction. 3

PREMIÈRE SOIRÉE.

Période turque. — Les Maures expulsés d'Espagne. — Les Turcs. — Les corsaires. 7

DEUXIÈME SOIRÉE.

Les villes de bagnes. — La marine des corsaires. — La prise. 24

TROISIÈME SOIRÉE.

Tableau des souffrances des esclaves. 47

QUATRIÈME SOIRÉE.

Les renégats. — La fuite. 63

CINQUIÈME SOIRÉE.

Les renégats (suite). 80

SIXIÈME SOIRÉE.

Les esclaves martyrs. 99

SEPTIÈME SOIRÉE.

Esclaves et martyrs (suite). 116

HUITIÈME SOIRÉE.

Esclaves et martyrs (suite). 137

NEUVIÈME SOIRÉE.

Le rachat. 157

DIXIÈME SOIRÉE.

Les lazaristes. — Expéditions modernes contre les corsaires. . . . 175

ONZIÈME SOIRÉE.

Aventures de quelques esclaves. — Abolition de l'esclavage. . . . 194

DOUZIÈME SOIRÉE.

Les martyrs indigènes. 211

Épilogue. 232

Tours, Imp. Mame.

www.ingramcontent.com/pod-product-compliance
Lightning Source LLC
Chambersburg PA
CBHW071912160426
43198CB00011B/1267